彩图 1　三原色

彩图 2　三间色

彩图 3　色彩的减法混合

彩图 4　色彩的加法混合

彩图 5　色彩感觉

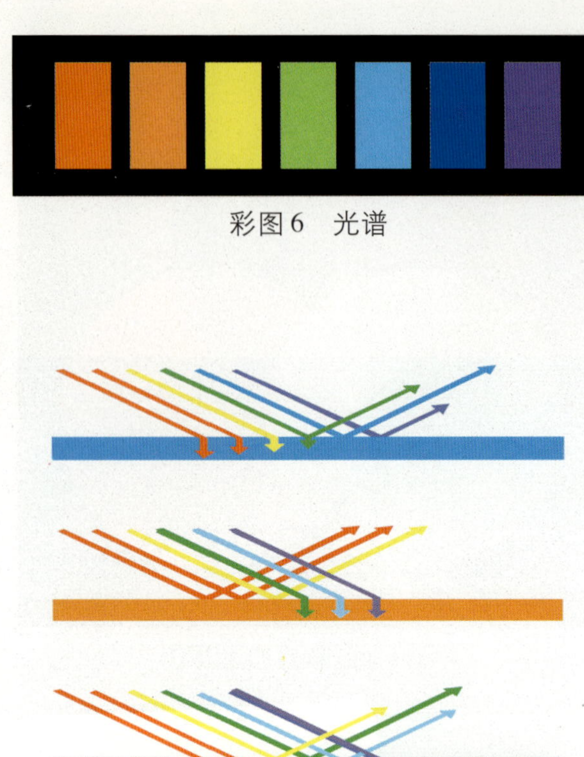

彩图 6　光谱

彩图 7　光的反射

彩图 9　明度对比

彩图 8　色相对比

彩图 10　纯度对比

彩图 11　色彩的远近和扩张、收缩

彩图 12　《小野兔》

彩图 13　《风景》

彩图 14　《宫女图》

彩图 15　水彩画

彩图 16　干画法水彩画

彩图 17　湿画法水彩画

彩图 20　深度刻画

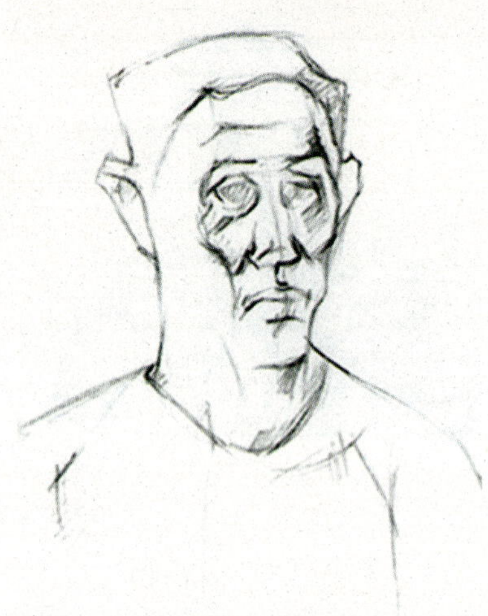
彩图 18　起稿

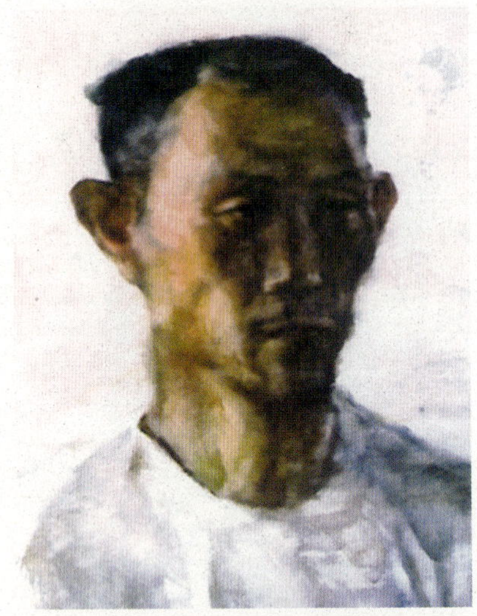
彩图 21　整体调整

彩图 19　画大体色

彩图 22

1+X 职业技术·职业资格培训教材

装饰美工

ZHUANG SHI MEI GONG

初级

主　编　陆金生

副主编　程　睿

　　　　窦蓉蓉

主　审　胡　锦

中国劳动社会保障出版社

图书在版编目（CIP）数据

装饰美工：初级/上海市职业培训研究发展中心组织编写. —北京：中国劳动社会保障出版社，2010

1+X 职业技术·职业资格培训教材

ISBN 978-7-5045-8523-3

Ⅰ.①装… Ⅱ.①上… Ⅲ.①装饰美术-技术培训-教材 Ⅳ.①J53

中国版本图书馆 CIP 数据核字(2010)第 181574 号

中国劳动社会保障出版社出版发行

(北京市惠新东街 1 号 邮政编码：100029)

出版人：张梦欣

*

世界知识印刷厂印刷装订 新华书店经销

787 毫米×1040 毫米 16 开本 19.25 印张 2 彩色插页 344 千字

2010 年 10 月第 1 版 2010 年 10 月第 1 次印刷

定价：32.00 元

读者服务部电话：010-64929211/64921644/84643933

发行部电话：010-64961894

出版社网址：http://www.class.com.cn

内 容 简 介

本教材由人力资源和社会保障部教材办公室、上海市职业培训研究发展中心依据上海 1＋X 装饰美工（五级）职业技能鉴定细目组织编写。教材从强化培养操作技能，掌握实用技术的角度出发，较好地体现了当前最新的实用知识与操作技术，对于提高从业人员基本素质，掌握初级装饰美工的核心知识与技能有直接的帮助和指导作用。

本教材在编写中根据本职业的工作特点，以能力培养为根本出发点，采用模块化的编写方式。本教材内容共分为 4 章，主要包括：装饰美术设计基础，装饰美术设计应用与表现，计算机辅助设计，装饰美术设计工艺与材料。为便于读者掌握本教材的重点内容，本教材配有测试题与模拟试卷，通过练习来检验和巩固所学知识与技能。

本教材可作为装饰美工（五级）职业技能培训与鉴定考核教材，也可供全国中、高等职业技术院校相关专业师生参考，以及本职业从业人员培训使用。

前 言

职业资格证书制度的推行，对广大劳动者系统地学习相关职业的知识和技能，提高就业能力、工作能力和职业转换能力有着重要的作用和意义，也为企业合理用工以及劳动者自主择业提供了依据。

随着我国科技进步、产业结构调整以及市场经济的不断发展，特别是加入世界贸易组织以后，各种新兴职业不断涌现，传统职业的知识和技术也愈来愈多地融进当代新知识、新技术、新工艺的内容。为适应新形势的发展，优化劳动力素质，上海市人力资源和社会保障局在提升职业标准、完善技能鉴定方面做了积极的探索和尝试，推出了1＋X的鉴定考核细目和题库。1＋X中的1代表国家职业标准和鉴定题库，X是为适应上海市经济发展的需要，对职业标准和题库进行的提升，包括增加了职业标准未覆盖的职业，也包括对传统职业的知识和技能要求的提高。

上海市职业标准的提升和1＋X的鉴定模式，得到了国家人力资源和社会保障部领导的肯定。为配合上海市开展的1＋X鉴定考核与培训的需要，人力资源和社会保障部教材办公室、上海市职业培训研究发展中心联合组织有关方面的专家、技术人员共同编写了职业技术·职业资格培训系列教材。

职业技术·职业资格培训教材严格按照1＋X鉴定考核细目进行编写，教材内容充分反映了当前从事职业活动所需要的最新核心知识与技能，较好地体现了科学性、先进性与超前性。聘请编写1＋X鉴定考核细目的专家，以及相关行业的专家参与教材的编审工作，保证了教材与鉴定考核细目和题库的紧密衔接。

职业技术·职业资格培训教材突出了适应职业技能培训的特色，按等级、分模块单元的编写模式，使读者通过学习与培训，不仅能够有助于通过鉴定考核，而且能够有针对性地系统学习，真正掌握本职业的实用技术与操作技能，从而实现我会做什么，而不只是我懂什么。

本教材虽结合上海市对职业标准的提升而开发，适用于上海市职业培训和职业资格鉴定考核，同时，也可为全国其他省市开展新职业、新技术职业培训和鉴定考核提供借鉴或参考。

新教材的编写是一项探索性工作，由于时间紧迫，不足之处在所难免，欢迎各使用单位及个人对教材提出宝贵意见和建议，以便教材修订时补充更正。

人力资源和社会保障部教材办公室

上海市职业培训研究发展中心

目 录

1

第 1 章

装饰美术设计基础

第 1 节　素描

学习单元 1　素描概述

学习目标

了解素描的概念和学习意义

熟悉中国素描和西方素描的发展概况

掌握素描的基本形式

一、素描的概念

素描就是单一的绘画颜色在纸面上所作的描写。素描的概念可以归纳为以下几点：

1. 素描是运用单色线条或块面来描绘对象物体的形象，主要是对对象的形体空间、块面结构、质感与量感、调子与色彩、明暗与虚实、动态与静态的表述。

2. 素描包含着绘画造型所具有的基本规律。它以黑、白、灰、点、线、面不同的组合，以不同的技法运用来充分表现画家对客观物象观察思考后的独特感受和理解。

素描就其艺术功能可分为两大类：一类是素描作为独立的艺术样式、独立的画种；另一类是写生习作，如石膏写生素描、人体写生素描、速写草图、草稿。

二、素描的学习意义

素描作为培养造型能力的主要手段，是学习造型艺术的重要基础。

学习素描可以培养造型能力，造型能力包括对物体的形体结构、透视变化、运动规律的认识，也包括运用形式法则、绘画语言对客观对象进行再现和表现。

学习素描可以培养艺术的感知能力和视觉表现能力。素描能力的培养是一种信息能力获取的培养，是一种简单的视觉分析和表达过程，主要表现视觉真实和图解真实，传达物体对象的比例、大小、色调、质感等信息，通过具象性、意象性、形变性和抽象性的重构，将主观与客观、理智与情感、功能与审美以及科学与艺术有机地结合起来。

学习素描可以了解造型艺术的基本法则和规律，掌握局部与整体统一的法则、比例与塑造的程序法则、空间透视法则、明暗变化规律、人体解剖与运动规律、构图规律等。在掌握造型技能的同时，还可以提高立体描绘能力，物体比例的观察判断能力，对造型的分析概括能力，运用工具材料的表现能力等。

三、素描的种类

素描是造型艺术的一种，属于绘画的范畴，泛指单色绘画。素描的种类可以从绘画角度、表现内容、使用工具、作画时间、功能性、表现性来划分。

1. 素描从绘画传统的角度来划分，可分为中国写意传统的素描（一般称为“白描”）和西方写实传统的素描。

2. 素描按其表现的内容不同来划分，可分为石膏几何体写生、静物写生、头像写生、人物写生、风景写生等。

3. 素描按其使用的工具不同来划分，可分为铅笔、炭笔、钢笔、毛笔、水墨、粉笔或几种工具穿插使用的素描等。

4. 素描按其作画时间的长短来划分，可分为长期素描、速写、默写等。

5. 素描按其功能性质和目的性不同来划分，可分为基础素描、习作素描和创作素描。基础素描是以学习造型的基本规律、培养素描造型能力为目的的作业练习；习作素描是以创作为目的而收集的场景、道具、人物等形象资料或草图；创作素描是以素描为表现形式来完整表达创作者创作意图的绘画作品。

6. 素描按其表现形式不同来划分，可分为以线为主、注重形体结构研究和表现的结构素描，以光影明暗为表现手段、注重形体体积塑造和空间感表现的明暗素描，以及两者结合的素描。结构素描以研究和表现形体结构为中心，突出表现不同体面的透视和形体的组合关系，同时利用线与线、点与点之间的虚实、强弱的对比来表现物体之间的空间关系；明暗素描与结构素描相比，没有本质的区别，都是表现形体结构、透视及空间的，但明暗素描更侧重于表现形体受光后的光影变化、光感、质感等，以光影色调的明暗对比作为表现体积、表现空间的基本手段。

四、素描的发展概况

人类开始懂得绘画是从素描开始的。原始时期东西方素描发展的情况类似，即素描和绘画没有概念上的差别。随着人类的进步，绘画才逐渐由简单到复杂，素描从原始阶段逐步得到发展。

从古代世界史前时期延续到中世纪的绘画水平是很低的，都保留了以线造型为主的史前时期绘画的特点。所以这一时期的素描也很单调呆板，它的真正发展是在 15 世纪文艺复兴运动到来之后。

早期的素描作品在图画、样稿、设计稿并未完全区分，直到出现文艺复兴三杰——达·芬奇、拉斐尔、米开朗琪罗，素描才作为一种艺术表现手段而独立开来。18 世纪末 19 世纪初，法国画家安格尔严谨的铅笔素描成为新古典主义素描的典范作品。19 世纪法国画家塞尚提出将形体概括为几何体，进一步奠定了近代素描造型的科学基础。

20 世纪以后，世界范围新的艺术思潮风起云涌，西方的艺术流派呈现出多元化发展趋势。素描艺术达到了空前的繁荣和辉煌。

中国近现代的素描创作及教学受到西方造型理论和方法的影响很大。到了 20 世纪初，留学归来的学子，更是带来了西方先进的美术教育理论。中国当代美术教育基础即由徐悲鸿学派和前苏联素描体系构成。以徐悲鸿为代表的一代艺术教育家留学归国带回来的素描认识与教学方法，对中国素描教学产生了深远影响。徐悲鸿先生在人体素描上造诣精深，将欧洲素描表现技法与中国民族绘画精神相结合，提出了素描造型的“新七法”，即位置得宜、比例准确、黑白分明、动态天然、轻重和谐、性格毕现、传神阿堵，开创了中国素描近代史的先河。

新中国成立后，中国美术深受前苏联的美学思想、美术教学理论的影响，如学院派体系的代表契斯恰科夫在素描教学上强调整“整体—局部—再到整体”的画法成为当时素描教学的典范。美术创作为适应社会主义的文艺需要，以现实主义思想为主导，在形式上遵循写实主义的造型理念，从而导致造型艺术观念与风格单一化的倾向，缺乏主观意识和个性表现。

20 世纪 70 年代后期，中国的艺术领域开始出现深刻变革，到 80 年代中期，中国美术出现了空前的活跃和发展，素描教学及创作出现了多层次、多元化倾向的学术氛围。

学习单元 2 素描造型

学习目标

了解素描造型的方法

掌握透视规律

掌握明暗变化的规律

一、素描造型的方法

素描造型的方法多种多样，各有不同的特点，但归纳起来有三种：一种是以线为主的线性素描，表现为线结构的造型方法；一种是以线条组合或是线条组合成明暗调子表现所描绘对象的造型方法；还有一种是两者相互结合的线面造型表现手法。

1. 线条和线结构造型方法

（1）线性素描造型方法。线性素描是指没有光影和色调，仅用单一的线条来表现物体形象。面与面连接处所呈现的线也称“轮廓线”或“结构线”，通过线条的描绘，可以引发观者的想象并使之具体化。因此，依靠线条单纯的轮廓勾勒，就可以画成精致的素描。

线条不是孤立的，它反映了形体各个面之间的衔接转折关系，表达了形体主要的不同方向面的联系。线条不但可以描绘客观自然物象的形状、空间关系，更能给予绘画作品以超乎寻常的想象力。例如两条线相交所构成的角形，可以被认为是某平面的边界，加上第三条线可以在画面上造成立体感。弧形的线条可以象征拱顶，交会聚集的线条可表现深度。人们可以从线条的变化当中，得到可以领会的形象。通过线条的手段，单纯的轮廓勾勒可以发展成精致的素描。

（2）结构造型方法。在素描中，结构是指物象形体的组合和构造，也就是内部构造的组合关系。它包含两方面内容：

1）解剖结构。解剖结构是指客观物象的自然生理形态，在素描中，解剖结构主要指人、动物和植物内部的构造关系。

2）形体结构。形体可以分解为“外形”和“体积”两种因素。“外形”是指客观物象存在的视觉形象，即物象的形状；“体积”是指物体在空间中的体量，具有高、宽、深三维立体的空间。一切物体的存在都表现为一定的形状、一定的体积。形体结构是指客观物象形体构成的造型特征。

结构是形体的内在本质，形体是结构的外在表现。形体结构是不变的，并且制约着诸多造型因素的变化。

2. 明暗素描

明暗素描（见图 1—1）是指按照光线照射在物体上的明暗调子，用深浅不同的笔触来描绘，从而使画出来的形象有较强的立体感、空间感和深度感。它的特点是：再现对象在特定光线下的形体透视和光影效果，着重表现形体的明暗调子和层次。明暗素描善于表现浑厚的物体、朦胧的景色和微妙细小的起伏变化。光与影并不是指图形的描绘，而是指物体的厚度、形状、造型，借助光才能看清。光影是欧洲文艺复兴以后在绘画上追求的艺术表现方法。

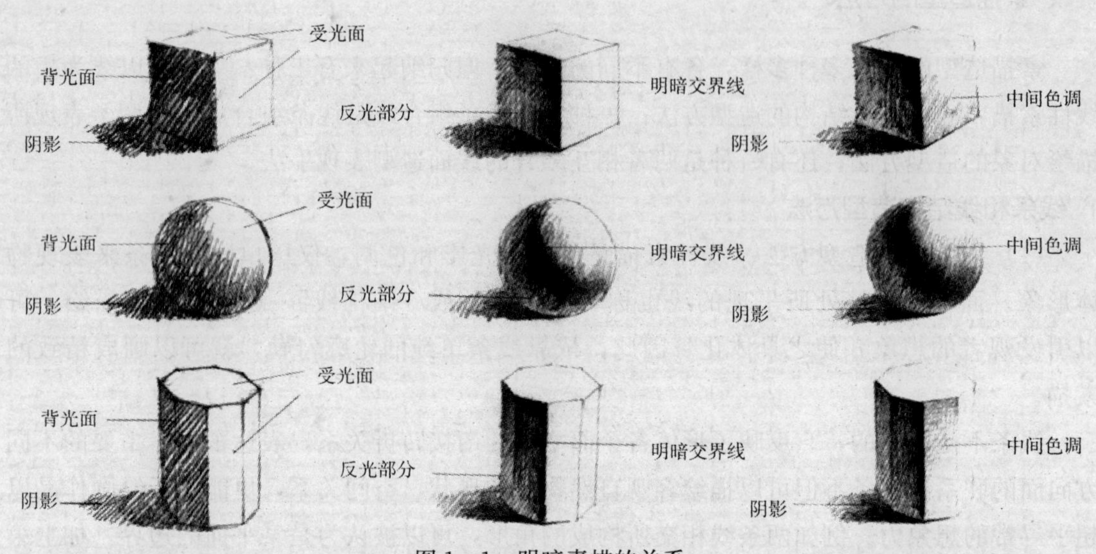

图 1—1　明暗素描的关系

（1）明暗变化的规律。任何物体在光的照射下都会呈现一定的明暗关系。光源的强弱，距离光源的远近及照射角度的不同，都会使物象呈现出不同的明暗。光是物体明暗形成的先决条件，也是物体明暗变化的外在因素。

物体在一定角度的光照下，会产生受光部分和背光部分两个既相互对比又相互联系的明暗系统。物体的明暗层次可概括为二大部、三大面、五大调，它们以一定的色阶关系联结成一个统一的整体，这就是明暗变化的基本规律。

（2）二大部、三大面、五大调。正常情况下，明暗色调变化的一般规律通常用二大部、三大面、五大调进行概括。

1）二大部。在光的照射下，物体有受光的一面和背光的一面，受光的一面称为亮部，背光的一面称为暗部。亮部和暗部是构成物体明暗关系的基础。

2）三大面。三大面是物体在空间中的高度、宽度和深度，在光线的作用下形成黑、白、灰三个主要色调的面。

一般来说，三大面中亮面的色调变化比较简单，暗面的色调变化比较含糊，灰面的色调变化最为丰富。在明暗素描中纯粹的黑白对比是很少的，而大量的是高、宽、深三个面的形体变化产生的黑白灰色调的丰富变化。

3）五大调。五大调是对光作用于物体所表现出明暗调子变化规律的概括和总结。具体表现为：亮色调、中间色调、明暗交界线的色调、反光的色调和投影，详见表 1—1。

表 1—1 五大调的说明

五大调	说明
亮色调	亮色调是指受光线直接照射的受光面，是色调中最明亮的部分。其中的受光焦点又称为“高光”。高光的面积很小，但它是画面中最亮的部分
中间色调	中间色调是物体受光线侧射的地方，介于亮色调和明暗交界线之间的过渡区域，又称“灰色调”或“灰调子”。中间色调的明暗层次变化丰富，色调过渡微妙，是素描造型中着重刻画、十分具有表现力的部分
明暗交界线	明暗交界线是物体受光面和背光面交接的部位，是五种色调中颜色最重、明度最低的部分。明暗交界线处理的好坏，直接影响到明暗对比和色调的整体统一
反光	反光是物体的背光面受邻近物体反射光影响的部位。由于反光处于暗部，因此一般情况下反光的色调明度不超过中间调子。反光形成了暗部的透明性，增强了物体的体积感和空间感
投影	投影是物体在光线的照射下其背光一侧顺光线投射方向留下的阴影。投影的边缘离物体越近则越实，越远则越虚

五种色调有一定的排列次序，无论光源的强弱、射入的角度、距离的远近怎样变化，也无论物体形状怎样变化，它们总是有规律地排列着。

明暗变化是由形体的结构起伏、转折而产生的。因此，明暗在任何时候都只属于特定的形体结构，而明暗的调子变化也就是在表现结构的起伏转折变化。结构是内在的、本质的因素，明暗是外在的、表象的形式；形体结构需要通过明暗来表现，而明暗关系中又处处体现着内在的形体起伏和结构变化。

明暗除了表现形象的立体感，在画面中更是表现整体空间效果的主要因素，明暗的层次处理及虚实、强弱的对比作用，是表现前后空间关系和整体气氛的基本手段。

二、透视

透视是在二维平面上表现出三维立体物体的绘画方法，是一种描绘视觉空间的科学。透视的要诀在于定消失点。越近的东西两眼看它的角度差越大，越远的东西两眼看它的角度差越小，很远的东西两眼看它的角度几乎一样，因此放得较近的东西，紧缩感较强烈，画静物一定要注意透视。

1. 透视的术语（见表 1—2）

表 1—2 透视的术语

透视术语	说明
视平线	与画者眼睛平行的水平线
心点	画者眼睛正对着视平线上的一点

续表

透视术语	说明
视点	画者眼睛的位置
视中线	视点与心点相连，与视平线呈直角的线
视域	画者眼睛在固定视点所看到的空间范围
视角	画者眼睛看物体所形成的圆锥形视阈角度
消失点	与画面不平行的成角物体，在透视中伸远到视平线心点两旁的消失点
天点	近高远低的倾斜物体（房子房盖的前面），消失在视平线以上的点
地点	近高远低的倾斜物体（房子房盖的后面），消失在视平线以下的点

2. 透视的基本规律

透视在东西方绘画理念中采用的方法各不相同，西方绘画采用的是一点透视（或称焦点透视）、两点透视（或称成角透视）和三点透视（或称多点透视），而中国绘画则常用散点透视。

（1）一点透视。一点透视（见图 1—2）是最简单、最常用的透视原理。它和两点透视常被用在对平视物体对象的描绘中，有整齐、平展、稳定、庄严的感觉。

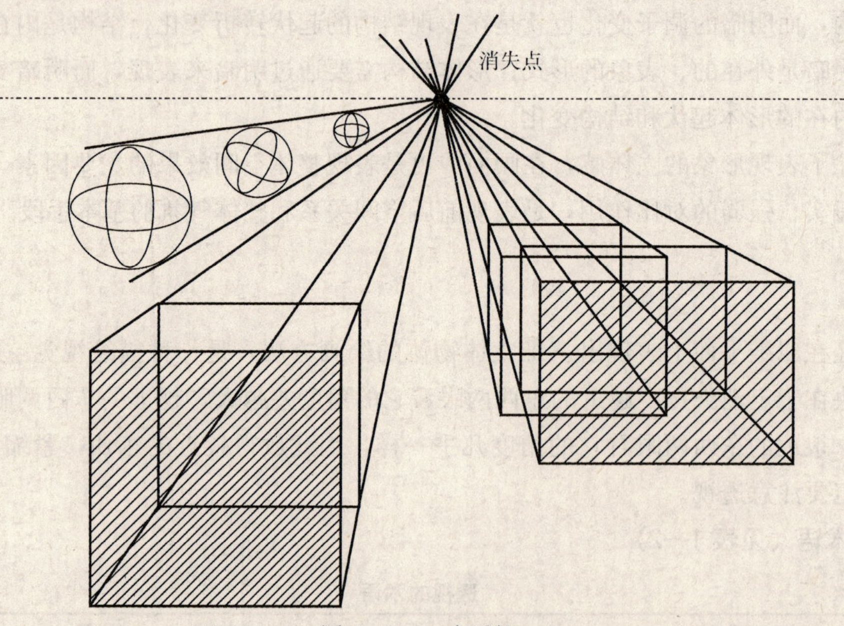

图 1—2　一点透视

（2）两点透视。设定一个正方体，如看到的两个垂直面都形成倾斜的角度时，无论另一水平面是看到物体的上部或是下部，这一正方体即形成了两个透视消失点，即两点透视

（见图 1—3），两点透视能使构图富于变化。

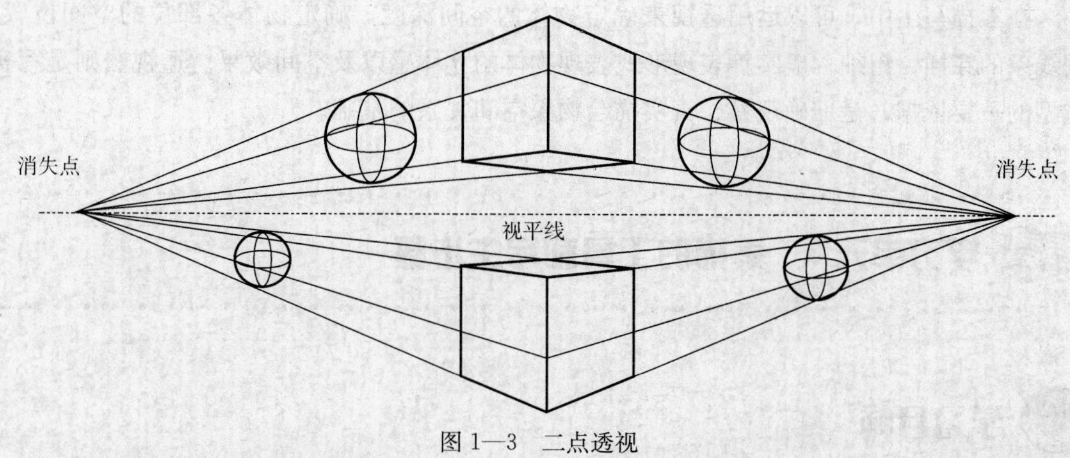

图 1—3　二点透视

（3）三点透视。当观者处于仰视或是俯瞰，所有可视的面都产生倾斜，有了三个消失点，便产生三点透视（见图 1—4）。

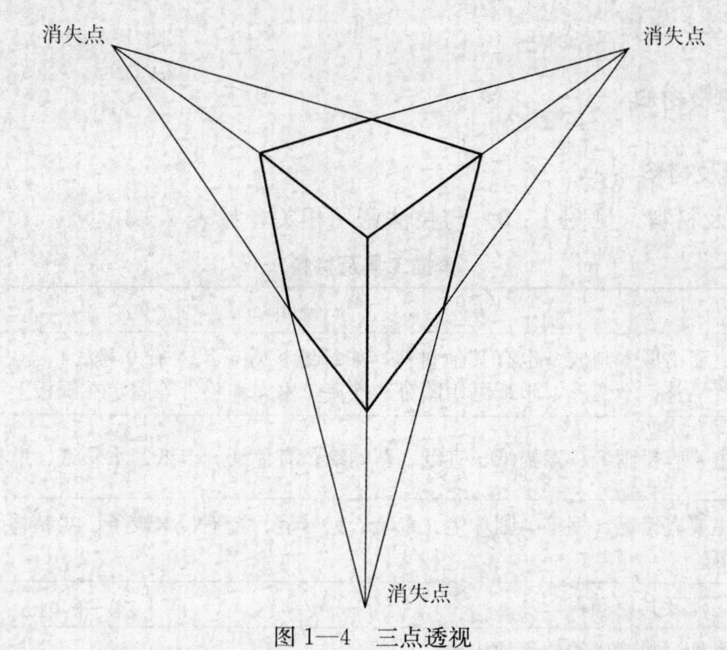

图 1—4　三点透视

（4）散点透视。中国绘画的透视法常用散点透视。画者观察点不是固定在一个地方，也不受视阈的限制，而是根据需要，移动着立足点进行观察，凡各个不同立足点上所看到的东西都可组织进自己的画面上来。这种透视方法，叫做"散点透视"，也叫做"移动视点"。中国山水画能够表现"咫尺千里"的辽阔境界，正是运用这种独特的透视法的结果。故而，只有采用中国绘画的"散点透视"原理，艺术家才可以创作出数十米、百米以上的长卷，如清明上河图如果采用西画中“焦点透视法”就无法达到。

在素描写生中，可以运用透视来确定物体的空间深度，确定物体各部位的空间位置，用线条的穿插、粗细、虚实等表现形式表现物体的立体感以及空间效果。透视法则是写实造型的重要依据，是准确观察、真实描绘物象空间关系的基础。

学习单元 3　素描的工具和写生步骤

学习目标

了解素描工具和材料的运用

熟悉素描的工具和材料

掌握写生的基本步骤

一、素描的工具及材料

1. 主要素描工具及材料

素描的工具及材料（见图 1—5）与技法密切相关，见表 1—3。

表 1—3　　素描工具及材料

名称	说明
画板	主要由椴木制成，也有其他材料，如纤维板等，尺寸有 0 号、1 号、2 号等。画板板面要平整、不变形，画纸可用图钉、铁夹、木夹和胶带等固定在画板上
纸	主要有铅画纸、素描纸、宣纸、新闻纸、有色纸、卡纸、水彩纸、道林纸和打印纸等
笔	主要有铅笔、钢笔、圆珠笔、水笔、记号笔、炭笔、木炭条、炭精棒、色粉笔、油画棒等
墨水	墨汁及其他颜料
橡皮	各种材料制成的软硬橡皮擦
定画液	用于保护和固定用炭笔、木炭条等工具画成的易磨损的画面，使用定画液需要有喷壶和喷嘴配合

2. 素描工具及材料的使用

素描工具及材料的使用见表 1—4。

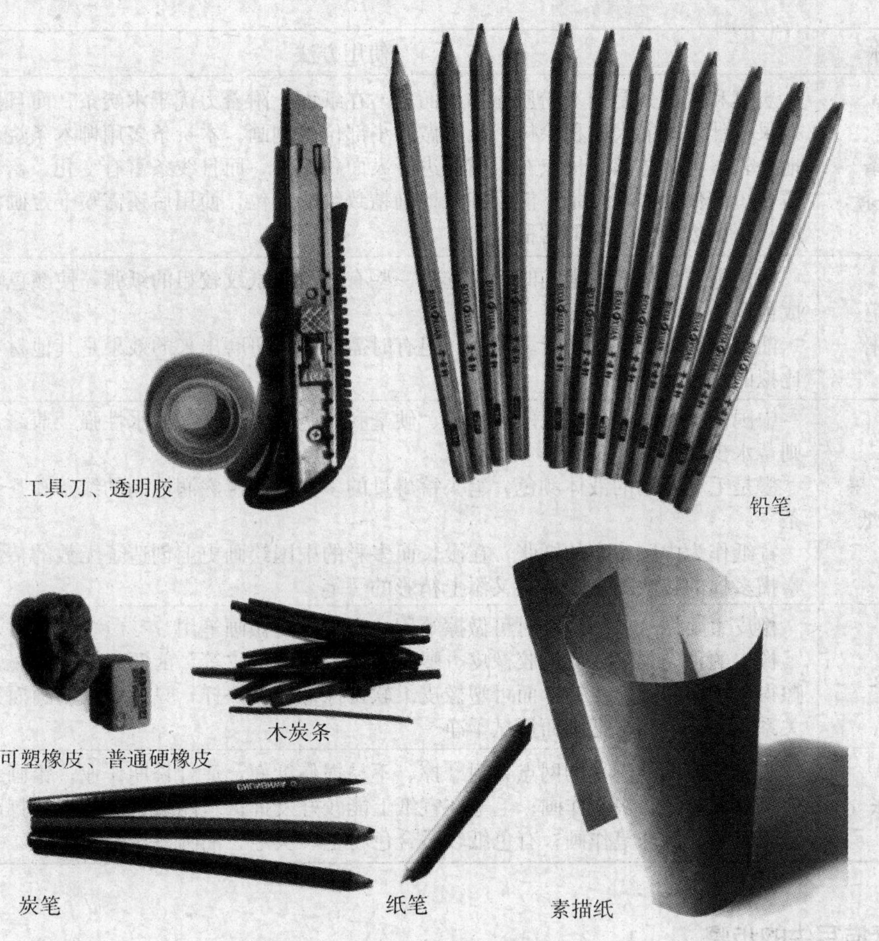

图 1—5　素描绘画的工具及材料

表 1—4　**素描工具及材料的使用**

名称	使用方法
铅笔	铅笔分软（B）和硬（H）两大类，具有丰富的表现力和较好的可修改性能，H～6H是一个系列，它的特点是数值越大越硬，铅色越淡；B～6B是一个系列，它的特点是数值越大越软，铅色越浓重，由于硬度变软，铅芯也逐渐加粗 素描绘画开始阶段使用的铅笔最好是3B～6B，随着素描的不断深入可适当选择一些硬铅，但不必选择过硬的铅笔
钢笔、圆珠笔及水笔	钢笔、圆珠笔及水笔是一种液体媒介，用起来比较灵活、方便。钢笔、圆珠笔比水笔细，适用于画一些小幅的习作，而水笔能画出比较宽的线条，较适宜画一些大幅或中等画幅尺寸的画作

续表

名称	使用方法
炭笔、炭精条、木炭条	炭笔和炭精条是用炭粉压缩加工而成，在纸面上附着力优于木炭条，而且黑白对比的效果较佳，既能大面积涂抹，又可做细小部位的刻画。木炭条多用柳木条烧制而成，质地松软，色泽浓黑，优点在于它能进行大面积涂画，而且线条富有变化，富有激情，较适合短期作业，缺点是不能很细致地画精致细小部位，使用后还需喷上定画液固定，一般只用做创作性素描的起稿
色粉笔、油画棒	画粉笔或色粉笔的素描时，应选择一些有底色且纸纹较粗的纸张，使颜色和色粉笔形成色调 油画棒因为有油，附着力较强，但有时需研磨，研磨出来的效果是其他材料工具无法比拟的，较为敦厚
毛笔、墨和宣纸	中国传统绘画使用的毛笔有软毫、硬毫和兼毫三种。软毫蓄水性强，兼毫次之，硬毫则蓄水少 墨是毛笔专用的液体颜色，笔头蓄墨量的多少能产生滋润饱满的线条和苍劲枯傲的线条 宣纸作为中国特有的纸张，在漫长而多彩的中国绘画史上创造了无数的传世佳作，使素描多样的技法及表现形式又添上精彩的一笔
橡皮	橡皮主要做减白用，有时可做擦笔用，有时也能做画笔用 橡皮的种类很多，有橡胶橡皮、塑料橡皮和可塑橡皮等。前两者柔软细腻，能把画面擦得很干净，适合改错，而可塑橡皮柔软得像橡皮泥一样，只适合减弱画面某一局部的关系，不适合用来把画面擦拭干净
纸张	水彩纸有凹凸不平的网点，耐摩擦、不易损伤纸面，适合长期作业；铅画纸、素描纸比较适合铅笔、炭笔作画；毛笔在宣纸上能较好发挥；新闻纸、道林纸和打印纸适合铅笔、钢笔、圆珠笔作画；有色纸较适合色粉笔、炭笔、油画棒作画

二、素描写生的步骤

素描写生和创作具有偶发性、触动性、随机性和个性化。以下所阐述的步骤只在常规的、传统的、学习性的一般规律和状态之下进行。

1. 构图定位

素描构图的原则是变化中求统一。构图方法有三个要点：画面主体图形的位置；非主体图形的位置以及与主体图形的关系；画面底形的位置以及与图形的关系。在这三个要点中，第一要点是构图的决定因素，它在画面中的位置决定了画面的样式。

构图的样式分为两大类：对称式构图和均衡式构图。

（1）对称式构图。主形置于画面中心，非主形置于主形两边，起平衡作用，底形被均匀分割。对称式构图一般表达静态内容。对称构图的变化样式有金字塔式构图、平衡式构图、放射式构图等。

（2）均衡式构图。主形置于一边，非主形置于另一边，起平衡作用，底形分割不均匀。均衡式构图一般表达动态内容，其构图的样式有对角线构图、弧线构图、渐变式构图、S形构图、L形构图等。

2. 勾画轮廓

在构图定位的基础上，用最简练的点、线条或者辅助的明暗关系确定物体对象的一系列关系，如透视关系、形体的三维立体关系、整个画面的主次关系等。

3. 上大体关系

素描最基本的一个要求就是在纸面上运用线条、明暗来塑造具有三维空间的立体形象。做大块形体的分析、综合和贯穿，主要包括上大体的明暗关系和大体的线性素描的线结构关系，根据物体对象的形体结构画出物体自身的明暗交界线，还有物体对象与对象之间的前后、主次、物体在整个画面中的空间关系等。

从整体出发开始画明暗色调，塑造大的形体关系，要在理解明暗色调与形体结构内在联系的基础上，紧紧抓住明部与暗部的大关系，通过明度差异来表现两者的对比关系。与此同时，还要把形体与背景、投影联系起来，准确地表现它们的明暗色调和强弱虚实的对比及其相互联系，以充分表现空间感。

4. 具体深入刻画

具体深入刻画不是细节的堆砌，而是以主要部分为准，着力对自己所画的物体对象进行检验，按主次、虚实进行深入刻画，使所表现的形体更加具体，特征更加强烈。深入刻画的过程中可以围绕明暗交界线进行，同时注意不同空间深度所形成的明暗虚实变化。

深入刻画中的大局观很重要，它时刻不停地提醒着深入刻画的绘画者从局部细节中走出来，进行整体性的对照，把握整体与局部的关系。

5. 调整

调整是对已画的画面进行概括和统一，在调整阶段要坚持整体观察比较和综合分析。从深入刻画回到整体，把对象中最富有个性特征、最精彩的部分加以强调，把不利于整体表现的琐碎多余部分进行充分的概括。

素描的调整可以从各个方面进行，如结构是否准确到位，三维立体透视关系是否存在问题，物体各部分和各物体之间的主次关系、虚实关系、疏密关系和线条的表现形式是否表达充分等，从而使所表现的形象更生动、强烈，更具有艺术感染力。

三、素描写生的要领

1. 主体要放在画面的中心位置，但不等于画面的正中心。陪衬物体要与主体呼应，线条运用要有轻重变化。常犯的错误是主次位置不当，用笔缺少变化。

2. 进行画面的背景处理时，要根据画面的主体来画，以起到衬托主体并渲染空间气氛的作用。常犯的错误是背景与主体没有关系，随意在物体周围画上一圈，没有变化。

3. 深的物体要画得“透气”些，尤其是暗部。画高光要注意位置，受光部要画得充实。常犯的错误是深的物体画得漆黑一团，没有虚实感，高光不根据形体特点来确定，边线没有变化。

4. 运笔时，不能千篇一律，要根据对象的不同质感，有比较地运用线条变化。常犯的错误是粗糙的物体用笔过细，细腻的物体用笔过粗，各种关系处理不当。

5. 结构要严谨，线条要轻松，要以主体作为画面的中心。运笔要从方到圆。从大的关系着手，小的关系着眼。常犯的错误是主次不分，过分强调细节，画面散乱，运笔犹豫不决。

素描写生注意要通过仔细观察、反复比较，在作画时处理好下列几种强弱关系：主体要加强，次要要减弱，不要不分主次；明暗交接的地方，明和暗部要适当加强；物体有远近时，近的要加强，画得清晰；远的要减弱，画得模糊些。

学习单元 4　基础素描

掌握石膏几何体与静物素描的基本形态

掌握石膏素描、风景素描、人像素描的绘画要求

一、石膏几何体与静物素描

1. 石膏几何体

石膏几何体的素描从画面的形式上来看，可以采用线性结构素描的画法和明暗调子为主的画法。

线性结构素描的表现方法可以使绘画者比较容易掌握透视、应用线条造型的基本规律去认识、理解和描绘对象。

由于石膏几何体固有色是白色，没有其他物体所具有的不同的固有色和不同的质感，这使得绘画者可以抛开其他因素，专心观察和了解客观物体对象形体构造的基础和透视的基本原理，石膏几何体对素描学习意义重大。

石膏几何体素描流程如图 1—6 所示。

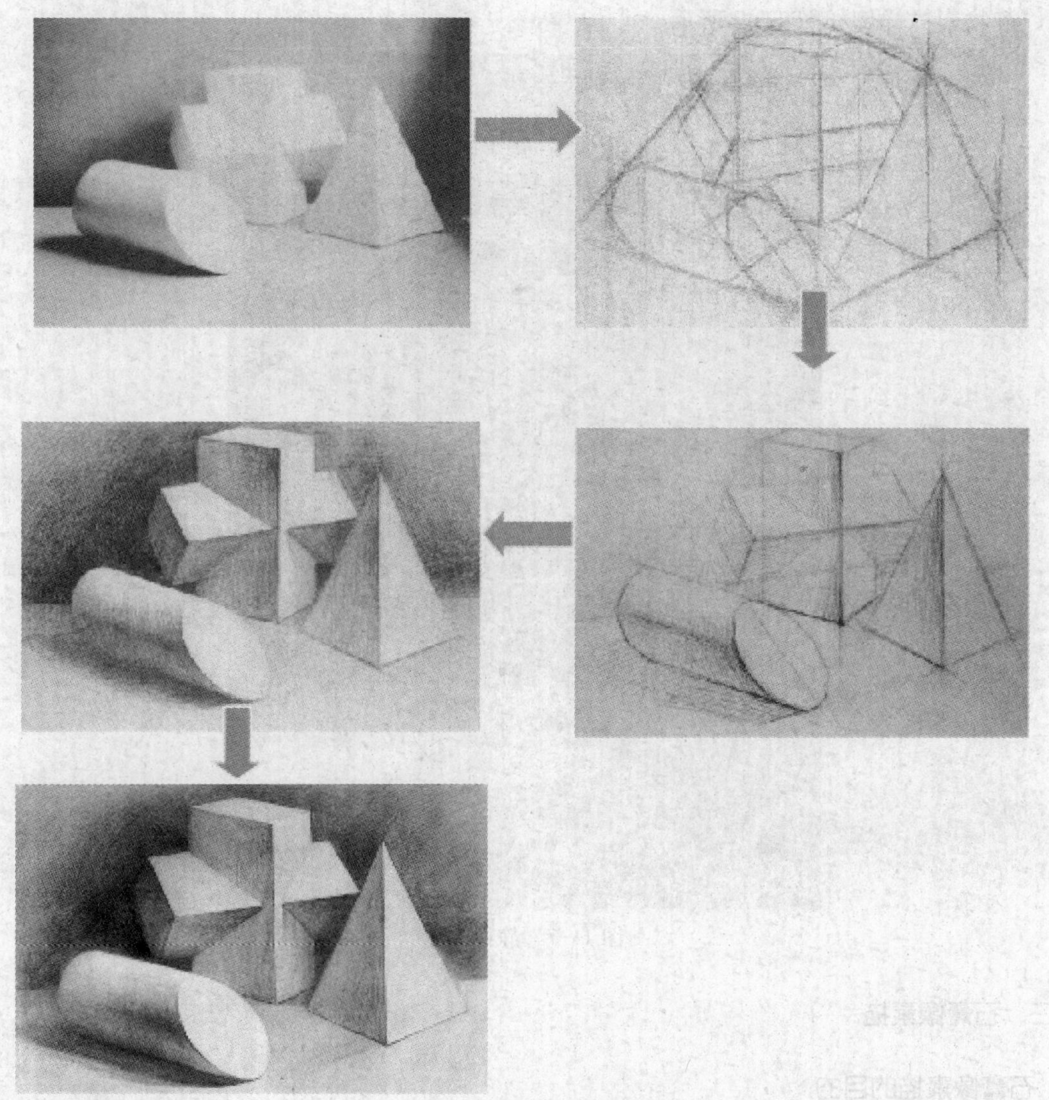

图 1—6　石膏几何体素描流程

2. 静物

静物素描写生是石膏几何形体写生的延伸和发展，它描绘的范围很广，瓜果、蔬菜、花卉 、瓶罐、文具等都可作为写生的对象。

静物具有形、形体、特征、光、色、质等各种表象因素，静物画里的物体结构和空间关系以及光感、质感一般通过色调来体现，而静物在空间中的位置则通过透视缩形来显示。石膏几何体是静物画的范畴，两者不同之处在于静物画更注重静物本身和各静物之间质感的区别。

静物素描样例如图 1—7 所示。

图 1—7　静物素描

二、石膏像素描

1. 石膏像素描的目的

石膏像是单一白色的，通过画石膏像可以学会观察、理解、掌握素描绘画的造型语言和表现方法。

学习石膏像素描可以在同一对象的基础上尝试用多种方法来表达，寻找出适合自己思想理念的表现方法。石膏像素描绘画的基本步骤和其他素描绘画基本一致。

2. 石膏像素描的基本方法

（1）以形体结构的相互组合来认识所画的石膏形象，画准形体的透视关系，处理好头、颈、胸等总体关系。

（2）从明暗交界线入手，画出头像明与暗两大调子的关系。

（3）加强各部位的形与结构的联系，通过具体的描绘使头像的形体更加结实，特征更明显，同时着手描绘头像与背景的空间关系。

（4）通过头像边缘线与明暗交界线的虚实处理，营造出物体的前后空间关系和转折关系。要重点刻画头像的五官、细部和明暗，使形体更加结实。

石膏像素描流程如图 1—8 所示。

三、风景素描

1. 风景素描的目的

风景素描相比静物素描显得较为动态，其蕴涵的是灵动的自然之美。风景素描的空间较为宽广，视线也较为开阔，易于培养对大局整体的把握以及对自然变化的应变能力。风景素描训练可以将零星的、琐碎的小题材放在一起，重新进行提炼与组合，使绘画者拓宽思路，产生新的感悟。

2. 风景素描的透视与构图

在风景素描画中，透视在表达空间距离和景物的结构及比例中起着至关重要的作用。地平线在风景素描中对于构图的作用就是透视中的视平线。在构图时，应先确立地平线的位置，一般情况下，最好避免地平线放在画幅中央的情况。

西方风景素描画早期以严谨的透视几何学原理控制着画面的构图。而中国传统的山水画是在“写”画，是书法和绘画的完美结合。如今的风景画随着各流派的兴起，构图样式呈多样化。在风景素描之前，可以作一些小构图和草图等进行推敲，然后根据画面的需要和个人的审美情趣，对所绘风景素描进行重新组合，或舍弃或添加。

风景素描画可以用明暗调子来完成，也可以通过线性素描来完成。所有的风景素描习作都应当是绘画者内心情感的体现，是绘画者与自然风景充分互动后，将自己的个人喜好与情感掺入作品中的一个过程。

风景素描样例如图 1—9 所示。

四、人物头部素描

人物头部素描主要包括：头像内部结构，包括头骨和头部肌肉的结构与特征；头像外部形体特征的塑造，如老人、青年男子、女人、儿童等不同年龄、不同性别的人；形体结构和特征，包括面部表情结构、头部与颈部的动态结构等。

由于人物头部的形体结构极为复杂，头部又是人物表情传达、显现的部位，因此，描绘人物头像时，可以把人物表面的视觉感受变为对内在结构和形体规律的认识和理解，同

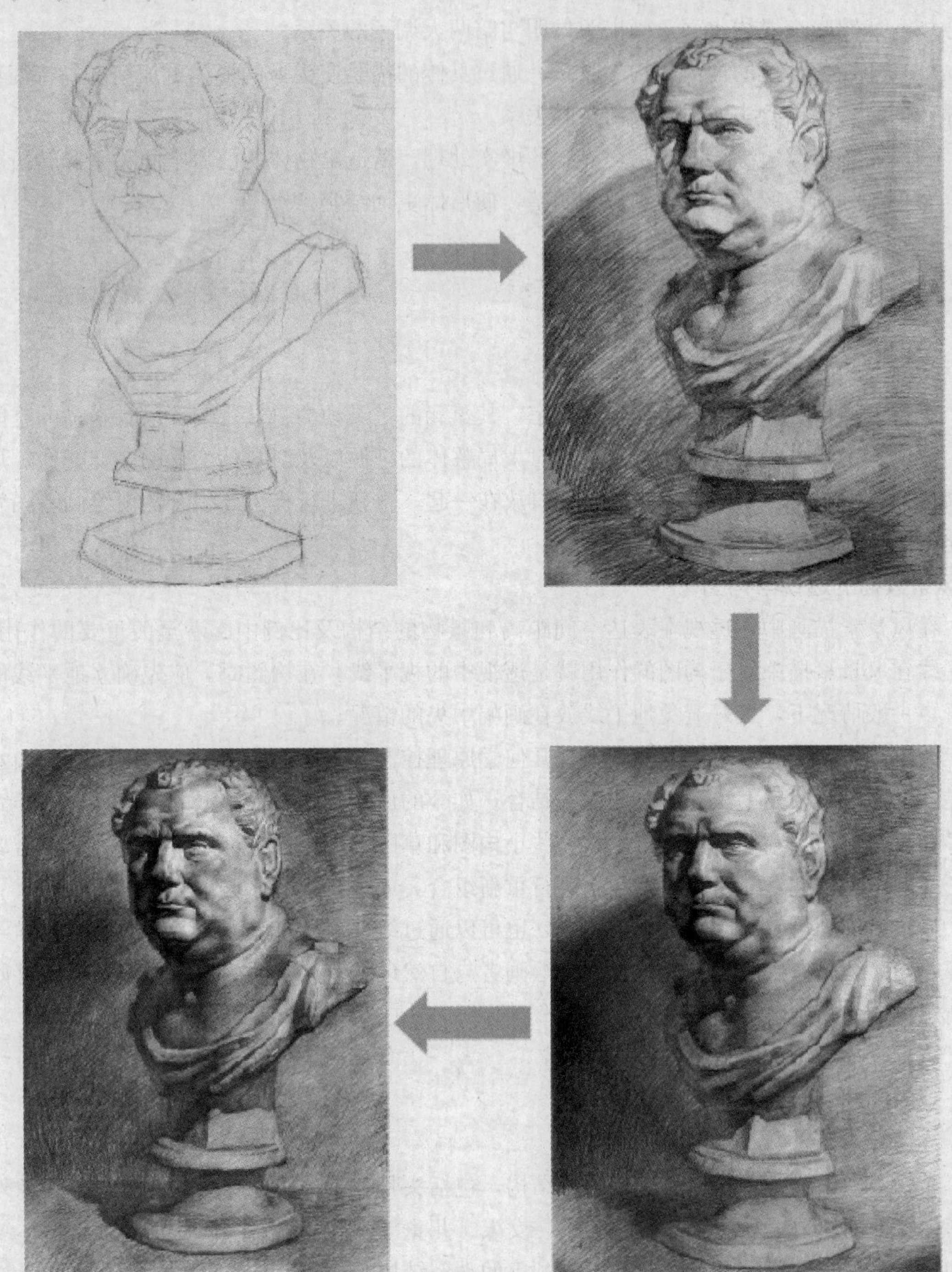

图 1—8　石膏像素描流程

图 1—9　风景素描

时通过对人物头部结构形体的组合、运动透视变化、内在结构与外在精神气质特征的研究和理解，逐步掌握人物头像的表现方法。

1. 五官、头发的造型表现

为正确生动地画好头部素描，不仅要熟悉五官的基本结构和特征，更重要的是理解五官由于面部表现变化而形成的相互关系。不注意五官周围肌肉的变化和相互关系，表现就不自然。

（1）眼。眼睛是由瞳孔、角膜、眼角组成球形嵌在眼睛窝里，上、下眼睑包裹在眼球外，上下眼睑的边缘长有睫毛，呈放射状。上眼睑睫毛较粗长，向上翘；下眼睑睫毛细而短，向下弯。两只眼球的运动是联合一致的，视点在同一个方向上，由于头部的扭动，眼睛出现不同的透视变化。眼睛的形状不同，有圆、扁、宽、双眼皮、单眼皮等区别。年龄段不同，眼睛的形状也不同。有的人内眼角低，外眼角高；有的人内外眼角较平，观察表现时应认真注意区分。眼睛的素描如图 1—10 所示。

（2）眉毛。眉头起自眶上缘内角，向外延展，越眶而过成为眉梢，分上、下两列，下列呈放射状，内稠外稀，上列覆于下列之上，起势向下，内侧直而刚，并且常因背光而显得深暗，外侧呈弧形，因受光显得轻柔弯曲。人的眉毛形状、走向、浓淡、长短、宽窄都

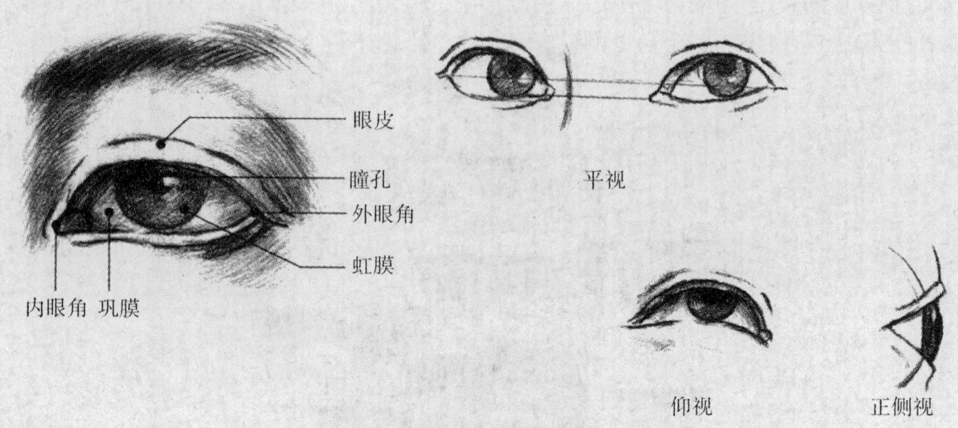

图 1—10　眼睛的素描

不尽相同，是显示年龄、性别、性格、表情的有力标志。眉毛的素描如图 1—11 所示。

图 1—11　眉毛的素描

（3）鼻。鼻隆起于面部，呈三角状，由鼻根和鼻底两部分组成。鼻上部的隆起是鼻骨，它小而结实，其形状决定了鼻子的长、宽等。鼻骨下边连接鼻软骨，包括鼻中隔软骨、鼻侧软骨和鼻翼软骨，鼻翼可随呼吸或表情缩张。鼻子的形状很多，因人而异，有高的、肥厚的、也有尖细的或扁平的等，都是形象特征的概括。鼻孔的形状随鼻形而变化，特别与鼻翼有很大的关系。鼻的素描如图 1—12 所示。

（4）嘴。就形状来说，嘴是由覆于上、下颅骨和牙齿之上的双唇所决定的。颌骨和牙齿形成的弧度直接影响双唇的曲直。嘴型的不同，就是由颅骨和牙齿的弧线所定型的。嘴唇由口轮

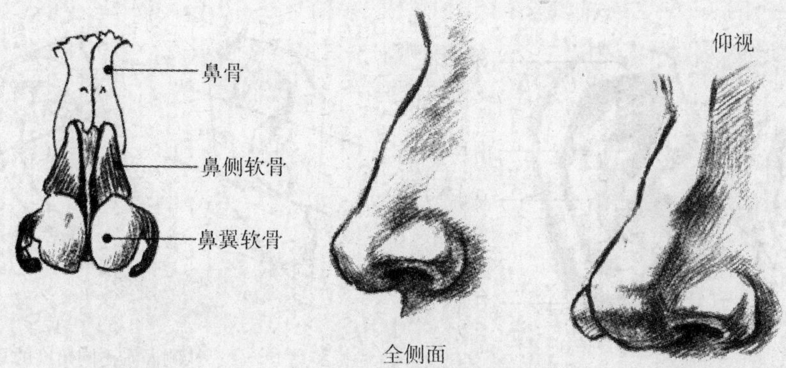

图 1—12　鼻的素描

匝肌组成，上下牙齿生在半圆形的上下颅骨齿槽内，外部是呈圆形体积。上唇中间皮肤表面有凹条，称人中。嘴唇的表面有唇纹，各人的唇纹形状不同。上、下唇的活动十分灵活，彼此呼应，不仅对发音有很重要的作用，对表情也有直接的影响。嘴的素描如图 1—13 所示。

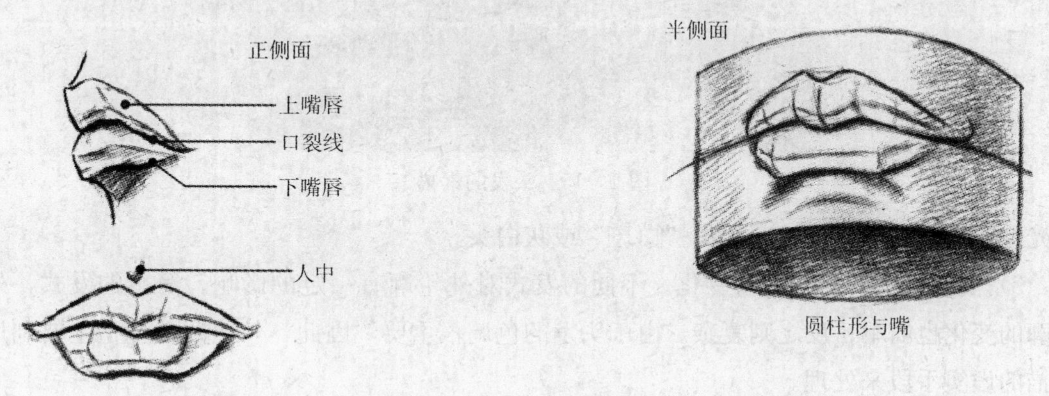

图 1—13　嘴的素描

（5）耳朵。耳朵由外耳轮、对耳轮、耳屏、对耳屏、耳垂组成，是软骨组织，具有一定的弹性，形似水饺。耳朵稍斜长在头部的两侧。耳朵的素描如图 1—14 所示。

（6）头发。人物头发的表现有一些难度，它不像面部那样具有明显的结构，它乌黑蓬松地附着在头部，使人辨不出哪里是应该刻画的重点。但是头发在头部占的面积很大，并涉及人像很大一段轮廓，而头发又是反映人物外形的一个重要方面，因此应该重视对头发的表现。头发的素描如图 1—15 所示。

1）头发应该体现头部的主要形体特征。不管对象是何种发式，要注意它的球体特征。它与脸部的结构是一个整体，同样有明暗交界线、反光和亮部。由于人的头发表面光滑，所以会出现高光，这些高光都是由一根根弯曲的头发集合而成。表现时要注意它与一般的

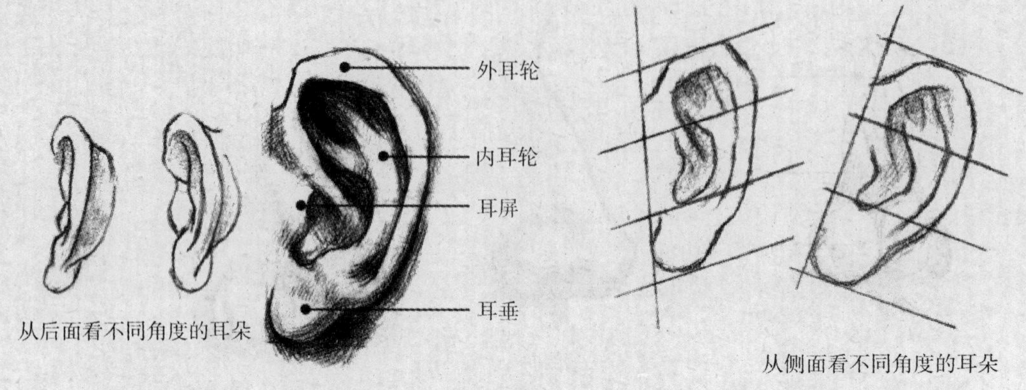

图 1—14　耳朵的素描

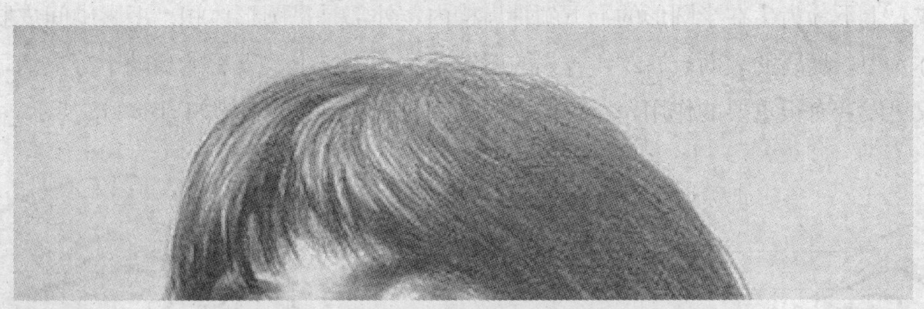

图 1—15　头发的素描

高光形式不同，画得不好，会像“白斑”或灰白头。

2）要注意头发外轮廓的变化。不同的发式对外轮廓有一定的影响。简单的发式，外轮廓的变化也简单；反之则复杂。由于头发的色调很重要，因此，外轮廓的变化主要利用素描的虚实手段来处理。

3）要注意处理头发与脸部的衔接方式。鬓角部分是一种过渡形式，发际部分具有一定的厚度，这种厚度会给额头造成投影。

4）发式不但可以反映人物的性别，而且也是表现人物性格与爱好的重要方面。发式的变化多种多样，无论何种发式，表现时都要注意头发的组织、穿插和结构的透视缩变。

2. 人物头部的比例和结构

人物头部的比例结构主要是由眉、眼、鼻、嘴和耳朵五官组成。“三庭五眼”（见图 1—16）是指正面平视五官的比例，是衡量一般的、较为标准的人物头部特征和五官位置的依据。

“竖三庭”是正面头部垂直三等分，即从发际至眉、眉至鼻底、鼻底至下颌底，这三部分是相等的。“横”是指面部宽度为五眼宽度的总和，即两眼内眼角间距为一眼，两眼的外眼角向外到耳孔间的距离为一眼，这样整个脸部正好为五个眼睛的距离。

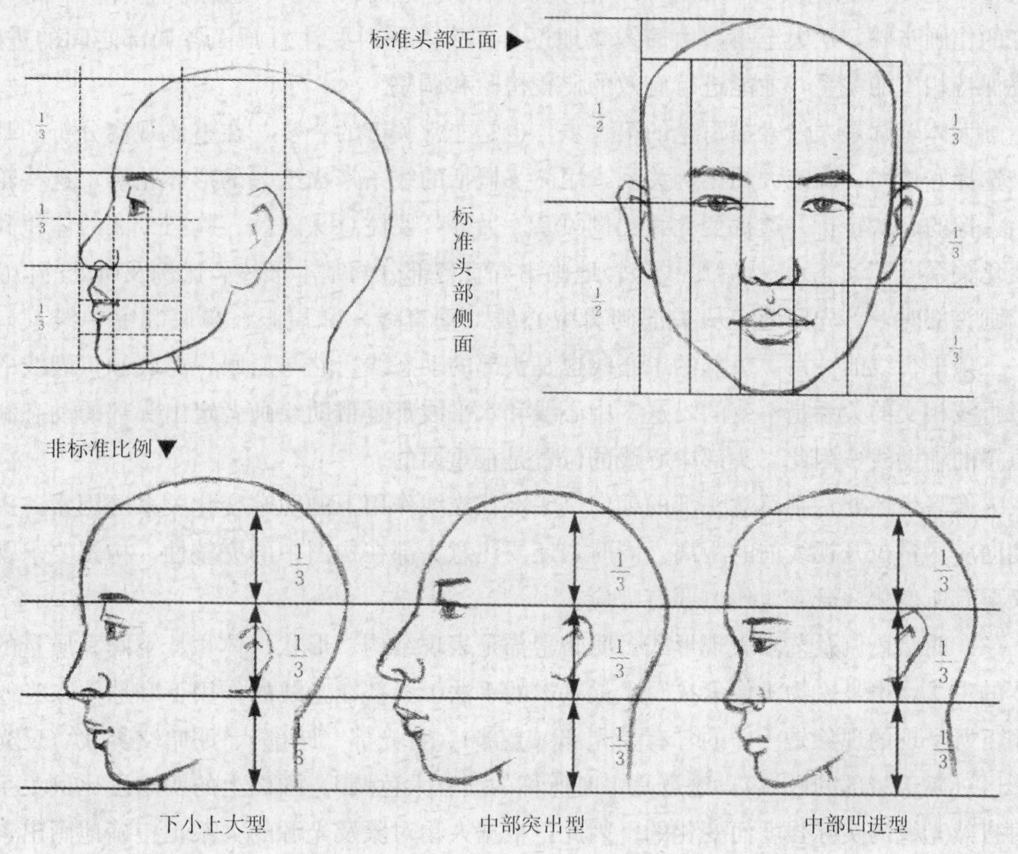

图 1—16　三庭五眼

3. 人物头部素描的基本方法

（1）整体观察和分析。在我国古代的画论中，总结出八种人物头部的基本形，并通过我国特有的象形字，即甲、由、申、田、用、国、目、凤，形象地概括了人物头部基本形的差异。在写生中，可以根据头部的这些规律，较快地勾画出人物头部的大体轮廓。

垂直、水平和倾斜线的运用也是比较头部各部分形体的一种辅助手段。可以用一条垂直线画出头部的中轴线，并上下贯穿头顶和下颌底，再画出眉眼、鼻子下端和嘴的口裂线的横向水平线。垂直线和水平线相交的十字线，称为“十字辅助线”，它可以帮助绘画者确定人物头部的动势和五官比例位置。

（2）构图。在作画时，始终把整体关系放在首位，在整体关系基本正确的前提下，再求局部的精致变化。画局部，看整体，反复交替，互相促进。如果局部破坏了整体，画面就会出现混乱，然而仅有大关系，没有局部的深入刻画，整体便是空洞的。整体的充实，要由局部精致来表现，两者是互为因果、相辅相成的。为了达到局部与局部之间，以及局部与整体之间“比例关系”的准备，首先要从确定大关系入手，遵循“整体—局部—整体”的作画步骤，从大至小，由简入繁地逐步深入，同时要注意画面各局部之间的进展，始终保持相应的关系，才能进行有效的比较检验和调整。

画大体轮廓是人像素描写生的第一步，也是非常关键的一步。在整体观察分析的基础上，选择好构图，确定大的比例关系，用简练概括的线条来描绘大的形体轮廓，这些轮廓包括人像的起伏转折、透视变化和比例关系。另外，要注意头、颈、胸三个大的体积和透视变化关系（即动态）。然后用线轻轻地画出五官各部分的基本形体、比例及所处的位置。

画头部时，首先要确定从头部到鼻中心线（垂直线）和眉眼、鼻底和嘴中线（口裂线）三条平行线的关系。头部的中心线也是头部的动态线，它与眉眼、鼻底和口裂线的三条平行线相交的关系是不变的，这些中心线和水平线都是帮助绘画者定出头部的动态和五官位置的辅助线，因此，头部中心线的位置是很重要的。

人像写生还要特别留意头部的朝向、头部在光线作用下的明暗变化关系等因素。头部的朝向应尽量拉开视线前的距离。同时，还要注意头部在构图中的完整性。构图要求既和谐又要有所变化，既有对比也要有呼应。

（3）明暗色调及艺术表现形式。明暗素描是表现结构、形状、体积、空间和质量的最基本的手法，也是人物头像素描写生最基本的手法。头部在光线的作用下和球体在光线的作用下所呈现的现象是一样的，有受光部（亮部）、背光部（暗部）、明暗交界线、反光和投影区（属于暗部的区域），这也是平时所称的“五大色调”。画面上的明暗度比例关系是相对自然光线的实际强度而变化的。因此，根据人物对象及光源的关系，正确地画出素描的明暗度的比例关系十分重要。

（4）深入刻画。随着人像写生的深化，一切成对形体必须同时画，要遵循从整体到局部的原则去进行多细节之间的比较，需要将所形成细节依主次、有计划、按比例、分阶段进行描绘。

深入刻画阶段，对色调明暗要随时比较调整，千万不要盯住一处孤立深入。因为脱离整体的局部刻画是无任何意义的，要及时退出适可而止。

五、人体素描

1. 人体比例、解剖结构与运动规律

人体比例是指人体和人体各个部分之间的长短、大小之间的比较，男女老少在人体的比例上是有区别的。人体美感完全建立在人体各部分之间合理的比例关系上。

人体的骨骼大致分为头部骨骼、躯干骨骼、上肢骨骼和下肢骨骼。在人体素描时，需

要经常注意理解和掌握骨骼在人体中的骨点，也就是那些骨骼基础离身体表面最近的地方，突出明显的地方，如锁骨骨点、大转子等。当人体的某主要部位呈现扭动趋势，那么身体的其他部位就会随之出现倾斜、扭转、运动，形体交接处形成各种角度的变化，根据这些变化可以掌握骨骼的肌肉运动规律，具体地表现人体外在的造型结构。

2. 人体素描写生的基本方法

人体素描写生之前，首先要选择与人体模特儿之间的角度和位置，与模特儿之间的透视角度不宜太大，否则容易产生强烈的透视变形。

(1) 构思与构图。构图阶段其实是构思阶段在草图小稿上的体现。构图的形式美一般包括和谐、比例、对称等，其任务是将视觉的元素，如线条、明暗、质感、色调、形体等进行主观的组织，表现出绘画者的个性特征。

(2) 大体关系。轮廓线是这一阶段的主要步骤，用以确定人体各部分形体之间的关系。在打轮廓线的时候，可以通过一系列目测的方法，如重心平衡的方法、倾斜线测量的方法、平行线测量的方法进行观察比较，及时纠正错误和不恰当之处，适时地进行展开和铺开。

(3) 深入刻画及调整。深入刻画应有选择、有重点地进行。比如画一个动作姿势比较大的人体时，首先重点深入刻画的部分是其造成动态的那部分形体结构，包括它的骨骼和肌肉以及对外在形体影响的部分，然后，在深入刻画人体各部分形体结构的同时，视具体情况或圆润，或者刚劲地塑造形体。

最后的阶段便是调整，减去一些刻画过度的，或者是次要的，加上那些没有刻画到位的，或者是主要的。

图 1—17 所示画面中的静态人像给人一种和谐的动态节奏感，这是人体写生中较高的境界。

六、着衣人物素描

1. 着衣人物素描的目的

着衣人物素描的学习必须在充分理解、掌握头像素描和人体素描之后进行。人体的素描学习已经较好地解决了人体的结构和造型的问题，而着衣人物素描的学习是解决人体在着衣后一系列比例、结构和各种运动中的透视变化规律以及衣服的褶皱变化，并学习怎样用素描的方法描绘出这些衣纹的不同特点如何运用不同的表现手法。人物的内在精神气质上的把握，人物在外部环境中表现出的一种境界，是在学习着衣人物素描训练中要解决的课题，最终为绘画创作打下良好的、扎实的基础。

图 1—17　俄罗斯列宾美术学院珍藏素描精品选——人体篇

2. 着衣人物素描写生的方法

着衣人物的素描写生所要解决的问题主要是：对人体的比例、结构和运动透视规律的了解和掌握；人物的内部结构与外部服装的衣纹的关系。

画着衣人物素描时应从紧贴人体部分的服装开始入手，这是因为，一般情况下，出现褶皱的部位是不和人体的部位紧贴的，衣纹的处理要和人体的形体解剖和人体运动规律联系起来，了解衣服和人体骨骼肌肉之间的关系，有助于合理、准确地画出着衣人物。

衣纹的表象来自人体的结构和自身的质地，产生衣纹的原因在于：与人体的形体结构相一致，为力的作用，与人的运动或外力有关；与服装本身的样式有关；长期折叠形成的；衣服自身垂力产生的垂感。不同质地的衣料会影响衣纹的形状。如丝绸类的质地较薄的衣服，衣纹多而密，线型也较柔圆；麻布等硬质类衣纹多用折线、直线，线型方而短；呢绒及化纤织物，衣纹少而挺。我国传统绘画对衣着的造型，也有很高见解，并总结出一套不同于西画的完整的表现样式和体系，沈宗骞在《芥子图学画编·人物谈话》中说："周围骨骼要从衣外看出，何处是肩，何处是肘……凡此皆骨骼之隐于衣中，而于作纹时随笔写出。""先将裸体骨骼约定，后施衣服。"其中道出衣服结构与人体结构之间的关系。

以线为主画衣纹，须更加重视衣纹的提炼、概括和取舍。写生时要充分发挥线条的疏密、长短、虚实节奏等效果，有时可带有一定的装饰性。这一点在中西绘画中有异曲同工的一致性。

在着衣人物素描时，应从大量的皱褶中挑选有特点的、主要的、能充分表现并能确定大体积形体分段的褶皱，然后转到那些从属的、次要的、小的褶皱的描绘。

另外，着衣人物素描画中关于手的描绘具有很重要的地位。手在人物画中也像头部一样具有独特的特征，通过手和手的姿势可以了解人物的不同年龄、不同性别、不同职业甚至是不同性格。因此，手的位置和姿势在绘画时应着重安排，并根据手的解剖结构进行塑造。

手由二十七块骨和十六个关节组成，手背和形状基本由骨决定，手骨由腕骨、掌骨、指骨组成。腕骨有八块，和足部跗骨一样呈不规则形，它们结合成一个整体。

具体描绘手时，要掌握手的比例和体积。手平放从侧面看，腕关节高，自指关节倾斜，被称为"降阶式"，像一级降低的台阶。

图 1—18 就很好地诠释了着衣人物素描中人体动态表现与衣服褶皱的完美结合，同时通过虚实的艺术处理很好地烘托出该女子优雅气质。

图 1—18　俄罗斯列宾美术学院珍藏素描精品选——肖像篇

七、速写

1. 速写与草图小稿

速写是在较短时间内迅速将对象描绘下来的一种绘画形式，它具有收集绘画素材、训练造型能力两大方面的功能。速写最能表现出绘画者敏锐的观察能力和对物质世界的新鲜感受。画面生动感人，是速写的一个显著特征。速写可随时描绘日常周围生活中的任何物象，特别擅长描写运动中的对象和转瞬即逝的动态。

在进行素描训练和创作时，应依据理论和观察，对物体对象进行速写性的一些小稿，也就是草稿构图。社会生活给速写提供了大量的素材，通过速写可以获取启示和灵感，有时还能抓住一些稍纵即逝的感觉。很多的画家甚至大师都离不开速写，速写给他们以视觉素材的收集，形成作品创造中的草图小稿。

2. 速写的基本方法

速写是在素描写生时抓住主要的、大的关系，是不拘小节、自由驰骋，充满着节奏、韵律和力量，而不是面面俱到、斤斤计较、一个不少地全都深入画出来。初学速写时，可以从一些简单的造型开始，不限定写生的时间，力求把对描绘对象的感觉找准确，流畅地表达出来，在此基础上再逐步缩短写生时间，画一些比较复杂的造型。

速写要求在较短的时间内画出所需要表现的对象，所以以线条形式来描绘形象，是速写表现中最直截了当的一种方法。线条除了具有描绘对象形体的功能外，其自身还具有艺术表现功能，它可体现出丰富的内涵，如力量、轻松、凝重、飘逸等美感特征。除此之外，线面结合也是常见的形式之一。有时在结构转折处衬些明暗调子，能增加速写艺术的表现力，使画面的气氛更加变幻丰富。速写没有明确的形式界限，它的主要目的是锻炼绘画者敏锐的观察能力、快速的理解能力和手眼的熟练协调能力。

速写可以是比较完整的，也可以是局部、零散的。速写较为原始、直接，因此难以用完美来衡量。

3. 速写的表现形式

速写的工具和材料是多样的，不同的用笔和纸具有不同的视觉效果和表现特征。一般速写用的笔有铅笔、钢笔、炭笔和毛笔。

（1）铅笔。硬铅笔适合于以线条为主，且线条工整的速写。软铅笔适合于以线和色调结合，线条流畅、奔放的速写。铅笔的特点是易于掌握，特别是软铅笔，轻轻接触纸面，即有痕迹，其线条或轻或重或粗或细，便于控制，而且色调微妙而丰富。

（2）钢笔。钢笔画出的线条基本粗细一致，既可画简单明确的单线，也可用线的排列构成色调，表现层次和变化。钢笔速写一般采用光洁度高的纸面，行笔的速度影响线条的效果。行笔快，线条流畅、锐利；行笔慢，线条婉转平稳而有弹性。如果画在纹理突出或粗糙的纸上，会因为用力的轻重和行笔的快慢带来不同的变化。

（3）炭笔。炭笔作画，黑白对比强烈，颜色浓重，比较容易表现色调丰富的层次，炭笔的炭质粗犷，线条富有力度，如图 1—19 所示。

图 1—19　炭笔速写

（4）毛笔。毛笔是中国特有的一种传统工具，毛笔因含墨量、用力轻重、行笔快慢的不同会画出富有不同表现力的线条。毛笔速写一般应使用具有吸水性能的纸，如宣纸、高丽纸、毛边纸等，可以充分利用吸水的渗化效果，增加表现力。

速写表现的内容极为广泛，有静物速写、风景速写、人物速写等。静物速写较为安定，可以是具体物体的结构和透视练习，也可以是各种线条明暗结合的练习。与静物速写不同，风景速写相对处于一个较宏观的场景中，其重点在于用线条的组合形成黑白灰层次关系来表现风景的空间关系。人物速写的要点在于动态，难点也在于动态。画人物速写始终都要把捕捉和表现对象的形态特征和神态特征作为主要目标。

操作案例

石膏头像素描

以荷马像为写生对象，练习石膏像素描的基本方法。

操作步骤：

步骤 1：先打形，并画出大体的明暗关系，如图 1—20 所示。

步骤 2：细分块面，深入刻画，如图 1—21 所示。

步骤 3：进行空间上的调整，如图 1—22 所示。

图 1—20　荷马石膏头像素描步骤（一）

图 1—21　荷马石膏头像素描步骤（二）

图 1—22　荷马石膏头像素描完稿

学习单元 5　设计素描

学习目标

了解设计素描的概念

熟悉设计素描的表现形式和规律

掌握结构素描和构成素描的异同

能够形成设计素描的造型思维

一、设计素描概述

1. 设计素描与绘画范畴的素描

绘画范畴（非实用性范畴）的素描是指作为纯绘画的素描作品，或为绘画或其他美术创作而作的素描。绘画范畴的素描是传统的、具象的，它要求画者充分掌握透视、解剖学原理，通过细心的观察和严格的写生训练客观地表现对象。绘画范畴的素描是纯艺术的、纯绘画的素描，以质感、明暗调子、空间感、虚实处理等方面为重点，研究造型的基本规律，画面以视觉艺术效果为主要目的。

现代的设计素描更多强调实用性、服务性和美学价值。设计素描的前提条件是为设计服务，其设计的目的是最终的产品。它以比例尺度、透视规律、三维空间观念以及形体的内部结构剖析等方面为重点，在表现形式、表达方法、视觉感受、材料运用等方面以设计理念为基础，画面以透视和结构剖析的准确性为主要目的。

2. 设计素描的概念

设计素描源于文艺复兴时期素描的概念，是指作画者以艺术设计为目的，为反映设计意图而作的造型表现和研究。设计素描和设计是密不可分的，是为设计作素描基础训练的。设计素描从西方引入我国是在20世纪80年代初，由瑞士的巴塞尔设计学校介绍到国内，其教学方法是以线体现结构，称为结构素描。

3. 设计素描的形成

素描自形成开始便有了“设计”的理念，如早期的“构图”“草图”等，其性质是为某种绘画创作和手工艺品的制作而作构思、预想、演示和表达。而设计的初始阶段便是构思与草图。通过草图可以对创造中的物体形象进行多方位、多角度的描绘、比较、推敲、估算、选择、修改，直至最后的定稿，然后投入生产。设计素描是为这整个一系列的活动打基础的。设计素描是基于绘画素描之上的，有目的、科学地对设计中的物体形象进行的描绘。

4. 设计素描的任务

设计素描是区别于绘画基础素描而根据设计学科的特点和需要发展起来的。伴随德国包豪斯设计学院的创立，设计素描作为一门为设计学科专业设立的基础训练科目而确立。设计素描课包括结构素描、构成素描、综合素描等，其中，结构素描是设计素描中应用较广的一种。

设计素描是为造型基础训练而开设的课程。设计专业的素描学习和其他绘画专业的素描学习有很大的不同，而且侧重点也不一样。绘画专业的素描学习是在纯艺术表现的观念指引下，注重以“再现”为主要原则的技能技巧训练，而设计专业的素描则是通过理性、科学逻辑性和有秩序性的表达所设计物体形象的内容形式。

5. 设计素描的特性

（1）专业性。设计素描作为造型能力训练的一种方式，一般不是作为独立的艺术作品出现的。设计素描是设计活动的一部分，是艺术设计的再现，起着设计“中介”和产品“效果图”的作用。其造型功能的第一位是物质性、适应性，第二位是审美性、精神性。

设计素描是在满足人们物质需要的同时，满足人们的审美需要。

（2）实用性。设计素描的前提是为设计服务的，而设计的目的最终是产品。因此，设计素描带有一定的实用性。设计素描同样要求画者具有扎实的基本功、敏锐的观察能力和绘画激情，为设计服务的素描同样具有较强的装饰性、表现性、解析性和超写实性，如环境艺术专业的素描以结构、解析性为主，强调的是对空间造型能力的认识和把握；而服装设计专业的素描突出平面性、装饰性，多一些线性素描，减弱明暗调子的作用，以强调其装饰性。

（3）实践性。设计素描吸收了传统绘画素描的科学因素和现代素描的因素，并以此为基础，更强调突破造型的自然约束，从自然物中发现、寻找“新”的元素，所以，设计素描更多地依靠理性及逻辑思维，需要对客观物象进行间接、概括和综合性的反映，需要实践性的训练及培养，以做好美观、效能、工艺的平衡。

（4）审美性。创造形体的美感，是从事设计所必须具备的修养和素质，作为实用设计的美感，是指在充分满足实用前提下的审美性。无论哪种设计素描，客观上它都是为专业方向服务的，都必须给人以美的享受。另外，艺术所表现的是创作者的个人思想精神，其设计作品表现的观念和思想同样具有某种审美意义，具有某种创造力和想象力，素描不是被动地描绘物象，而是积极地、主动地、深入地观察和体会所描绘的物象。

二、设计素描的技能训练方法

传统素描离不开制作工具的限制，而设计素描注重培养的是创造性思维，画者可根据自己对画面的理解，选择不同的绘画材料和表现技法。可利用铅笔、钢笔、毛笔、马克笔、油画棒等工具，结合不同的纸张，如宣纸、白报纸、毛边纸、水彩纸等进行练习。在表现技巧和方法上，可借鉴传统素描技巧方法，也可采用揉纸、水印、拓印、剪刻等特殊的表现技法，表达自己对设计语言的认识和领悟。

设计素描要根据设计的需要来追求画面强烈视觉效果，尽可能运用一切科学的原理与手段，把造型的基本元素与形体结构加以理性化地把握与发挥。应摆脱常规的室内静物（石膏几何体）写生训练的模式和方法，注重锻炼和培养空间思维能力，综合明暗、光线等视觉元素，着力提高对形象的透视、结构，形体的结构规律的把握。

现代设计素描应与时代的内涵和特征相吻合，在训练素描基本功的前提下，强化素描自身语言的研究和造型的感受力、创造力的挖掘，加强审美意识的培养，学会运用自己独特的造型语言、表现方法，通过对形象的感悟、认识，对自然形态的重组、变形，从中孕育出新的艺术形象，转化为新的造型实体，使设计素描成为创造素描。

在设计素描的训练中，应培养创新意识，处理好传统审美观念和现代审美观念在素描学习中的关系，通过对素描创作过程的研究及对工具、材料的尝试体验，运用有效的工具材料和媒介形式、独具新意的艺术图式，摆脱原有意义的束缚，把对客观物象的视觉记录转化成新的视觉语言符号，通过认真观察、感受对象，领悟对象，在传统素描和结构素描的基础上加以取舍，融入现代设计意识，从宏观、整体和系统的角度去认识素描与设计之间的关系，利用素描的表现语言与方法来提高设计意识和设计能力。

三、设计素描的表现形式

1. 点、线、面

在设计素描中，对于点的理解不仅包含物质层面上的分析，即用点来表现位置和单位的形象关系，而更多的是表现精神层面的内涵，是节奏、力、运动的象征符号，是情绪集中的精神再现。

线是视觉形式最基本的语汇之一。线的造型语汇相对于点的造型语汇更具表现力和美感。它不但能表达物体形象的真实感，而且能够完成画面自身的表现和情感的表达。

面本身是物体空间存在的现象，也是物体表面形象特征的体现。面的轻重、虚实、大小、形态和肌理、质地等各种因素对视觉联想起向导作用，如一块模糊不清的灰色面，会引起神秘虚无或变化无常的感受。尤其在视觉初始状态中，面的呈现往往会从其所含的视觉成分的意愿中释放出来，使我们的想象空间无限扩大，变得突出、活跃，并形成新的精神内涵。

2. 明暗

绘画基础素描中的明暗通常指的是明暗调子，明暗调子可以描绘物体的体积、物体的三维空间关系、物体与物体之间的空间关系以及物体固有的质感等。

明暗色调的表现形式和明暗色调变化对于人的心理都能起作用。但设计素描中的明暗关系不像绘画基础素描那样再现黑白的明暗变化关系，而是对物体形态的某些部位的凸显和强调。

在设计素描中，一般是以线条表现为主，明暗表现为辅。

3. 肌理

每个物体都有构成其材质的内在特征，光线照在表面时会呈现大量的信息，能够识别细微差异的眼睛使人们可以欣赏不同质地的表面带来的视觉感受。软与硬、粗与细、燥与湿、涩与润、透明与不透明等不同的视觉感受，帮助画者在精确刻画物象时在画面上产生强烈的实体感受。肌理质感是视觉的要素，是材料的物理表现，质感的组织运用能传达设计者的情感，使人产生对艺术形态语言的感知。在设计素描中，对某一局部和重点部位的肌理表现还需要靠构图来划定区域，构图在配合肌理表达中相当重要。

4. 立体空间

绘画素描对立体空间的理解是某一物体在空间中状态以及多个物体之间、物体与物体之间的空间立体透视关系。设计素描虽然也存在着和绘画基础素描的相似之处，但两者还是有区别的，因为设计素描是从物体的内在结构了解其合理性和科学性，从而能更好地提高空间想象能力和创造能力。

四、设计素描的造型思维

1. 比例

比例是各物体之间以及物体自身各部分之间的度量关系，是一种物体与物体之间的大小常化的表达。黄金分割比例 1∶0.618 被认为是最佳的比例，人体、植物等都存在着黄金分割比例关系。

在素描写生中，物象形体各部的大小、透视的变化、明暗的对比以及色阶层次等都包含着比例关系。

2. 对比

对比是两者之间反差强烈构成的视觉上的差异，有大小、疏密、虚实等对比因素，以对比因素构成画面，可以创造出更有意义的视觉效果。当然，对比过度会适得其反，这就需要有一个协调、平衡的关系。

3. 平衡

平衡是一种调节，它通过视觉元素的组合、位置的安排等，达到视觉上的协调。平衡和对称不同，对称是表现形式上的相等平衡或相同，是视觉上的直接感受，而平衡更多的是来自心理上的感受。

4. 节奏

节奏是由物体自身有规律的运动或波动产生的。自然界中的一切事物都包含着节奏的美。

另外，渐变和重复也呈现出一种节奏的美。在设计素描中，对所描绘物体作某些有节奏的渐变，可使得画面更加丰富且富有美感。

五、设计素描的表现方法

1. 结构素描

结构指的是物体自身形体的内在框架。结构素描是对物体内部的结构规律进行研究和表现，通过线条的绘画形式来描绘物体内在的结构，表现物体形体的空间关系，是设计素描最基本的表现手法。结构素描的表现如图 1—23 所示。

图 1—23　结构素描的表现

2. 构成素描

构成素描是设计素描的另一种表现方法，它不是客观物象的简单描绘，而是对客观物象本质的理解、分析、把握、提炼和抽象。构成素描是基于现代绘画抽象的平面意识之上的，用点、线、面几何化的视觉要素对画面进行“平面构成”，利用重复、渐变、意象、对比、特异、空间及肌理等形式原则，将现实物象存在的潜在图形表现为具有构成素描理念的构成形式。构成素描的表现如图 1—24 所示。

图 1—24 构成素描的表现

第 2 节 色彩

学习单元 1 色彩基础

学习目标

了解色彩的三要素

熟悉色彩的混合规律

掌握物体色彩的变化规律

人们在看一个红色的物体时，单纯的红色刺激视觉细胞的感红视色素，使其兴奋，传入大脑，这时视网膜上的感绿视色素、感蓝视色素没有受到刺激而处于被抑制状态，于是只感觉到红的颜色。复杂颜色的物体，是由于感红视色素、感绿视色素、感蓝视色素同时受到不同程度的刺激，所产生的兴奋程度不同而形成的。人们通过三视色素引起的兴奋程度不同而感知到各种颜色。

人们所看到的自然界的色彩中，极为鲜艳的纯色是不常见的，大部分的色彩都是复合色。色彩的形成是比较复杂的，如果没有一些色彩知识是很难辨别色彩面貌，以及色彩与色彩之间的区别的。复杂的颜色不管有多少种，不管有多么大的变化，归根结底也是由少数几种鲜艳的颜色混合出来的。

在学习色彩时，首先要了解色彩学中一些常用的名词术语，懂得它们各自的含义，进而才可以学习和掌握色彩形成的规律。

一、色彩的三要素

色彩大致分为白色、灰色、黑色等无彩色系，以及红、黄、蓝、绿等有彩色系，其中，无彩色系只有明暗深浅的变化，而有彩色系则不但有明暗的不同，而且有色相、纯度的变化，色彩的色相、明度和纯度即为色彩的三要素。

1. 色相

色相（Hue，简写为 H）就是指各种具体色彩的面貌，实际上是指光波波长的差异。色相的种类来自光谱色，色相有纯度高低、明度高低、冷暖的区分。各种色相发射着原始的光辉，能与人的心灵相互映照，诱发人们特定的情感体验。

2. 明度

明度（Value，简写为 V）是指色彩的明暗程度或亮度，它包括同一色相的明度变化和不同色相之间的明度比较。在可见光谱中，黄色最亮，绿色居中，紫色最暗。在无彩色中，白色明度最高，黑色明度最低，灰色居中。将有彩色与无彩色混合，加黑色，明度降低；加白色，明度提高；加灰色，则根据灰色明暗程度的不同而呈现不同的明度。

明度的不等，可以造成视觉上的空间感和层次感。色彩明度高的空间使人感到轻快、活跃；明度较低的空间使人感到严肃、凝重；而中性色彩基调的空间则使人感到平和、稳定。

3. 纯度

纯度（Chrome，简写为 C），也称饱和度、彩度，指的是颜色的纯净程度。未经调配的颜色纯度较高，如三原色，经与其他颜色调配后，纯度减弱，色彩变灰。在自然界中，眼睛看到的色彩绝大部分是含灰的色，也就是不饱和的色。这些灰色调和颜色较纯的色彩组合在一起，形成对比，相互衬托，能取得较好的画面效果。

二、色彩的分类

1. 原色

颜料的三原色是红、黄、蓝，原色颜料的纯度最高，最为纯净、鲜艳。原色是调配不出来的。三原色见彩图 1。

2. 间色

间色是由三原色中某两种原色混合而来的，即橙、绿、紫，为三间色，也称第二次色。三间色见彩图 2。

3. 复色

复色又称第三次色或再间色。将三原色红、黄、蓝适当混合会产生黑浊色，两种间色相加或者是一原色与黑浊色混合所产生的颜色称为复色。

4. 补色

三原色之一与另两种原色混合而成的间色之间互称补色，补色是色彩对比中最强烈的对比形式。

三、色彩的混合

颜料的色彩混合规律与光的色彩混合规律是不相同的。

1. 色料的混合规律——色彩的减法混合

红、黄、蓝是色料的三原色，其他颜色都是由这三个原色混合而成的。如红色与黄色相混可得橙色，红色与蓝色相混可得紫色，黄色与蓝色相混可得绿色。两种原色混合，称之为间色，间色在色相上与光的原色相等。如果一种原色与一种间色相混得出无彩色的灰色或黑色，这两种色则为互补色。例如红与绿、黄与紫、蓝与橙等。

色料的三原色相混可得无彩色的灰色或黑色，由于色料相混越混越暗，所以称为色彩的减法混合，见彩图 3。

2. 色光的混合规律——色彩的加法混合

朱红、翠绿、蓝紫是三原色光，这三种色光都不能由其他色光相混而产生。色光的混合规律是：朱红与翠绿相混可得黄色；朱红与蓝紫相混可得品红；翠绿与蓝紫相混可得蓝色。两种原色光相混可得间色光，光的间色在色相上与色料的原色相同。如果一种原色光与某一种间色光相混得出白色光，这两种色光即为互补色光。

三原色光相混可得无彩色的白光。由于色光越混越亮，所以称为色彩的加法混合，见

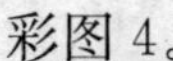

彩图 4。

四、色彩感觉的心理因素

人类生活在这个世界中，就是靠色彩光波来获取大量的信息。春夏秋冬，雷云雨雪，金木水火土，这一切现象无不通过色彩的记忆在人们心灵深处留下印象。当人们看到某种颜色时，便不由自主地联想到在生活的不同经历中所遇到过与之相关的感觉，从而引起心灵上的共鸣。不同的颜色，使人们产生不同的感情和象征意义。

色彩的冷暖感、轻重感、软硬感等是一种心理现象，与实际的色彩物质并无直接的关系。大部分人都认为色彩的情感是靠人的联想而得到的。根据这一联想说，红色之所以具有刺激性，那是因为它能使人联想到火焰、流血、朝霞等；绿色的反应则来自于人们对大自然中的树林和草木的感觉；蓝色对人们的反应来自于海水和天空；强烈的光照、高浓度和电磁波长的色彩都能产生兴奋。例如一种纯度高的红色绝对比一种暗淡的和灰度较大的蓝色活跃得多，使人感到兴奋、热烈、温暖。色彩的冷暖感是区别色彩物质的重要标志之一，在绘画中善于利用色彩的冷暖对比与统一是提高绘画作品感染力的强有力表现手段（见彩图 5）。

色彩的轻重、软硬感与色彩的明度有着极大的关联，色彩明度高的显轻、软，色彩明度低的显重、硬。不同的色彩能产生不同的情感并影响着人们的心理和情绪，详见表 1—5。

表 1—5　　不同色彩的心理暗示

色彩	心理暗示
红色	兴奋、热烈、警觉、恐怖、危险、血腥
橙色	温暖、华贵、庄严、隆重、闷热、重压
黄色	明亮、轻快、活跃、爽朗
绿色	清新、舒适、安全、压抑、伤感
青色	宁静、雅致、轻快、凄凉、冷酷
蓝色	静谧、清廉、幽深、悲伤、寂寞
紫色	轻柔、娇艳、忧郁、险恶
白色	单纯、明快、洁净、悲意、恐怖
灰色	朴素、淡雅、单调、贫乏、苦闷
黑色	严肃、高贵、沉重、阴森、恐怖、神秘

另外，不同的色彩能产生不同的象征意义，相同的色彩在不同的环境中也会有不同的含义，详见表 1—6。

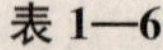

表 1—6　　不同色彩的象征意义

色彩	象征意义
红色	象征革命、喜庆
橙色	象征成熟、丰收
黄色	象征光明、尊贵、财富
绿色	象征青春、和平、新生、安全、环保
青色	象征朴素、悠远
蓝色	象征廉洁、悲伤、清凉
紫色	象征权力、尊严

色彩的象征意义不是一概而论的，不同的民族、地域、宗教使得某些色彩具有了特定的象征意义。例如，在中国，黄色被当作皇帝用色，它意味着伟大和神圣；然而在基督教中，由于黄色是叛徒犹大衣服的颜色，被欧美国家视为最低级的色。红色在中国象征着爱国精神；在欧洲红色意味着忌妒或暴虐，被视为恶魔的象征。白色在中国传统中为丧色，在欧美视为圣洁。此外对色彩的不同心理反应还存在着年龄和性别的差异，个性和爱好的差异，民族和时代的差异。

五、色彩与绘画的关系

马蒂斯曾经说过："如果线条是诉诸心灵的，色彩则是诉诸感觉的。那你就应该先定线条，等到心灵得到磨炼后，它才能把色彩引向一条合乎理性的道路。"一幅画中，色彩往往只起着一种吸引视觉注意力的诱饵作用，所以传统上把形状比作富有气魄的男性，把色彩比作富有诱惑力的女性，形状和色彩的结合对于绘画是必不可少的，绘画作品由于有了色彩才会产生更加诱人的魅力。

六、物体色彩的变化规律

1. 光与色

色彩是光刺激眼睛再传到大脑的视觉中枢而产生的一种感觉。光是太阳向宇宙辐射的一种电磁波，波长在 390～770 nm 的光为可见光。不同波长的光，给人的色彩感觉是不一样的。波长 620～770 nm 呈红色，波长 590～620 nm 呈橙色，波长 570～590 nm 呈黄色，波长 500～570 nm 呈绿色，波长 450～500 nm 呈蓝色，波长 390～450 nm 呈紫色。

将两个以上的色彩按照一定的原则重新组合，形成一种新的色彩关系，这称为色彩构成。从色彩产生条件来说，色彩又可分为"自然色彩"和"人为色彩"，自然色彩是指昆虫、风景和植物等大自然的色彩。与“自然色彩”相比，“人为色彩”就显得非常有限了。

17 世纪英国物理学家牛顿把太阳光从一小缝引进暗室，通过三棱镜后，在银幕上显现出一条美丽的彩带，从红开始为橙、黄、绿、青、蓝、紫，这种现象被称作光的分解或光谱，见彩图 6。

在可见光谱中，红、橙、黄、绿、青、蓝、紫每一种颜色都有自己的波长与频率，它们从长到短按顺序排列，红色光是可见光光波中最长的，紫色光是可见光光波中最短的。色光有两种，一种是单色光、另一种是复色光。红、橙、黄、绿、青、蓝、紫等色光经过三棱镜后不再发生分光现象，这些光被称单色光，经过三棱镜后发生分光现象如日光，被称复色光。人们在单色光下观察到的颜色与日光下看到的颜色是不同的，这就是光源的显色性变化。

2. 物体色、固有色、环境色

（1）物体色。光线照射物体后，物体表面会吸收某些波长的光，反射另外一些波长的光或透射一定波长的光（见彩图 7）。如西红柿受阳光照射后，西红柿的表面就将红光反射，将其余的光吸收，使人看见红色。由于每种物体表面反射阳光的性能是不一样的，所以我们看到的物体色彩也不一样。

人们所看到的“物体色”其实是光源照射在物体表面时所反射或透射出的部分光线，它随着环境及光源的影响而变化。如用红色光线照射石膏立方体，石膏的受光面呈红色。用红色光线照射绿色的立方体时，因为红色光线中基本上不含绿光，没有绿光可反射而红色光线又被吸收，故绿色的立方体呈黑色。用红色光线照射黑色绒布包裹的立方体时，由于黑色能吸收所有的色光，所以，该立方体呈黑色。

（2）固有色。当光源是太阳时，其反射光映入人眼所感觉的色彩，称为物体的“固有色”。物体的固有色不同，即使受到同色光源照射，色彩仍不相同。

光源条件和环境条件的变化，会引起物体颜色的改变。但人大脑中的固有色观念是强烈的，如一张白纸在夕阳下呈黄红色，但在人们的眼中纸仍然是白色。

（3）环境色。由于光的反射作用，使物体受到环境色彩的影响改变固有颜色，这种色彩称为环境色。环境色虽然没有光源色那么强烈，却会引起复杂的色彩变化，尤其对物体暗部的色彩影响较大。

总之，色彩并非附着于物体的本身，而是由于反射的光线映入人眼后，才会感到色彩存在，有光才会有色，没有光便没有色彩感觉，物体的色彩只有通过光的照射才能为人们所感觉。千万年来，人类的眼睛早已适应太阳光的物理性能，人们对于照明的光源要求，多以太阳光为标准。太阳光由红、橙、黄、绿、蓝、紫等各种颜色按一定的比例混合而成。人造光源发出的光线波长范围并不与太阳光一致，人造光源发出的光线照射到物体表面时会发生颜色“失真”现象。如夜晚，用红色光线照射绿色的树叶时，树叶呈黑色，因为用不含绿色的红灯照射绿色的树叶，绿色的树叶表面虽然能吸收红光，但没有绿光反射，所以看上去是黑灰色。

七、色彩的对比规律

色彩的对比是指质或量不同的两种色彩要素搭配协调，即被强调出来的一种现象。通过色彩的对比可以达到增强或削弱色彩的效果。

色彩对比现象是非常丰富和复杂的，概括起来，基本上可以归纳为以下几种：

1. 色相对比

色相对比是指两种或多种色彩并置或交替变幻时因色相不同而造成的色彩对比现象。一般有原色对比、间色对比、复色对比、补色对比、同类色对比、冷暖色对比等。

红、黄、蓝三原色在十二色相环中是极端的色相对比，对比极为强烈，令人兴奋。近现代绘画大师很多都采用纯色对比，画面鲜亮明快，热烈奔放。

橙、绿、紫间色的对比较三原色的对比略弱些，而复色的对比更为模糊，但都能取得和谐统一的视觉效果。

红与绿、黄与紫、橙与蓝属于补色对比，各自的色彩个性就会显得更加鲜明突出。两种补色相并置对比最强，运用色相对比手法，可以突出主体，造成鲜明强烈的色彩效果，见彩图 8。

2. 明度对比

明度对比是指各种色彩在素描关系上的明暗对比和同一色彩不同明暗层次的对比。中国水墨画有“墨分五色”之称，就是运用明度对比手法产生的视觉效果。同一色相因明度的不同可以产生由深到浅的色彩变化，即明度对比，见彩图 9。

3. 纯度对比

纯度对比也称灰艳对比，通常是纯度高的色与纯度低的色并列产生对比，艳色更艳，灰色更灰，见彩图 10。

4. 冷暖对比

冷暖对比是指冷色与暖色相互对立以及冷暖色调的对比。

色彩的冷暖感觉是相对而言的，冷色和暖色并置在一起，促进了两色的两极分化，冷色越显冷，暖色越显暖。绘画中，每件作品都包含着色彩冷暖的对比因素，只是有些是强对比，有些是弱对比。一幅作品的色彩如果只有明度对比，没有色彩的冷暖对比，画面就会显得单调，索然无味。

一幅画的色彩往往在明部与暗部、物体与物体、物体与背景、画面的前景与后景及画面的每一个部位都存在着不同程度的冷暖对比。即使在一个平面上也会产生自上而下、自左而右的冷暖变化。作画过程中要善于掌握色彩的冷暖变化规律，使作品更具色彩艺术的生命力。

八、色彩的远近和扩张、收缩的变化规律

物体是处于空间中的，由于远近的变化，物体的色彩也会随之产生变化，这种现象称为“色彩的透视变化”。

当把两块色相不同、面积相同的色块放置在同一背景上，会发现色彩有远近的距离感觉。当这个色块比背景略微突出时，称为“近色”；当这个色块比背景略微凹陷时，称为“退色”。通过观察，还可以感觉到，明度高的色块比明度低的色块略微显得大一些，称为“膨胀色”。明度低的色块略微小一些，称为“收缩色”。

自然中的颜色距离有远有近，由于大气层的厚薄变化，空气纯净度的不同与人类视力对远近不同的物体色彩的感受而引起物体色彩的变化。绘画能够用颜料表现出这些存在于空间中的物体的色彩，能够给人一种“凹进去”或“凸出来”的感觉。人们通过对客观事物的观察，可以随心所欲地把画面上的任何一个物体“拉近”或“推远”，强调或减弱，见彩图 11。

从色相上来说，红、橙、黄有前进和扩张感；蓝、绿、紫有后退和收缩感。从明度上来说，明度高的亮颜色有前进和扩张感；明度低的暗颜色有后退和收缩感。从纯度上来说，纯度高的鲜艳颜色有前进和扩张感；纯度低的灰颜色有后退和收缩感。颜色的这种前进、后退感或膨胀、收缩感在实际绘画中可以用来组织整个画面色彩大关系的节奏感和空间感。

了解色彩远近和扩张、收缩变化的规律，对于表现画面的空间关系非常重要。色彩的远近变化规律是距离越近，色相越明确，色彩越鲜明；距离越远，色相越模糊，色彩越变灰。同时，色彩本身也有远近感，暖色有向前冲的感觉，冷色有隐退的感觉，暖色近，冷色远。例如一片黄色油菜花地，近处是黄色，远一点的是黄绿灰色，再远一点就呈冷黄灰色。

色彩明暗对比的强弱，也直接影响着色彩空间透视的变化。对比强的有前进感，对比弱的有后退感。

九、色彩的调和

色彩对比与调和是创造色彩关系的重要方面。色彩调和是指几种色彩相互构成的和谐关系，调和是以统一原理的对称、平衡、比例为基础的，它一方面表现出对象各局部之间

性质及数量上的差异与对立的多样性，另一方面能给人以整体统一的感觉。

色彩的调和首先是追求色调上的统一，色彩中的“色调”包括以明暗为基调的明度色调，也含有用一定的色彩倾向性来统一画面，使色与色之间变化平衡。对比和统一的色彩调和关系称为色调，色调有助于因调和而引起美感。通过变化中的统一来获取色彩美，这是色彩调和的要点。色调统一是指不同物体的色彩在色相、明度、冷暖、纯度等方面构成画面的整体效果，色调是自然界中客观存在的产物。春天的绿色调、深秋的橙黄色调、冬天的冷色调、火光下的暖色调等，不同颜色可呈现出不同的色调。

色彩调和的方法有同类色调和、光源色调和、对比色调和等。同类色调和是运用邻近色来组织画面；光源色调和是将色彩统一在同一种光源之下，如阳光、火光、灯光等；对比色调和一般采取提高或降低某种色彩的明度和纯度，或用一种灰色过渡，减弱色彩对比的程度。

色调统一可表现为整个画面统一在某种明显的色彩倾向性，例如依据色相分类有红调子、绿调子、蓝调子等，也可表现为暖调子、冷调子、亮调子、灰调子、深暗调子、强烈调子、柔和调子、艳调子等。

学习单元 2　水彩画

学习目标

了解水彩画的发展历史

熟悉水彩画的材料

掌握水彩画的表现方法

掌握水彩画写生的基本步骤

一、水彩画简史

在语言和文字未被创造前，原始人就用水彩画的形式来表达自己的生活、劳动和情感。水彩画的早期阶段，其表现手法非常简单，是用兽血、赤铁矿以及植物的花茎色液在山洞、木器、砾石、陶器器皿上进行的绘画。150 万年以前，西班牙旧石器时代的阿尔太米拉石窟壁画中的野牛、古埃及盛行于 Memphis 时期用芦笔画在草纸和墙壁上的画，以及我国西南地区诸省的崖画，都可以说是原始社会早期的水彩画。

中古时代的4世纪到文艺复兴时期，欧洲有了水彩画的雏形。那时的经本、书籍中所装饰的插图，是先用钢笔（鹅翎笔）勾画精致的线条，然后用清水浸颜料，敷以深浅不一的单色，如德国画家丢勒所画的《小野兔》（见彩图12）以及《风景》（见彩图13），技法细致、生动。但是，当时欧洲的水彩画不是独立意义上的纯水彩画艺术，直到几百年后才在英国诞生了真正意义上的水彩。英国并非是首先发展水彩画的地方，但却是最有成就的国家。18世纪，被称为“英国水彩画之父”的保罗·桑德比把以记录性为目的的“地形画”，推向表现自然的欣赏性风景画，进一步推进了水彩画色彩技巧的发展。

18世纪后期，汤姆斯·吉尔丁改革并摆脱了早期的铅笔淡彩（1～3种极单调的蓝、紫、褐灰色），使淡彩画发展成为多彩的富有诗意的风景画，成为开创现代水彩风景画新纪元的画家。19世纪末20世纪初，法国画家塞尚在水彩画上的留白，表现了白色本身机能上的感觉，他的分面笔触，高度概括又准确肯定，对后世影响极深。

20世纪上半叶，俄国抽象表现主义画家康定斯基开启了抽象绘画的序幕。德国画家保罗·克利运用对比技法融合于色彩的层次变化之中，并使色彩的分配、安排与造型的时空理念相互呼应，创作出富有诗意的造型与梦幻般色彩的水彩画。

20世纪以后，现代水彩画在美国蓬勃发展，美国已成为20世纪以来新崛起的“水彩画王国”。流派纷呈，画家众多，如大卫·理勒·米勒得、安德鲁·怀斯、法兰克·韦伯、查理斯·雷德等。美国最大、最有权威的水彩画组织——“美国水彩画会”建于1866年（前身为纽约水彩画会），每年举行一次画会年展，推动着水彩画的进一步繁荣和发展。

我国水彩画的起源，可以上溯到5000年以前的新石器时代。青海大通县出土的舞蹈纹彩陶盆，描绘了5个手拉着手舞蹈的人，整个队形有强烈的运动感，表现出活泼欢快的气氛。河南临汝阎村出土的《鹳鱼石斧图》，白、黑、土红色彩与土黄色的陶衣共同形成了一个强烈、单纯、朴质的彩色画面。春秋战国时期，色彩绚丽、气势宏伟的长沙马王堆墓吊画及秦宫壁画艺术，其水彩画特点明显，已形成水彩画的雏形。魏晋南北朝时期的水彩画开始出现明暗关系和虚实相生等艺术处理，画面色调明快，光感突出。隋、唐、五代之时，水彩画的绘画技法更见新颖，如唐代《宫女图》（见彩图14）所绘人物大都运用石绿、石青、大红、深红等颜色，服饰、衣裙采用晕染法，色彩对比强烈鲜明。

明清时期，西方水彩画传入中国。民国初，在蔡元培的倡导和扶植下，我国出现了一批依照西方美术教育的模式进行教学的美术学校，以写生的方法传授素描、水彩画、油画。

20世纪50年代，苏联格拉西莫夫、茹可夫、克里马中等画家的水彩画也相继传入中国，他们“讲究造型严谨和色彩真实”的写实传统极大地影响了中国水彩画艺术的发展。近年来，一大批新一代水彩画家勇于开拓创新，基本摆脱传统水彩画模式，着力表现现代人的精神面貌、审美观念和情趣追求，题材内容不断拓展和深化，表现形式和技法丰富多样，水彩画逐渐从单一的传统模式向多样的现代形态转变。

二、水彩画的特点

水彩画是以水为媒介，调和水彩颜料来进行色彩表现的画种，是具有独特艺术魅力的画种之一。水彩画因其工具材料的特点和特有的表现语言而形成鲜明独特的艺术特色，常常被誉为绘画中的“抒情诗”和“轻音乐”，并在艺术领域中占有不可替代的地位和作用。透明清新、滋润空灵成为水彩画艺术语言所具有的独特魅力。

三、水彩画的构图

水彩画构图就是依靠诸如色彩、色调和结构透视等要素，安排画面的各种秩序。其构图的原理以对立统一为原则，既要突出地安排画面中的主体物，同时又要考虑陪衬物与主体之间的平衡关系。水彩画构图和水粉画、油画、水墨画等相同，属于平面的素描性构图。

水彩画的常见构图方式见表 1—7。

表 1—7　　水彩画的常见构图方式

构图方式	说明
十字形构图法	由垂直线与水平线交叉构成，可得到较为平衡的构图，产生安定的感觉
垂直并行线构图法	画面呈现稳重感，具有幽静典雅之美
三角形构图法	最古老的构图法，使用上以宗教画居多，画面具有安全感与崇高的气氛
倒置三角形构图法	画面具有不安定感，适合表现开朗、奔放的构图
斜线平行构图法	具有强烈动态感，对初学者而言较为困难
S 字形（电光形构图法）	比斜线平行构图法更具表现力的动态构图
椭圆形构图法	属于古老构图法之一，因画面过于集中而显得单调，故常用在商业图案广告上
对角线构图法	在西画上应用最广泛，具有动态要素
菱形构图法	给人以牢固、稳重的印象，具有安定感
X 字形构图法	由两条斜线交叉而成，常用于街景等的表现，有集中于画面焦点的特色

四、水彩画的材料与表现方法

1. 水彩画的材料

（1）水、纸、颜料。水彩画强调水色的运用。没有水，就没有水彩画。水是水彩画的调色剂与洗涤剂，颜料中加入的水越多，颜色就越浅，其透明性也就越高。用水调和颜料，可浓可淡、可干可湿。水彩画因其对水的性能的充分运用和尽情发挥，形成了其他画种所不易做到的水色韵味，见彩图 15。

纸是水彩画的载体，纸质（包括纸白的程度、质地和纸的上浆标准）会直接影响作品的最终效果。就纸面而言，基本上分为三类：热压纸、冷压纸、粗面纸。热压纸的表面光滑，吸水性差，只适宜表现钢笔淡彩和精细的效果；冷压纸具有中等平滑的纸面，稍有颗粒的纹理，易于薄涂，能表现出笔触和纹理，易于色层叠加和颜色的堆砌。纸的重量分别有 120 g，180 g，210 g 等规格，克数越大，纸就越厚。较厚的纸耐用性较好，适于反复刻画和修改，不会使纸面起皱或损伤纸面。纸的尺寸规格也略有不同，全开为 107 cm×76 cm，而英国沃特曼 300 g 、山度士的博更福 190 g 和阿齐兹 300 g 卷面手工水彩纸规格为 150 cm×1 000 cm，为创作尺寸大幅的作品提供了便利。此外，还有用水彩纸装订成的便于携带的水彩速写簿。

水彩颜料是一种色彩鲜艳、易溶于水、附着力较强、不易变色的绘画颜料，由色粉加阿拉伯胶合成。水彩颜料分锡管装与干块状两种，专业绘画常用锡管装（见图 1—25）。水彩颜料由于各种配制原料的不同，其颜料的性质也有差异。翠绿、紫红通常属自然透明型颜料，很适合于调色，但翠绿附着色力弱，很容易从纸上消除，而紫红色则会留下痕迹。此外，各种颜色的透明度也各不相同，有些颜色是天然的不透明色，如天蓝、土黄、赭石等，虽然试图通过添加甘油来克服它们的不同透明程度，但作画时透明度还是不够理想。有些颜料用于薄涂时会形成颗粒，如赭石与普蓝相调和时，会出现沉淀现象。总之，对颜料方面的知识掌握得越多，驾驭它们的能力就越强。

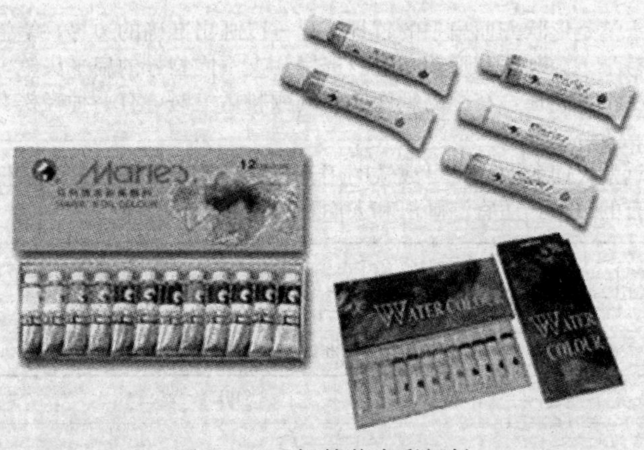

图 1—25　锡管装水彩颜料

除了传统的透明水彩颜料以外，还可以使用一些与水彩画创作有关的颜料，如中国画颜料、水粉颜料、丙烯颜料、液体水彩颜料等，在形式和风格上增添新的表现语言。

（2）画笔。水彩画运用水和颜色表现物象，还离不开笔的巧妙运用。水彩画的用笔有许多适合于不同用途的类型，大多数的艺术家在挑选水彩画笔时，都会根据作画习惯和表现形式来选择画笔，好的画笔有助于艺术表现。水彩画笔一般要求是饱含水分，又富有弹性。针对表现过程中的不同要求有多种类型和型号，画笔的制造材料也各不相同，常用类型有圆形笔、扁平头笔、磨光画笔、椭圆形笔、扇形笔和底纹笔等，如图 1—26 所示。主要水彩画画笔介绍见表 1—8。

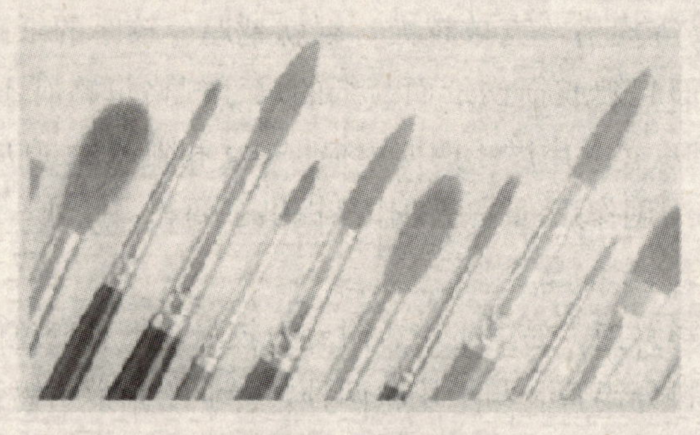

图 1—26　水彩画画笔

表 1—8　**主要水彩画画笔介绍**

画笔类型	说明
圆形笔	圆形笔是水彩画最常用的笔，既适合描绘细部，点缀局部，又可以大笔触地涂绘。它的笔尖细长，笔肚饱满，有较大的储水量，由貂毛、松鼠毛、羊毛等动物的毛发制作而成。行笔流畅自如，阴阳顿挫有序，能表现丰富的层次
扁平头笔	扁平头笔是形状方而扁平的竹管笔，可以画出准确的边界，笔触明晰，含色量多，笔触大，易于干湿画法和形体塑造。选用几支不同型号的扁平头笔，从局部的描绘到大面积的薄涂都能胜任，在湿的纸面上蘸满颜料运笔时，有一种轻松自如的感觉
底纹笔	底纹笔是大面积薄涂不可或缺的用笔，这种笔毛质松软，含水量大，宽扁平直，能表现出特有的效果，适宜湿画法和大面积涂色

（3）其他用具（见表 1—9）。

表 1—9　**其他用具**

用具	说明
调色用具	水彩调色用具种类繁多，不同类型的调色用具有不同的放置颜料顺序的规定。调色盘有塑料与搪瓷两种。有盖的塑料调色盒轻便，颜料不易干，可以按它的顺序或色轮排列挤放颜料。在室内创作大幅作品时，常用搪瓷盘、碗和大小不同的白色瓷盘作为调色用具

续表

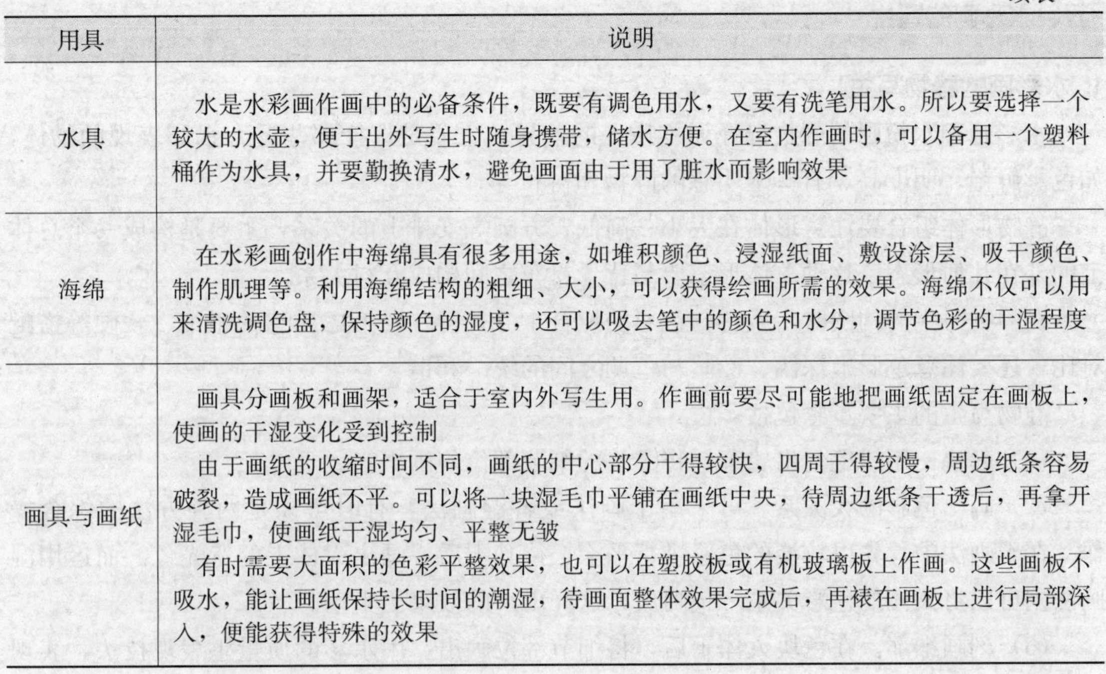

用具	说明
水具	水是水彩画作画中的必备条件，既要有调色用水，又要有洗笔用水。所以要选择一个较大的水壶，便于出外写生时随身携带，储水方便。在室内作画时，可以备用一个塑料桶作为水具，并要勤换清水，避免画面由于用了脏水而影响效果
海绵	在水彩画创作中海绵具有很多用途，如堆积颜色、浸湿纸面、敷设涂层、吸干颜色、制作肌理等。利用海绵结构的粗细、大小，可以获得绘画所需的效果。海绵不仅可以用来清洗调色盘，保持颜色的湿度，还可以吸去笔中的颜色和水分，调节色彩的干湿程度
画具与画纸	画具分画板和画架，适合于室内外写生用。作画前要尽可能地把画纸固定在画板上，使画的干湿变化受到控制 由于画纸的收缩时间不同，画纸的中心部分干得较快，四周干得较慢，周边纸条容易破裂，造成画纸不平。可以将一块湿毛巾平铺在画纸中央，待周边纸条干透后，再拿开湿毛巾，使画纸干湿均匀、平整无皱 有时需要大面积的色彩平整效果，也可以在塑胶板或有机玻璃板上作画。这些画板不吸水，能让画纸保持长时间的潮湿，待画面整体效果完成后，再裱在画板上进行局部深入，便能获得特殊的效果

水彩画起稿常用 2B 铅笔，橡皮选用软质型，避免伤画纸，还可以准备刀片、胶带纸、调和剂、遮盖液、胶合剂等材料作特殊的处理。

2. 水彩画的表现方法

水彩画的表现方法，是水彩画风格、形式、效果、意境的主要载体。水彩画的画法主要有干画法、湿画法。

(1) 干画法。水彩的干画法是相对水彩的湿画法而言的，是一种用水较少、恰好到不流淌程度的画法。干画法在行笔运色过程中笔触与水迹明显，运用色块和色块之间的衔接塑造形象，便于层层深入地刻画，细腻地表达所要刻画的形象。用笔干脆利落、边线分明，是干画法的一种技巧。干画法包括平涂法、接染法、重叠法、缝合法、洗刮法、并列法等技法。干画法水彩画见彩图 16。

(2) 湿画法。湿画法是在湿润的纸上或尚未干透的色层上再上一遍色彩的作画方法，是最能体现水彩画特性的画式。画面的色彩在未干时相互流动，形成水色交融、湿润柔和的效果（见彩图 17)。湿画法的艺术魅力更具有水彩的特性，适宜表现空灵朦胧、柔光倒影的意境，在表现画面的大色调及远景、虚景时，湿画法最能胜任。湿画法中的泼彩画法以大量的水分和颜色在纸上倾泻挥洒，是一种从中国泼墨画传统中引申出来的水彩画技法。

五、水彩画的写生

1. 水彩画的静物写生

水彩画和水粉画的静物选择无本质上的差异，主要是选择那些适合水彩表现的物体，如色彩鲜艳、明度高、有些透明感的静物和衬布等。

静物形体组合要注意形体在大小、高低、方圆等安排上的关系，主要是构成一个总体上的外在几何形态。这种总体形态要与背景衬布之间构成互衬关系。

在静物写生的构图时，质感与色彩的配合十分关键，要考虑质感的粗细、软硬等搭配对比，还要注意色彩上深浅、冷暖与色调之间的统一和谐。

静物写生的主要步骤包括：

（1）起稿。用铅笔勾出轮廓，将主要的细节部位勾画出来。

（2）画出色彩的大关系。可采用干画法或者湿画法，有时可以是两种方法的综合操作。在干画法中，先以较淡的色彩进行平涂，待其干后，画出大体上的背光色。而运用湿画法则可以将大体的色彩关系一气呵成，这样出来的效果更生动。

（3）刻画细部。在色块大体干后，将细节部位画出。用水彩的质量感表现技法，表现静物中不同物体的质感。

（4）调整。将画面中不协调的因素引导到画面的统一基调中，主要强调画面统一性、主次性、虚实性、明暗度和色调倾向性。

2. 水彩画的风景写生

风景写生的景物选择必须要有明确的主题性。所谓主题性，即一幅画要有中心，没有中心的画就是缺乏主题。有时在作品中会出现几个中心，但一定要有主次和相互共存的关系。

水彩自然风景写生是一种室外写生，是一种外光画法。光线是风景画的生命，必须将主体景色置于适当的角度，以四分之三透视角度的受光为宜，因为这是一种最能反映景色多种因素的角度。

风景写生的主要步骤包括：

（1）起稿。用铅笔或单色根据主题以构图的某一种形式将景物确定下来。起稿时要注意透视、结构和形体的合理性。

（2）铺大体色。以最大的颜色块为起点，大面积涂刷，铺泼出近、中、远景及天、地、物的色彩关系。

（3）深入刻画。用小笔或所需形状的笔，描写景物的细部和质感。

（4）整体调整。用洗、刮、擦等手段进行修饰，将各部协调统一到一个整体上来，去掉多余的、累赘的东西。

3. 水彩画的人物写生

在水彩画中的人物写生中，形象和表情始终是创作的两个重要方面。由于水彩媒介的流动性，使得水彩画人物写生的难度大大增加，但由于它色彩的独特性，又是别有风味的。水彩画人物写生，以男、女、老、少为模特儿均可，但一开始以中年男子为写生的对象较适宜。因为中年男子发育成熟、最具男性典型特征和各种因素。

（1）起稿（见彩图 18）。定出头、颈、肩三块，确定三者的空间和角度关系；画出大致的头部轮廓，进一步对五官确定位置，表现更具体的形态；用直线画出头部的大轮廓，从鼻子中间画出中心对称轴线，找出五官大概位置，以中心轴线为基础定出两眼宽度、鼻子底线、嘴唇宽度以及两耳位置，这些短的平行线在中心轴以对称方式出现，并附着于脸部圆柱体上，呈弧线状。

水彩画的起稿不同于中国画的工笔白描，也不同于素描的线面结合，水彩画的起稿，轮廓要求准确而又轻松，用铅笔线的虚实深浅来表示块面的转折，明暗交界是示意性的，线要隐、藏、轻，要留有余地。

（2）画大体色（见彩图 19）。水彩颜料的透明性使它在绘画中不能反复修改明暗和色彩，在观察的开始只能从淡处画起，使亮部逐步过渡。一开始就要准确地把握色彩关系，用大笔将人物头部的整体明暗关系以两三块颜色画出。这时要准确地观察不同人物的不同肤色，大体的色彩要将人物头部的色彩关系解决，上色的次数可 2～3 遍，顺序为亮色块—淡灰色块—深灰色块。用色一开始应尽量饱和透明，不宜过深过灰，并从头部骨点结构入手。可用大笔或底纹笔，自由奔放地涂刷，将最亮的地方如高光附近用极淡的冷色染涂，塑造出五官的大体积，但形象不必具体，边线可模糊些，水分可多一些。水彩颜料干后，暗部的色彩明度会变灰，对比度会减弱一些。

（3）深入刻画（见彩图 20）。在大体色调上深入进行五官的刻画，表现出丰富的细节，有意识地加强颜色笔触的表现力及与形体有机地结合。人物的明暗对比要加强，亮部形成结实、有力的体块，暗部虚中有实。色彩的对比要加强，要对人物的五官做主观的强调与处理，避免过分追求与对象的一致。色彩上的对比与和谐要在一定的基调中进行统一，用笔要大小结合，适当地做一些肌理效果。要注意水彩的用笔特点，善于利用水来控制和调整明暗层次，不要过于琐碎，脱离整体。要善于捕捉人物情绪，注重模特在特定某个时间内最具有表情的瞬间，并将它表现出来。

通过进一步深入的刻画，人物的空间感、色彩感、质感和量感已经全部表现在纸上。深入刻画的遍数可分多次进行，直到满意为止。

（4）整体调整（见彩图 21）。这一阶段是水彩人物写生的关键。调整得好，画面会出现理想效果；调整得不好，则会前功尽弃。整体调整必须注意以下几点：

1）对形的调整。画者这时应离开画面一段距离，从远处观察大的形体，包括动态、五官的明暗、人物表情等。对应该加强的地方进行强调，对应该减弱的地方进行减弱。

2）对色彩的调整。由于以前的步骤考虑细节较多，有可能出现凌乱的感觉，色彩冷暖对比也容易生硬，因此可在最后阶段进行调整，局部的色彩要服从于整体色调，五官的色彩冷暖对比应参照周围背景和环境的冷暖关系进行大的调整。

3）人物神态是否表现到位。对于人物神态，画者最初作画时产生的认识是明确的，但随着刻画的不断深入，画者将注意力集中在人物明暗、色彩和技法的表现上，从而使神态的感受变得模糊，感觉显得迟钝，人物的神态也会产生僵硬的感觉。因此，画者必须找回最初对人物神态的感受，进行调整。人物的神态具有某种代表性，画者对人物表情要再次进行观察，通过表情上的适度夸张增强神态的表达。

学习单元3　水粉画

学习目标

了解水粉画的画法和步骤

熟悉水粉画的材料

掌握水粉画的技法

能够避免水粉写生中易出现的问题

一、水粉画的材料

1. 水粉颜料

水粉颜料是用颜料粉和黏合剂按照一定比例调制而成的，属水溶性颜料，它的媒介是水和胶。正因为这种特性，画水粉画的时候经常会从最深的颜色下笔，一层层盖上去，如果技能好的话还可以画到如同油画一样的效果。不过水粉颜料湿的时候颜色比较深，干了颜色会变浅。带紫色的，比如玫瑰红、紫罗兰这些颜色容易从底色中泛上来，不能用来打底。

水粉颜料中的胶固剂能使颜色牢固地附着在纸面上，胶固剂过量时，可能会使局部水粉色层产生表面光亮，使画面不统一；相反，胶固剂用量不够时，会使颜料干燥污秽，与纸面结合不牢固，容易擦掉。

水粉颜料中使用频率较高的是白粉（白色颜料），水粉纯度、亮度的提高一般是通过加粉或含粉较多的浅颜色来表现的。由于大部分水粉颜料在制造中或多或少地加入白粉颜料，干透后的色层浓密厚重，表面无光泽，呈现微微泛白的色相美。

2. 画笔

画笔是表现技法、显示艺术个性和风格的重要工具。水粉画笔的质量，一般以含水性好而富有弹性的为上等。水粉画的表现方法比较灵活，对画笔的选择也比较自由。

水粉画通常用羊毫笔、狼毫笔和油画笔等作画。羊毫笔的特点是柔软、吃水好、衔接自然。狼毫笔笔锋长，弹性好，笔触方劲。油画笔一般由猪鬃、狼毫制成，前者较硬，后者较软，油画笔用色丰富，但笔触表现较粗糙。

水粉画有时要用到底纹笔，底纹笔是笔头扁平的羊毫笔，一般比最大号的水粉笔要宽，用于涂底色，画大面积的天空、地面及比较概括统一的远景等。幅面较大的静物画背景，也常使用底纹笔来画。

为了获得某些独特的画面效果，在水粉画制作中，结合使用的还有其他的工具材料，如喷笔、刮刀、蜡笔、油画棒等。

3. 画纸

水粉颜料的覆盖能力强，附着性能好，因此对纸张的要求不像对水彩纸那样严格。但不同的纸质有不同的特性，其吸水、吸色的性能会有差异，纸张的不同纹理，也会产生不同的艺术效果。

水粉画纸要求纸质结实不吸水，要有一定的厚度，上色后不起凹凸皱纹，也要有纸纹，以利于颜料的附着。

目前市面上出售的画纸有铅画纸、卡纸、水粉纸等，它们各有特点：铅画纸较适合铅笔表现，画水粉时较灰；卡纸质地结实，有厚度，纸色白，但因其纸面光滑，颜料附着力较差，且日久容易发黄；水粉纸的吸水性比水彩纸稍差，纸面颗粒相应平缓。其他画纸如水彩画纸、素描纸、有色书面纸、厚纸板、中国画纸都可以绘制水粉画。画者往往根据这些材料的特性，研究探索其独特的表现功能，从而获得别致的艺术效果。

4. 调色盒

调色盒用来放置挤出的颜料，还可以用来调色。一般来说，水粉画使用的颜料量较大，所以装颜料的格子容量要大。水粉画的调色盒只要平滑、洁白、不吸水即可。

二、水粉画的技法

1. 干画法和湿画法

干画法用水较少，甚至不用水调色，所以笔触显得很明显、厚实，适合塑造表现结构明确的形体。干画法不一定要等底色全干后再画，在底色还保持一定水分时，即可作画，以利于颜色之间的衔接。使用这种方法时，水粉颜料不宜堆积过厚，否则经过一段时间后容易产生龟裂。

湿画法用水较多，用粉较少，主要是在湿润的底子上作画。画法与效果有点像水彩，但没有水彩透明。如果画面已干，可以刷一层清水后再画。这种画法用色较薄，运笔流畅，效果滋润柔和，但色调较灰，处理不当会使结构松散。

2. 厚画法和薄画法

水粉画制作过程中，用水使颜料稀薄，成为半透明，使白色画纸的明度也能透出色层，以发挥似水彩那样的湿画渗化效果，这就是水粉画中的薄画法。

用厚画法来制作水粉画，就得少用水分，使用较多的颜料和白色来提高颜色的厚度和明度，这种画法具有笔触明显、体积感强、色彩厚重等特点。

水粉画的这四种画法与其介于水彩画和油画之间的特点有关。水粉画的技法可以概括为两大类型：一类是在水彩画基础上发展起来的，画法比较接近水彩画，更多地利用水分，常用渗化、湿接的方法，画面给人以轻快、流畅的感觉，湿画法、薄画法多属于这一类；另一类是在吸收油画技法的基础上发展起来的，画法比较接近油画，更多地利用水粉画颜色的粉质特性，常用覆盖、厚涂的方法，画面给人以柔润、浑厚的感觉，一般干画法和厚画法多属于此类。

水粉画调色、使用水分有两个目的：一是调稀颜色，便于自如地运笔着色；二是水分可使颜色稀薄到各种程度，使明亮的纸色透出色层，显出明度的变化。如果水分使用较多，让颜色在纸面上流淌，还可产生水色交融的效果。一般水粉画的第一次着色（或称铺底色），大多采用含水较多的薄画法，它可使色层柔和含蓄，有远退的效果，画景物阴影部分及远景时也常采用此法。薄画法由于水多色薄，粉质因素和遮盖力会减弱，水粉画的艺术特性不能充分发挥，所以常常只应用在局部或画第一次色。

水粉的厚画法，容易产生水粉画的艺术特色。因此，调色盒中的颜料量要多，必须保持湿润不干，保证画笔伸入颜料格子就能蘸出充分的颜料，在调色时或画到纸面上去，能十分丰厚饱满，运笔也能随意自如。有时蘸几种不同颜色，可在画上塑造对象的同时通过笔法调出恰到好处的色彩，画出诸色争辉的生动效果。一般来说，用色的厚薄方面，以厚画法为主，能获得较好的水粉画效果。

在现实生活中，大多数画家往往采用干湿并用、厚薄相间的方式，这正是发挥了水粉画的特点——只有水粉画才能采用干、湿、厚、薄相结合的画法。

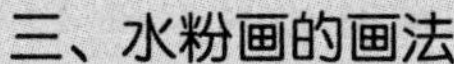

三、水粉画的画法

1. 观察

水粉画是用色彩塑造形象，要重视捕捉对象的色调和色彩大关系，并把形与色、色彩关系和素描关系结合起来考虑。

2. 起稿

水粉画起稿，可以用铅笔打底，也可以运用较淡薄的颜料（一般冷色调画面使用群青色，暖色调画面使用赭石色）直接勾画。铅笔线要淡、轻、松，用较长、较直的线定好对象在画面上的位置，画出对象的基本形、大的比例、结构、透视和空间关系。用淡色起稿时，要画出对象大的明暗、体面和空间关系。淡色起稿的好处在于比铅笔更快地表现出对象的体面结构和大的明暗空间关系。

3. 铺大调子

铺大调子是直接用色彩塑造形象。对于初学者来说，可先从暗部、阴影画起，逐步推向中间色和亮部。这样比较容易掌握住大的明暗（黑、白、灰）关系和立体感，保持轮廓的位置，使色层富于变化，有利于形象的塑造。

铺大调子时要一鼓作气一次铺完，用色要稀薄一些，尽量少调用白色，用大号笔大块大块地画，尽可能准确、生动地画出对象的基本色调和色彩大关系。

4. 深入刻画

如果说铺大调子是着重解决色彩大关系，那么深入刻画时就要在大关系的基础上解决好局部和细节的刻画。如果说铺大调子时着眼于色彩，那么深入刻画时要进一步用色彩表现具体的形体结构，做到形与色的统一。在深入刻画阶段用色可以适当地加厚，产生色层干湿、厚薄的对比效果。笔触一般由大至小，通过运用不同的笔触来表现形体和质感。同时，这一阶段要始终服从整个画面的干湿、厚薄、主次、虚实等具体处理意图，避免局部各自突出。

5. 调整

深入刻画时由于从局部入手，难免会有些细部画得不足或画得过头的地方，这就需要统一调整，加以克服。

调整时，首先要调整主要物体的色彩、色彩分层及变化，调整物体造型、形体结构、外轮廓等；其次，调整画面明暗对比、色彩冷暖对比；最后，通过加深最暗的、点亮最亮的、减弱最跳的、提高较灰的，以达到整体协调的效果。

四、水粉写生中易出现的问题

1. 粉

出现粉气的主要原因是白粉使用不当，没有考虑色彩的倾向性，缺少纯度高的色彩和冷暖对比变化。要避免粉气，首先要注意在使用白粉时与相调配的颜色调透，不要留下单纯的白粉痕迹；其次，要注意调准色彩的倾向性，把握好纯度高的色彩和灰色调的运用；最后，暗部要尽量少用或不用白粉，在很多情况下，使用明度较高的颜色来代替。

2. 灰

出现灰的主要原因是画面上的素描关系没有找准，拉不开黑、白、灰的距离，没有最深和最亮的颜色。在调色时，反复搅拌用色太多，找不准色彩的倾向性，缺少冷暖、明暗的对比。

3. 脏

出现脏的主要原因是调色时颜色混合的种类太多而使色性减弱，缺乏一定的倾向性，在衔接色时，色彩关系不明确。另外，调色时亮部与暗部色彩渗合、笔没洗干净、水和调色盘太脏等，也是造成色彩脏的原因。

4. 火

直接用原色或纯度很高的颜色绘画，容易使画面显得色调生硬。在画面中，有时局部地方需要纯度较高的颜色，但由于受光及环境的影响，大多数地方都是比较复杂的颜色，需要讲究色彩对比，多用中性色调和色彩。

5. 乱

画面缺少整体观念，素描关系乱，主次不分，虚实颠倒。

五、水彩画与水粉画的联系与区别

水彩画与水粉画的作画媒介都是水，用水进行调配，水粉画的颜料也与水彩画大致相同，只是水粉色的颗粒比水彩色略粗一些，没有水彩颜色那样透明，如湖蓝、粉绿等色度较淡，颜色比水彩颜色粉质多，不会十分透明。

水彩画依靠水的稀释来减弱其色度，画面越亮的地方，用水越多，用色越少，空出的白纸的颜色便是画面的最亮处。而水粉画则不完全一样，甚至相反。水粉画有两种表现形式：一种是接近水彩的表现形式，一种是接近油画的表现形式。这两种表现形式中，高光和亮色都不是空出来的，而是用白颜色与其他颜色相调后进行非透明覆盖来表现的。

接近水彩画表现手段的水粉画，可以通过用色较薄、多层覆盖，产生水彩画那样的水色交融、色彩斑斓的效果，同时又有一定的浑厚感。由于白粉的介入，色彩的调配更为轻松、自由。色彩的处理上，可以深色覆盖亮色，也可以亮色覆盖深色，色彩更为厚重，色彩表现更加自由。但在另一方面，这种表现方式不具备水彩画所独有的魅力——透明与清新。

测试题

一、判断题（将判断结果填入括号中。正确的填“√”，错误的填“×”）

1. “以形写神”与西方特有的文化意识、审美观念有关。（　）

2. 西方的素描原始时期与中国的素描情况基本上类似，即素描和绘画没有概念上的差别。（　）

3. 学习素描的目的在于提高绘画的临摹能力和观察能力。（　）

4. 物体的明暗五调子是指高光、亮部、明暗交界线、暗部和反光。（　）

5. 透视是一种视觉现象，透视的原理简单地说就是近小远大。（　）

6. 在进行素描训练和创作时，应依据理论和观察物体对象进行速写性的一些小稿，也就是草稿构图。（　）

7. 石膏几何体的素描从画面的形式上来看，可以采用线性结构素描的画法和明暗调子为主的画法。（　）

8. 通过画石膏像可以学会观察、理解，达到掌握素描绘画的造型语言和表现方法。（　）

9. 风景素描的空间较为宽广，视线也较为开阔。（　）

10. 在风景素描中，透视在表达空间距离和景物的结构及比例中起着至关重要的作用。（　）

11. 头部的皮肤、肌肉等表面结构是人物头像形体结构的关键。（　）

12. “三庭五眼”是指侧面平视五官的比例。（　）

13. 人体的骨骼大致分为头部骨骼、躯干骨骼、上肢骨骼和下肢骨骼。（　）

14. 人体素描写生时，与模特之间的透视角度要尽量大一些。（　）

15. 着衣人物素描的难点在于人体内部骨骼结构的把握和人物在外部环境中表现出的境界。（　）

16. 通常情况下，速写以块面的表现方式居多。（　）

17. 软铅笔适合于画以线条为主，且线条工整的速写。（　）

18. 设计素描与设计是密不可分的，是为设计作素描基础训练的。（ ）

19. 设计素描是基于绘画素描之上的，是有目的、科学地对设计中的物体形象进行描绘。（ ）

20. 设计素描是为造型基础训练而开设的。（ ）

21. 各种线条给人的感受是不同的：水平线具有运动感，斜线是平静的，而曲线是一种流动的感觉。（ ）

22. 平衡和对称是相同的。（ ）

23. 比例是部分与部分之间、部分与整体之间的关系。（ ）

24. 明暗素描是以光影色调的明暗对比作为表现体积、表现空间的基本手段。（ ）

25. 色彩的明度是指色彩的鲜艳程度。（ ）

26. 间色颜料的纯度最高、最鲜艳。（ ）

27. 复色由两种原色混合而成。（ ）

28. 如两色相混成为黑浊色者，此两色即互为补色。（ ）

29. 在设计素描中，一般是以线条表现为辅、明暗表现为主。（ ）

30. 没有光就没有色彩。（ ）

31. 以水调和颜料涂成的符号或图腾，可以说是最原始的素描。（ ）

32. 水彩画构图和水粉画、油画、水墨画等相同，属于平面的素描形构图。（ ）

33. 水彩画的画法有干画法、湿画法和淡彩法。（ ）

34. 水彩画的风景写生要注意处理构图中近景、中景、远景的关系。（ ）

35. 头像构图要求平衡、稳定，并要注意形体结构和形态。（ ）

36. 水粉画写生一般要从物体的亮部开始画起。（ ）

37. 水粉画通常使用羊毫笔、狼毫笔以及油画笔等。（ ）

38. 水粉画的厚画法具有笔触明显、体积感强、色彩厚重等特点。（ ）

二、单项选择题（选择一个正确的答案，将相应的字母填入题内的括号中）

1.（ ）作为培养造型能力的主要手段，是学习造型艺术的重要基础。

A. 油画　B. 水粉　C. 素描　D. 雕塑

2. 素描是用线条和明暗来表现物象的形体、结构和（ ）。

A. 色彩　B. 大小　C. 图案　D. 空间

3.（ ）素描一般表现为线描和水墨画。

A. 中国古代　B. 中国现代　C. 西方古代　D. 西方现代

4. 契斯恰科夫在素描教学上强调（ ）的画法。

A. 整体　B. 局部　C. 透视比例　D. 整体→局部→再到整体

5. 构成物象形态特征的因素很多，其中结构和形体是(　　)。

A. 不变因素　　B. 可变因素　　C. 主观因素　　D. 相对因素

6. 素描是要在平面的纸上画出(　　)的物体对象。

A. 三维立体空间感　B. 动态　　C. 抽象　　D. 平面

7. (　　)不但可以描绘客观自然物象的形状、空间关系，更能给予绘画作品以超乎寻常的想象力。

A. 点　　B. 线条　　C. 块面　　D. 空间

8. 物体受光后产生亮面、灰面和暗面，其中亮面的色调变化最为(　　)。

A. 复杂　　B. 丰富　　C. 简单　　D. 强烈

9. 物体受光后产生亮面、灰面和暗面，其中灰面的色调变化最为(　　)。

A. 含糊　　B. 丰富　　C. 简单　　D. 虚弱

10. 明暗交界线是物体受光面和背光面交接的部位，是五种色调中颜色(　　)的部分。

A. 最亮　　B. 较亮　　C. 较暗　　D. 最暗

11. 水彩纸有(　　)的网点，耐摩擦，不易损伤纸面，适合长期作业。

A. 密集整齐　　B. 光滑平整　　C. 凹凸不平　　D. 表面覆膜

12. 素描绘画时，当需要减弱画面某一局部关系时，可用(　　)来处理，效果最好。

A. 绘图橡皮　　B. 橡胶橡皮　　C. 塑胶橡皮　　D. 可塑橡皮

13. (　　)作为中国特有的纸张，在漫长而多彩的中国绘画史，创造了无数的传世佳作。

A. 素描纸　　B. 宣纸　　C. 绘图纸　　D. 毛边纸

14. (　　)能进行大面积涂画，而且线条富有变化，富有激情，较适合短期作业。不足之处是不能很细致地画精致细小部位。

A. 绘图铅笔　　B. 木炭条　　C. 钢笔　　D. 圆珠笔

15. 素描的一个最基本的要求就是在纸面上运用线条、明暗来塑造具有(　　)的物体形象。

A. 空间感　　B. 平面感　　C. 色彩感　　D. 面积感

16. 素描写生首先要抓住物象的(　　)。

A. 亮部　　B. 明暗交界线　　C. 暗部　　D. 反光面

17. 画者的眼睛正对画面上视平线的一点叫做(　　)。

A. 视点　　B. 心点　　C. 距点　　D. 灭点

18. (　　)能抓住一些稍纵即逝的感觉。

A. 素描　　B. 白描　　C. 速写　　D. 水彩

19. 深入刻画中的(　　)很重要，它在时刻不停地提醒着深入刻画的绘画者从局部细节中走出来，进行整体性的对照，把握整体与局部的关系。

A. 视角　B. 视距　C. 大局观　D. 水彩

20. 素描的写生和创作具有(　　)。

A. 偶发性、触动性　B. 随机性

C. 个性化　D. 以上均正确

21. 石膏几何体对(　　)学习意义重大。

A. 国画　B. 油画　C. 素描　D. 水彩

22. 静物在空间中的位置，是通过(　　)缩形来显示。

A. 平视　B. 构图　C. 素描　D. 透视

23. 石膏几何体素描是(　　)的范畴。

A. 国画　B. 油画　C. 风景画　D. 静物画

24. 石膏像是单一(　　)的。

A. 黑色　B. 白色　C. 灰色　D. 彩色

25. 绘画包括(　　)、风景画和静物画三大门类。

A. 素描图　B. 人物画　C. 中国画　D. 油画

26. (　　)在风景素描中对于构图的作用为透视中的视平线。

A. 中心线　B. 对称线　C. 点画线　D. 地平线

27. 风景素描追求的是一种境界，是靠(　　)来完成的。

A. 想象　B. 联想　C. 幻想　D. 直觉

28. 中国传统的山水画是在“(　　)”画，是书法和绘画的完美结合。

A. 描　B. 写　C. 画　D. 涂

29. 人物头像的素描写生是人物素描写生的(　　)。

A. 一个次要的单元　B. 一个重要的单元

C. 开始　D. 结束

30. 人物头部的(　　)极为复杂，是人物表情传达、呈现的部位。

A. 骨骼结构　B. 肌肉组织　C. 形体结构　D. 神经组织

31. “(　　)”是正面头部垂直三等分。

A. 横五眼　B. 横三眼　C. 竖五庭　D. 竖三庭

32. “(　　)”是指面部宽度为五眼宽度的总和。

A. 横五眼　B. 横三眼　C. 竖五庭　D. 竖三庭

33. 在人像写生中，头部(　　)位置的确定是很重要的。

A. 中心线　B. 对称线　C. 点画线　D. 视平线

34.(　　)是指用不同的明暗色度变化来描绘形体的一种画法。

A. 结构素描　B. 白描　C. 明暗素描　D. 水彩

35. 运用几何学原理可以把复杂的人体结构关系归纳为较易把握的(　　)。

A. 平面形态　B. 结构关系　C. 对比关系　D. 几何形体

36. 人体写生必须注意与模特之间的透视角度不宜(　　)。

A. 太大　B. 太小　C. 为 0°　D. 为 90°

37.(　　)是画人体各部分的形体之间的关系。

A. 中心线　B. 对称线　C. 轮廓线　D. 地平线

38. 着衣人物素描的学习必须在充分理解和掌握头像素描和人体素描(　　)进行。

A. 之前　B. 之后　C. 之中　D. 之间

39. 着衣人物素描画中关于(　　)的描绘具有很重要的地位。

A. 脸　B. 头　C. 手　D. 躯体

40.(　　)的处理要和人体的形体解剖和人体运动规律联系起来。

A. 皮肤　B. 衣纹　C. 骨骼　D. 躯体

41.(　　)的主要目的是锻炼绘画者敏锐的观察能力、快速的理解能力和手的熟练协调能力。

A. 国画　B. 速写　C. 素描　D. 水彩

42.(　　)可以是比较完整的，也可以是局部、零散而不完整的。

A. 国画　B. 速写　C. 素描　D. 水彩

43. 在刚学习速写时，可以从一些(　　)造型开始。

A. 运动的　B. 变化的　C. 简单的　D. 复杂的

44. 人物速写始终都要把捕捉和表现对象的形态特征和(　　)作为主要目标。

A. 神态特征　B. 光影变化　C. 色调层次　D. 画面构图

45. 使用(　　)作画，黑白对比强烈，颜色浓重，比较容易表现色调丰富的层次，是速写常用的一种画笔。

A. 铅笔　B. 炭笔　C. 蜡笔　D. 钢笔

46.(　　)画出的线条基本一样粗细，既可画简单明确的单线，也可用线的排列构成色调，表现层次和变化。

A. 铅笔　B. 炭笔　C. 钢笔　D. 毛笔

47. 设计素描是 20 世纪(　　)年代初从西方引入我国的。

A. 50　B. 90　C. 80　D. 20

48. 设计的初始阶段是构思与“(　　)”。

A. 草图　B. 文案　C. 激情　D. 想法

49.（　）是设计素描中应用较广的一种。

A. 基础素描　B. 习作素描　C. 创作素描　D. 结构素描

50. 产品的结构示意图和外观效果图必须通过（　）的各种表现而表达出来。

A. 线条　B. 块面　C. 色彩　D. 肌理

51. 明暗色调的表现形式和明暗色调变化对于人的（　）能起作用。

A. 心理　B. 生理　C. 触觉　D. 听觉

52. 色彩对比是由于两者之间的反差强烈而构成（　）上的差异。

A. 心理　B. 生理　C. 触觉　D. 听觉

53.（　）呈现出一种节奏的美。

A. 渐变和重复　B. 突变　C. 对比　D. 矛盾空间

54.（　）是学习掌握造型的基本规律、培养素描造型能力为目的的作业训练。

A. 基础素描　B. 习作素描　C. 创作素描　D. 设计素描

55.（　）是以创作为目的收集的场景、道具、人物等形象资料或者草图。

A. 基础素描　B. 习作素描　C. 创作素描　D. 设计素描

56. 各物象之间以及物象自身各部分之间的度量关系，称为（　）。

A. 结构　B. 比例　C. 体积　D. 形体

57. 素描造型对（　）的认识，可以理解为“外形”和“体积”两种因素。

A. 色调　B. 比例　C. 形体　D. 画面

58. 当蓝色加入（　）后，即生成一种新的色相。

A. 黄色　B. 白色　C. 灰色　D. 黑色

59. 下列色彩组合中，（　）为两种不同色相。

A. 大红、粉红　B. 土黄、橘黄　C. 湖蓝、淡湖蓝　D. 绿、粉绿

60. 下列色彩中，明度最低的颜色是（　）。

A. 大红　B. 柠檬黄　C. 湖蓝　D. 紫色

61. 在下列色彩中，（　）是纯度最低的。

A. 大红　B. 朱红　C. 橙红　D. 粉红

62. 当一种色彩加入（　）后会提高明度。

A. 红色　B. 白色　C. 绿色　D. 蓝色

63.（　）也称第一次色，是指能混合成其他一切色彩的原料。

A. 原色　B. 间色　C. 复色　D. 补色

64. 颜料三原色中的黄，通常是指（　）。

A. 淡黄 B. 柠檬黄 C. 中黄 D. 深黄

65. (　　)又称第二次色。

A. 原色 B. 间色 C. 复色 D. 补色

66. 自然界的一切物象由于受(　　)与环境的影响，其色彩基本呈现复色。

A. 光源 B. 形态 C. 位置 D. 体积

67. 色彩关系中的补色，必然都是(　　)。

A. 邻近色 B. 调和色 C. 类似色 D. 对比色

68. 下列色彩中，(　　)是互补色关系。

A. 红、蓝 B. 黄、紫 C. 黄、绿 D. 蓝、紫

69. (　　)由原色红和原色黄混合而成。

A. 土红 B. 橙色 C. 土黄 D. 赭石

70. 下列色彩中，(　　)含有红、黄、蓝三原色的成分。

A. 赭石 B. 绿色 C. 紫色 D. 橙色

71. 波长在 700 nm 左右的电磁波，在视网膜上显现出(　　)。

A. 红色 B. 黄色 C. 绿色 D. 蓝色

72. 物体对阳光的吸收与反射形成了物体的(　　)。

A. 物体色 B. 固有色 C. 环境色 D. 空间色

73. 物体所处周围的色彩称(　　)。

A. 邻近色 B. 物体色 C. 环境色 D. 类似色

74. (　　)并非是首先发展水彩画的地方，但却是最有成就的国家。

A. 英国 B. 法国 C. 德国 D. 意大利

75. (　　)是从中世纪以后的欧洲开始的。

A. 铁画 B. 水彩画 C. 水墨画 D. 版画

76. (　　)就是依靠诸如色彩、色调和结构透视等要素，安排画面的各种秩序。

A. 绘画 B. 排版 C. 布局 D. 构图

77. (　　)是水彩画的调色剂与洗涤剂，是作画的必要材料。

A. 水 B. 胶 C. 纤维 D. 底色

78. 纸张的吸水程度取决于纸中(　　)的含量。

A. 水 B. 胶 C. 纤维 D. 底色

79. 绘画的关键在于(　　)。

A. 水 B. 胶 C. 笔 D. 颜色

80. (　　)是一种从中国泼墨画传统中引申出来的水彩画技法。

A. 干画法　　B. 湿画法　　C. 淡彩法　　D. 泼彩法

81. 调整是将画面中不协调的因素引导到画面的统一(　　)中。

A. 基调　　B. 色调　　C. 基色　　D. 形态

82. 静物形体组合主要是要构成一个总体上的(　　)形态。

A. 色彩　　B. 几何　　C. 肌理　　D. 风格

83. 水彩自然风景写生是一种室外写生，是一种(　　)画法。

A. 内光　　B. 人工光　　C. 外光　　D. 合成光

84. 水彩画人物写生时，形象和(　　)始终是创作的两个重要方面。

A. 表情　　B. 色调　　C. 基色　　D. 风格

85. 水粉画颜料在将干未干时(　　)。

A. 最淡　　B. 最深　　C. 最灰　　D. 最鲜

86. 初作水粉画，有时画面上会出现局部光亮的现象，是因为(　　)。

A. 涂色不匀　　B. 胶水过重　　C. 颜色太少　　D. 水分太多

87. 水粉颜料中的(　　)很容易泛色，所以在作画时不宜作被覆盖的底色。

A. 黑色　　B. 绿色　　C. 蓝色　　D. 紫色

88. 水粉写生的步骤一般是先画轮廓和素描关系，然后再(　　)。

A. 刻画暗部　　B. 铺大色调　　C. 描绘亮部　　D. 画出投影

89. 水粉画纸一般要质地坚固，表面不要太光滑，常用的有水粉纸和(　　)等。

A. 复印纸　　B. 铜版纸　　C. 白板纸　　D. 素描纸

三、练习题

1. 用点、线、面分别对一个具象的物体做分解练习。

2. 用动态、静态、扩展、包容四种手段对同一物体进行练习。

3. 风景写生（根据自己对物象的感觉、感受，找出自己最喜欢、最适合的表达方式作一张不小于半开的素描作品）。

4. 临摹一张写实色彩作品。

方法：(1) 平面装饰变构；(2) 写意表现变构；(3) 抽象几何变构；(4) 综合材料变构。(可参照相关绘画作品)。

画面要求：色调不变，但不同表现方法的差异定位准确（4 开，工具不限，选综合材料一张放大）。

训练要点：结合艺术史多种造型风格的经典图式分析。(1) 一种色调与多种画面的结合的统一性规律的把握；(2) 一种色调与多种画面结合的差异性规律的把握。

5. 试用平涂法画一幅“海景”的水彩画。

6. 以小型建筑为题，采用干画法作一幅水彩画。

7. 以水果为题，采用湿画法作一幅水彩画。

8. 使用水彩画的肌理（特殊技法）制作几张贺卡。

9. 用干画法画一幅“写生”的水粉画。

10. 以静物为题画一幅水粉画。

11. 使用水粉画的肌理（特殊技法）制作贺卡。

测试题答案

一、判断题

1. × 2. √ 3. × 4. √ 5. × 6. √ 7. √ 8. √ 9. √ 10. √ 11. × 12. × 13. √ 14. × 15. × 16. × 17. × 18. √ 19. √ 20. √ 21. × 22. × 23. √ 24. √ 25. × 26. × 27. × 28. √ 29. × 30. √ 31. × 32. √ 33. √ 34. √ 35. √ 36. × 37. √ 38. √

二、单项选择题

1. C 2. D 3. A 4. D 5. A 6. A 7. B 8. C 9. B 10. D 11. C 12. D 13. B 14. B 15. A 16. B 17. B 18. C 19. C 20. A 21. C 22. D 23. D 24. B 25. B 26. D 27. D 28. B 29. B 30. C 31. D 32. A 33. A 34. C 35. D 36. A 37. C 38. B 39. C 40. B 41. B 42. B 43. C 44. A 45. B 46. C 47. C 48. A 49. D 50. A 51. A 52. A 53. A 54. A 55. B 56. B 57. C 58. A 59. B 60. D 61. D 62. B 63. A 64. B 65. B 66. A 67. D 68. B 69. B 70. A 71. A 72. B 73. C 74. A 75. B 76. D 77. A 78. B 79. C 80. D 81. A 82. B 83. C 84. A 85. B 86. B 87. D 88. B 89. D

三、练习题

答案略。

第 2 章

装饰美术设计应用与表现

第 1 节　字体设计

学习单元 1　字体设计概论

学习目标

了解字体设计的历史和功能

熟悉字体设计的常用软件与资源

掌握字体设计的学习方法

一、字体设计总述

文字是人类祖先为了记录语言和事物、交流思想感情而发明的视觉符号。字体设计的目的是有图案意味或装饰意味的美化文字。

世界各国的历史尽管有长有短，文字的形式也不尽相同，但世界文字在历经悠久的历史长河之后，逐步形成代表当今世界文字体系的两大板块结构：代表华夏文化的汉字体系和象征西方文明的拉丁字母体系。汉字和拉丁字母都起源于图形符号，各自经过几千年的演化发展，最终形成了各具特色的文字体系，如图 2—1 所示。

虽然汉字书写的笔画外形可以有不同的几何形式，如梯形、三角形、圆形、菱形等，但这些形状都被和谐地规范在一个近似的方形之中，同时通过笔画的变化呈现出无穷的含义。每个独立的汉字都有各自的含义，在这一点上和拉丁字母截然不同。拉丁字母是由 26 个简单字母组成的完整的语言体系，汉字拼音字母采用的也是拉丁字母。拉丁字母本身没有含义，必须以字母组合构成词来表达词义，其文字设计注重形音对照。而汉字更重于形意结合。

二、汉字的历史

汉字大约起源于公元前 14 世纪的殷商后期。这时形成了初步的定型文字，即甲骨文，如图 2—2 所示。

到了西周后期，汉字发展演变为大篆。奠定了方块字的基础。后来，秦朝丞相李斯对

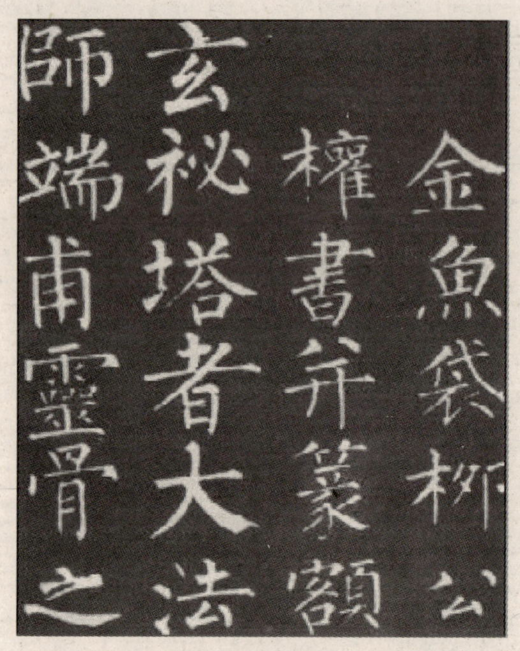

ABCDEFGH
IJKLMNOPQ
RSTUVW
XYZ

abcdefghijklmn
opqrstuvwxyz

图 2—1　汉字与拉丁字母

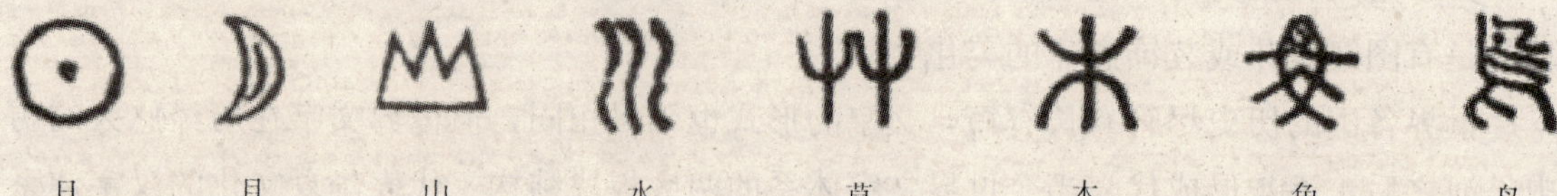

图 2—2　甲骨文

大篆加以去繁就简，改为小篆。小篆除了把大篆的形体简化之外，还把线条化和规范化达到了完善的程度，几乎完全脱离了图画文字，成为整齐和谐、十分美观的方块字体。但是小篆有一个缺点，那就是它的线条用笔书写起来很不方便，所以在此期间产生了形体向两边撑开成扁方形的隶书，如图 2—3 所示。

至汉代，隶书发展到了成熟的阶段，汉字的易读性和书写速度都大大提高。隶书之后又演变为狂草。随后，糅合了隶书和草书而自成一体的楷书在唐朝开始盛行。今天所用的印刷体，即由楷书变化而来。介于楷书与草书之间的是行书，它书写流畅，用笔灵活，目前仍是日常书写所习惯使用的字体，如图 2—4 所示。

到了宋代，印刷术发明后，刻字用的雕刻刀对汉字的形体发生了深刻的影响，产生了一种横细竖粗、醒目易读的印刷字体，后世称为宋体，是 16 世纪以来直到今天非常流行的主要印刷字体。

汉字的演变是从象形的图画到线条的符号和适应毛笔书写的笔画以及便于雕刻的印刷

大篆　　小篆　　隶书

图 2—3　汉字的演变（由篆到隶）

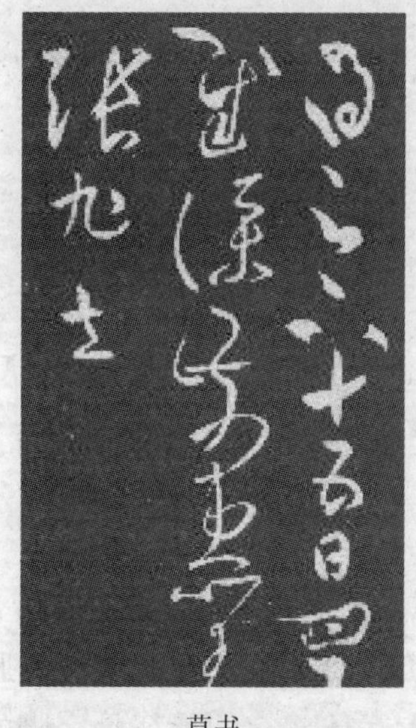

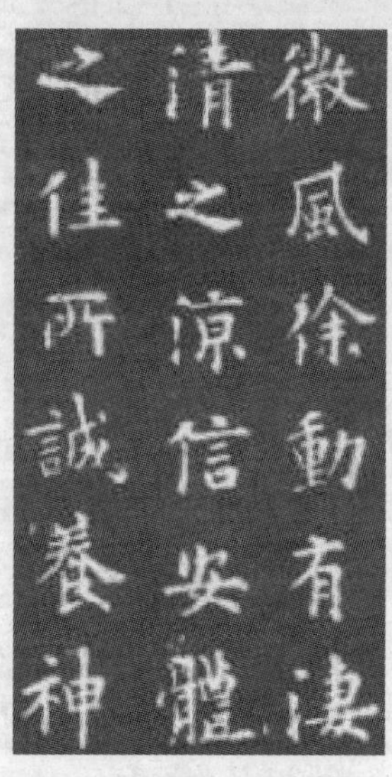

草书　　楷书　　行书

图 2—4　汉字的演变（草书、楷书和行书）

字体，它的演进历史为人们进行中文字体设计提供了丰富的灵感。各个历史时期所形成的各种字体，有着各自鲜明的艺术特征。如篆书古朴典雅，隶书静中有动、富有装饰性，草书风驰电掣、结构紧凑，楷书工整秀丽，行书易识好写、实用性强、风格多样、个性各异。汉字是一种抽象的符号，点、横、竖、撇、捺、折、钩不同的基本笔画是汉字组构的基本元素，中国书法将汉字图形特点与符号特点表现得淋漓尽致。

三、拉丁字母的历史

拉丁字母起源于图画，它的祖先是复杂的埃及象形字，后经过了腓尼基亚的子音字母到希腊的表音字母，最后罗马字母继承了希腊字母的一个变种，并把它拉近到今天的拉丁字母，如图 2—5 所示。

埃及象形文字

腓尼基亚字母

古希腊字母

古罗马字母

图 2—5　拉丁字母的起源

罗马字母时代最重要的是公元 1 到 2 世纪与古罗马建筑同时产生的在凯旋门、胜利柱和出土石碑上的严正典雅、匀称美观和完全成熟了的罗马大写体。它的特征是字脚的形状与纪念柱的柱头相似，与柱身十分和谐，字母的宽窄比例适当美观，构成了罗马大写体完美的整体，如图 2—6 所示。

早期的拉丁字母体系中并没有小写字母，公元 4 世纪至 7 世纪的安塞尔字体和小安塞尔字体是小写字母形成的过渡字体。公元 8 世纪，法国卡罗琳王朝时期，为了适应流畅快速的书写需要，产生了卡罗琳小写字体，它比过去的文字写得快，又便于阅读，在当时的欧洲广为流传使用，如图 2—7 所示。

SENATVSPOPVLVSQVEROMANVS
IMPCAESARI DIVI NERVAE F NERVAE
TRAIANO AVG GERM DACICO PONTIF
MAXIMO TRIB POT XVII IMP VI COS VI PP
ADDECLARANDVM QVANTAE ALTITVDINIS
MONSETLOCVSIANT EIBVSSITEGESTVS

图 2—6　柱体上的罗马字体

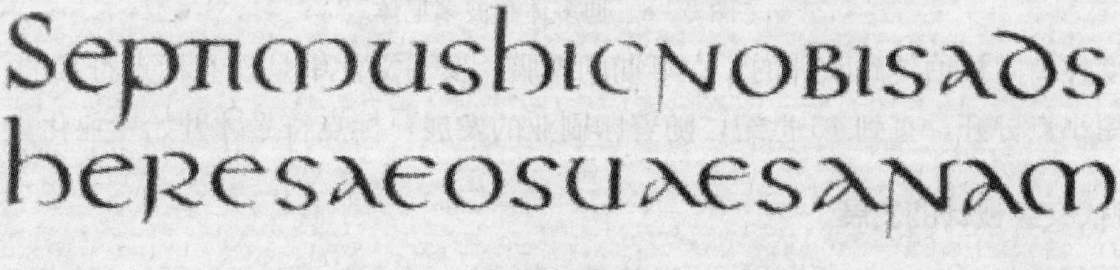

Septimus hic nobis ads
heres aeos uaes anam

安塞尔字体

E trelicta ciuitate nazareth uenit et habi
naum maritimam · in finib: zabulon et ne
adimpleretur quod dictum · e̅ per esaiam pr

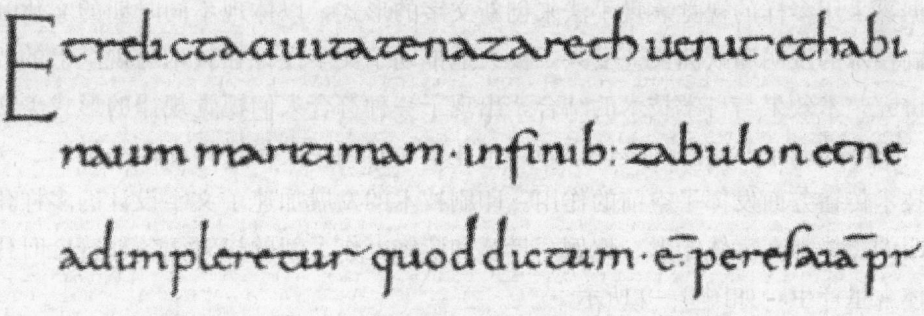

卡罗琳小写字体

图 2—7　小写字母的发展

15 世纪德国人戈登发明了铅活字印刷术，原来一些连写的字母被印刷活字解开，开创了拉丁字母的新风格。卡罗琳小写字体经过不断的改进，形成了宽和圆的形体。18 世纪，法国最著名的字体是迪多的同名字体，其强调粗细线条的强烈对比，朴素、冷严但又不失机灵可亲。在意大利，享有“印刷者之王”和“王之印刷者”称号的波多尼同名字体和迪多体同样有强烈的粗细线条对比，但在易读与和谐性上达到了更高的造诣，因此今天仍被各国重视和广泛地应用着，如图 2—8 所示。

一套完整的字母体系中，数字和标点符号也是重要的组成部分，阿拉伯数字是 11 世

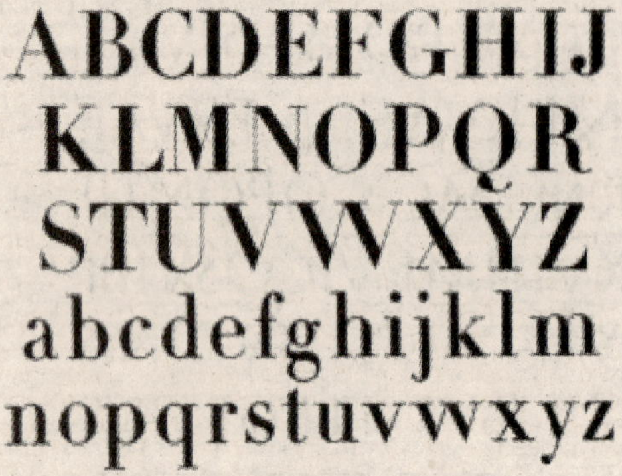

ABCDEFGHIJ
KLMNOPQR
STUVWXYZ
abcdefghijklm
nopqrstuvwxyz

迪多体

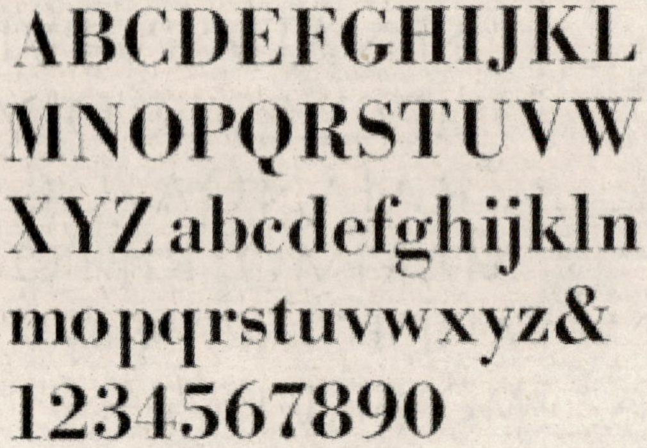

ABCDEFGHIJKL
MNOPQRSTUVW
XYZ abcdefghijkln
mopqrstuvwxyz&
1234567890

波多尼体

图 2—8　迪多体和波多尼体

纪从印度经由阿拉伯传到欧洲的。在早期的希腊、罗马文件中是没有标点符号的，文章中的句子用小点分开，直到 15 世纪，随着印刷业的发展，标点符号才开始专业化。

四、现代文字设计的发展

文字发展的历史也是文字设计的历史。在文字结构定型以后，文字设计开始以基本字体为依据，采用多样的视觉表现手法来创新文字的形式，以体现不同时期的文化和经济特征。印刷技术的发明和欧洲文艺复兴，极大地推动了文字设计在技术与观念上的改进，人们开始讲究艺术效果与科学技术的结合，出现了一种符合人们视觉规律的形式美法则与强调色彩、形态、调子及质感的设计字体。工业革命时期，文字设计在商品销售、文化教育和科学技术传播方面发挥了空前的作用。印刷技术的发展加速了文字设计的多样化，由英国人发明的黑体字在字体的形、比例、量感和装饰上作了新的探索。各种符合时代特征的流行字体大量产生，如图 2—9 所示。

ABCDEFGHIJKL
MNOPQRSTUV
WXYZ abcdefgh
ijklmnopqrstuvw
xyz 123456789
0&?!ß£$(;) «»

ABCDEFGH
IJKLMNOP
QRSTUVW
XYZ &?!ß£$

abcdefghijkl
mnopqrstuv
wxyz 1234
567890(;) »«

图 2—9　现代字体设计

20 世纪 50、60 年代，随着照相排版技术的发展，字体的组合结构产生了新的格局。60 年代中期以后，世界文化艺术思潮发生了巨大的变化，新的设计流派层出不穷。他们的一个共同特点是反对现代主义设计过分单一的风格，力图寻找新的设计表现语言和方式。在字体设计方面许多设计家运用了新的技术和方法，在设计风格上出现了多元化的状况，如图 2—10 所示。

图 2—10　多元化的字体风格

随着时代的不断进步和科技发展，字体设计从创意到表现都极具时代感与现代特征。字体设计被广泛运用于标志设计、广告橱窗、包装、书籍装帧、网页设计、多媒体制作等。但由于文字是约定俗成的符号，文字形态的变化会影响信息传达的效果，所以字体设计不仅要注重美术效果，更要注重信息传播和视觉识别效果。

五、字体设计常用软件与资源

当前，用于字体设计和编排的软件不断完善。如软件 Photoshop 主要是像素文件，像素是指点阵图像，由许多自带颜色的小四边形组合而成。当文件增加分辨率时，文件的容量大小也会增加。运用 Photoshop 处理图像时，可以使用很多的特效和滤镜。

软件 Illustrator 主要是制作矢量文件和绘制插图，图文混合编排。矢量图形在数学上定义为一系列由线连接的点。矢量图形由数学公式来表达，它的显示与分辨率无关，所以对矢量图放大时，不会出现锯齿和形变，打印时图像清晰。

Pagemaker 是专业排版软件，服务于输出和印刷系统。InDesign 专业设计排版软件处理矢量、像素两种文字类型。Flash 软件设计的动态字体可以运用到多媒体艺术设计中，而 Maya 和 3ds Max 软件设计的三维字体则广泛地应用于影视片开头的广告中。

常用的字体资源有各种字库，每个字库都由基本字体和特殊字体组成。黑体和宋体是每个字库最基本的字体形式。通常，黑体和宋体还有很多变体形式，并直接使用字库名加上变体名为字体命名。

六、字体设计学习方法

汉字与拉丁字母的区别在于拉丁字母是一种纯粹发音符号，每个字母本身并没有意义，单词的意义来自于这些字母之间的横向串式组合，而汉字的组字方式是以象形为原始基础，也就是每个字都具有特别的意义，一个简单的字可能在远古时代就代表了一个复杂的生活场景，因而它也是世界上最形象的文字。所以，字体设计的学习需要了解和认识文字的基本骨架、文字的自身意义和视觉设计的基本规律。

字体设计的学习来源于书法艺术的熏陶，汉字留白、字体的结构空间、穿插避让都有一种独特的形式感，要养成平时积累素材的好习惯。

学习单元 2　字体的绘写

学习目标

了解汉字的相关知识点

了解拉丁字母的历史

掌握基本的汉字绘写规律及表现形式

掌握拉丁字母绘写的基本要求

一、书法表现的汉字与设计

要了解汉字的设计，首先需对各种书写体作系统的了解，这样才能融会贯通、灵活应用。汉字的书写体通常所说的有“正草隶篆”四体，但由于工具特殊，各代书法家作书运笔神妙，出现许多不同的变化字体，形成多种特殊的艺术造型。

汉字从纯粹的绘画演变为线条符号，大致可分为下列六体：

1. 古文

上古时代的象形文字，包括商朝的甲骨文和商、周、春秋、战国时期的金文两种。

2. 草书

草书是有组织系统的简省字体，创自汉初，其演变过程是先有“章草”，而后有“今草”，之后又有“狂草”。一般草书在造型上难为大众了解，又缺乏实用与易读性，不适用于一般文字设计。不过用于感谢等需要表达亲切印象时，因草书具有个性，即信赖、亲切、高雅等特性，用之得法也不失为好素材。

3. 行书

行书是正书的变体，自唐以后就被认为是最流行的字体，一直沿用到现在，在实用美术上具有崇高的地位。行书易识好写，实用范围广。目前，除了印刷及重要文字用正书字体外，日用文书一般都用行书书写，如图 2—11 所示。

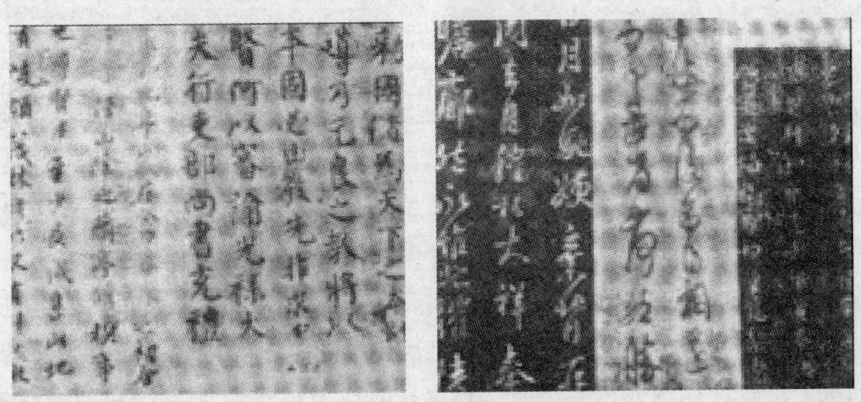

图 2—11　行书

4. **正书**

正书又称楷书，是糅合隶书、草书而成的一种字体，至今已成为一般书籍信件最通行的标准字。现在印刷活字中的“正草”就是传统的“正书体”。它的笔迹有力，笔画清楚，易读性最强，如图 2—12 所示。

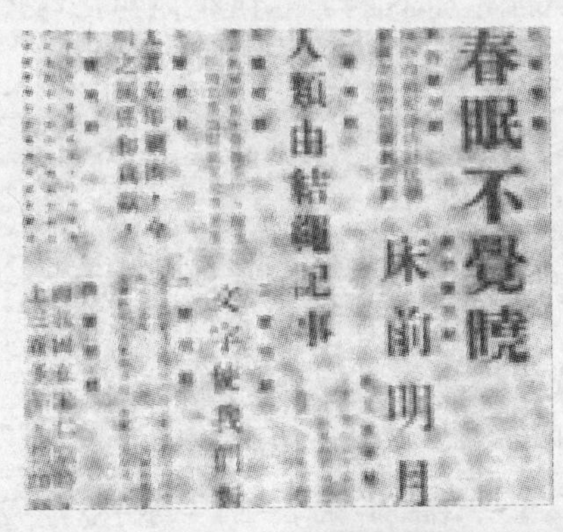

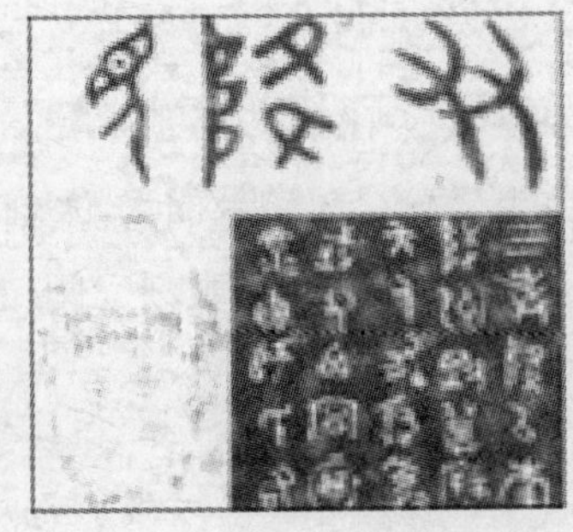

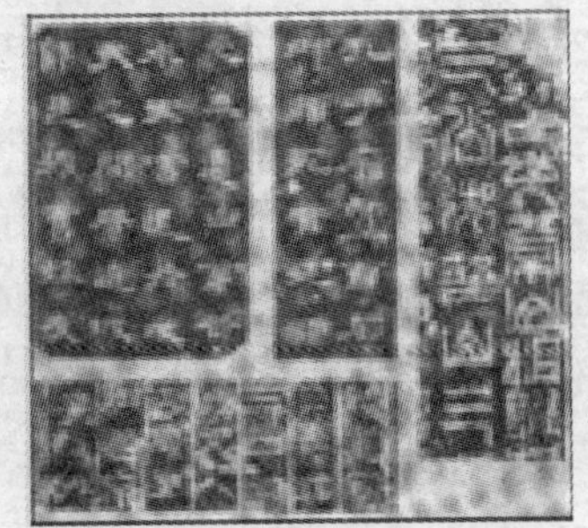

图 2—12　正书（楷书）

5. 篆书

篆书有西周后期的大篆和秦朝时期的小篆，具有古代象形文字的古朴感，其图形的抽象趣味在近代的篆刻上常被艺术化，广泛应用于贺年卡、请帖、徽章图案等的设计中。

6. 隶书

隶书源于秦代，取大篆与小篆的笔法，加以减省整理而成。隶书不仅将秦代以前字体的曲线变为直线，将画变为点，将圆变为方，且渐脱离形而进于意符。隶书的特点是：每个字有一处（横画与右捺）带有波势的装饰笔；横画以右斜落笔书写。在广告设计中，凡公司名称或展示会的全名设计（合成文字）常用隶书，可表现传统的权威感。

现代汉字设计基本都是按以上六种书写体和印刷体中老宋、仿宋、黑体等进行演变加工得来的，重点要掌握每个字的基本笔画及有规律性的组织变化，考虑笔画间的空隙均衡使设计的商标、广告、标题或包装袋既得体又美观大方。设计形象性和装饰性的美术字，变化要自然适度，切忌过分夸张。因为过分的夸张会显得矫揉造作，其效果会走向反面。

二、现代简体汉字体系

1. 汉字的结构

汉字的结构分独体字与合体字两大类型。独体字如“人”“一”“乙”“小”等，合体字则由部首之间的结合产生，其结构大致分为七种：

（1）上下结构，如“吕”“早”“背”“罗”等字。

（2）左右结构，如“桥”“盼”“明”“双”等字。

（3）内外结构，如“司”“团”“圆”“囚”等字。

（4）参差结构，如“少”“义”“戈”“丈”等字。

（5）上中下结构，如“意”“章”“裳”“等”等字。

（6）左中右结构，如“班”“辨”“街”“做”等字。

（7）上下左右结构，如“壁”“碧”“铝”“唱”等字。

2. 宋体字（见表2—1）

宋体字有老宋体、新宋体、仿宋体、细宋体、长宋体等。

宋体字是从北宋刻书体的基础上发展而来的，人们利用这种字体刻成书，版印成书籍，成为一种很规范的印刷体。由于这种字体体形庄严、便于雕刻、阅读醒目，所以成为16世纪以来汉字的主要印刷字体。

表 2—1　　宋体字图示及说明

图示	说明
永 老宋体	老宋体造型端庄、稳健，便于雕刻。其特征是字形方正、横细竖粗、横画以及横竖接折处吸收了楷书的特点，都有顿角，点、撇、捺、挑、钩、竖画的粗细基本相等，尖锋短而有力。横竖粗细比例为 1∶4，即横 1 竖 4。“横细竖粗撇如刀，点如瓜子捺如扫”所形容的就是老宋体
永 新宋体	新宋体的字架结构与老宋体的字架结构基本一致，只是横竖间的比例关系稍有差异，横竖粗细的比例关系是 1∶2，装饰角小于老宋体，撇与捺的造型比老宋体更加清秀
永 仿宋体	仿宋体是模仿宋版书的一种字体。它的特点是字形细长，粗细均匀，起笔落笔处显锋露角，笔锋与宋体相似，转笔有顿角。“起笔顿，落笔顿，横斜竖直，粗细均匀”就是仿宋体的特征
永 细宋体	细宋体是对老宋体笔画减细后产生的字体。这个笔画减细主要是针对竖、点、撇、捺等笔画。细宋体尤其注意老宋体结构中空白的处理，细挺清脆的笔形和严谨的空间关系使它具有一种精密、工整的视觉效果

续表

图示	说明
 长宋体	长宋体是集老宋体和仿宋体特点而形成的字体，它保留了老宋体点画的特征，横竖笔画粗细更和谐，修长的字形使点、撇、捺等笔画的弯曲度变得和缓，重心偏上使字体呈现飘逸、洒脱的美感

3. 黑体字（见表 2—2）

表 2—2　　黑体字图示及说明

图示	说明
 黑体	黑体是从老宋体演变而来的。黑体字形方正，基本笔画的粗细大体一致，起笔和收笔都是方形，所以又称等线体、方头体。黑体在风格上显得庄重有力，朴素大方，多用于标题、大幅标语、路牌等的书写。虽然黑体字的笔画粗细一致，但在处理上还是要有所变化，如竖画要比横画略粗一些，横、竖笔画两头要稍稍加粗一些，在点、撇、捺、挑、钩的一端也要相应加粗，这样视觉上就会感觉舒服，也显得字体厚实有力
 圆黑体	圆黑体是将黑体的方头方角变成圆头圆角，使之比黑体更显得饱满充实。圆黑体在方框内部撑得较满，字的空白较少，同样大小字号的文字，圆黑体显得比其他字体要大一些，且字间距也要紧密一些。圆黑体笔画方中有圆，既庄重有力、饱满充实，又新颖活泼、挺拔而富有流动感，因而形成刚柔相济的形式美，具有强烈的时代气息

续表

图示	说明
长美黑体	长美黑体是将黑体竖画加长而形成的字体，它打破了黑体外框方正的局限，赋予庄重的黑体以秀美之气，长方形的字形使粗壮的笔画具有挺拔向上的美感，增强了黑体的表现力
 细黑体	细黑体是将黑体笔画减细而形成的字体。细黑体的笔画与空间的关系同黑体相反，一定尺寸内，笔画减细后，字体的空间相对增大，使之具有明亮、精密的感觉

4. 变体美术字

变体美术字是在宋体、黑体的基础上，把笔画、字形进行改变或夸张，使其更具装饰性的一种字体。变体美术字的特点是生动活泼、趣味性强，多用于广告招贴、商品包装、报刊标题、书籍名称等。变体美术字的变化类型很多，如字体形状的变化（扁形、长形、梯形、弧形、圆形、斜形等）、字体的装饰变化（象形、寓意、阴影、立体等）。

变体美术字的构思与表现可以从两个方面展开。一是从文字自身发展的结构规律中寻找表现的途径，如汉字造字法中的象形；二是从内容所表达的含义中寻找与之相符合的字体表现形式。

变体美术字的设计并不是没有条件限制的，它受到文字规律和条件的制约。首先要使字体易于识别，其次要强调字体之间的统一与协调，如图 2—13 所示。

5. 汉字绘写的基本规律

尽管每个汉字的笔画造型不同，但它们在笔画结构上的规律却是共同的。

图 2—13　变体美术字示例

（1）横平竖直。横平竖直是绝大多数标准字体的原则，但也有少数字的横画是倾斜的，如“斗”“七”“也”等，还有少数字的竖画不垂直，如“五”“互”等。这些字按照人们的习惯，不稍微倾斜反而使人感觉不舒服。

（2）横细竖粗。在汉字中，横笔画多于竖笔画，因此将横笔画减细可使字的空间更加均匀。老宋体横竖笔画的调整最为明显，黑体字的横竖笔画看似粗细一致、均匀得当，其实它的横笔画已经过适当的减细处理。

在外形一定、笔画粗细一致的前提下，笔画多的字显得黑，笔画少的字显得白。在设计时要把笔画多的字在笔画粗细上处理得较其他字稍细一些，笔画少得字处理得笔画粗一些，如图 2—14 所示。

图 2—14　笔画粗细字体设计

（3）主粗副细。汉字的基本笔画是横、竖、撇、捺、点、挑、折、钩。在单个汉字中起支撑作用的横竖笔画称为主笔画，其余的笔画称为副笔画。主笔画常常贯穿全字或构成全字的大框架，因此要相对粗一些。副笔画常处于局部地位，一般多为短笔画，因此可略微细一些。

（4）上紧下松。由于眼睛的错觉，人的视觉中心要比实际文字的几何中心稍高一些，所以书写的时候，字体的上半部分要尽量紧凑一些，而下半部分可以舒畅一些，以达到视觉上的平衡，如图 2—15 所示。

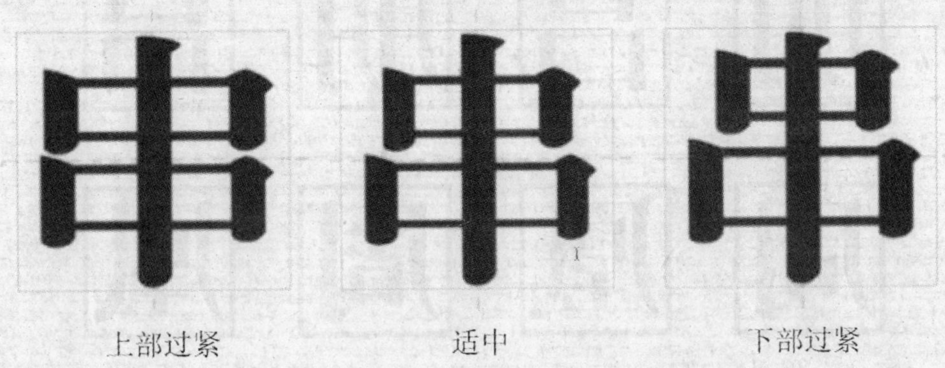

上部过紧　　适中　　下部过紧

图 2—15　上紧下松

（5）内白空间与外白空间。凡带有边框的字，其框内空间称为内白空间，字形以外空间称外白空间。凡内白空间大的字一般会显得字更大，凡外白空间大的字则显得字更小，这是实与虚的空间视差现象，绘写时要加以注意。如绘写“今”“令”等字，比并排的其他文字应略大一些，这样才能与其他文字保持视觉上的均衡。

书写汉字时容易出现的问题，如图 2—16 所示。

三、拉丁字母体系

拉丁字母是拉丁民族在古旧体希腊文字的基础上产生并加以改造和演变，用以表达拉丁语的一种文字，它的祖先是埃及象形文字。经过了腓尼基的子音字母到希腊的表音字母，最后由罗马字母继承了希腊字母的一个变种，并把它发展到今天的拉丁字母，从此迈开了具有现实意义的一步。

1. 拉丁字体造型结构

如果将所有的拉丁字母进行排列，就会发现有一条水平线从这些字母或字母的主体部分下穿过，这条线叫做基线。如果将小写字母“x”的高度作为衡量所有字母高度的标准，那么紧贴小写字母“x”上端的线称为共用线。有时有些字母的部分会高于“x”，如果在这些字母的顶部画一条线，这条线就称为顶线。同样，将低于“x”下端的部分画一条线，称为底线。共用线以上的部分称为升部，基线以下的部分称为降部。

2. 拉丁字体的分类

（1）古罗马体。古罗马体是拉丁字母的古体字。古罗马体的特点是字形以正方形为基准，圆形轴线倾斜，字母笔画宽窄比例适当，字脚饰线带有装饰性弧度，造型工整匀称，典雅秀丽，具有很强的装饰效果和可读性，如图 2—17 所示。

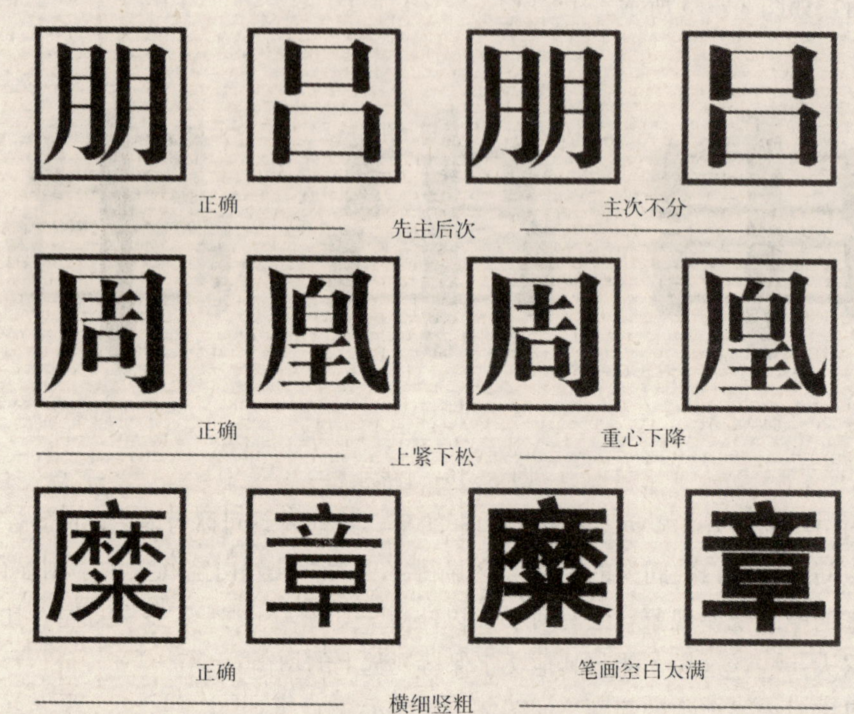

图 2—16　书写汉字时容易出现的问题

由于古罗马体具有优美和谐的风格，直到现在仍是最受欢迎和最常见的字体之一，被广泛运用于名牌传统产品，如高档化妆品包装、书籍封面、音乐封套等设计。

OPQRSTUVW

图 2—17　古罗马体

（2）现代罗马体。现代罗马体产生于英国工业革命时期，是印刷业使用最多的字体，字样以绘图仪器绘制，具有几何式的严谨精确之美。现代罗马体的字脚饰线直而长，增加了字母的连贯性；笔画变化粗细对比强烈，比例为 1∶6，即横 1 竖 6；圆弧形字母的内径轴线呈直线状。

现代罗马体的代表人物是 1780 年毕业于巴黎工科大学的意大利人波多尼，他用斜写的方法将传统的拉丁字母设计成一种具有条理性和节奏感的字体，这种字体笔画间的粗细对比强烈，空白均匀，字体明亮，字脚呈线段形状，字母与字母间的排列呈现出一种有规律的韵律感，因此一经出现就被当时的印刷界广泛应用并持续至今，被称为波多尼体，如图 2—18 所示。

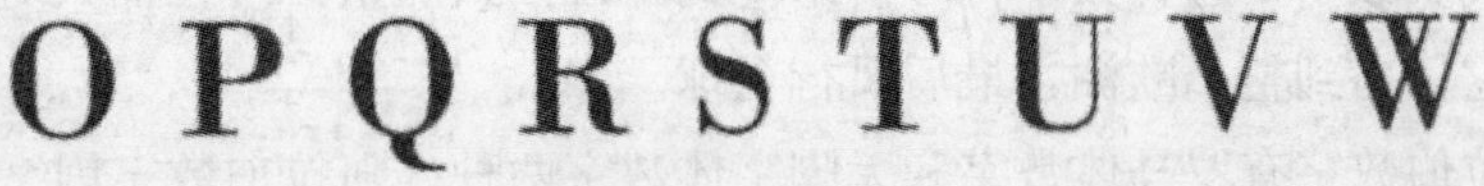

OPQRSTUVW

图 2—18　新罗马体

（3）歌德体。歌德体一般是用较宽的笔尖书写，几乎每笔都折裂成六角形，字母竖线粗而空间小，“O”呈六角形，竖线紧而密，字脚形态如歌德式建筑的楹柱那样，同时大写字母多加双线，并折裂扭曲，从而形成拉丁字母的新风格。

歌德体具有中古时代的浪漫气息和宗教神秘感，结构紧凑、笔画粗重，有很强的视觉力度，如图 2—19 所示。

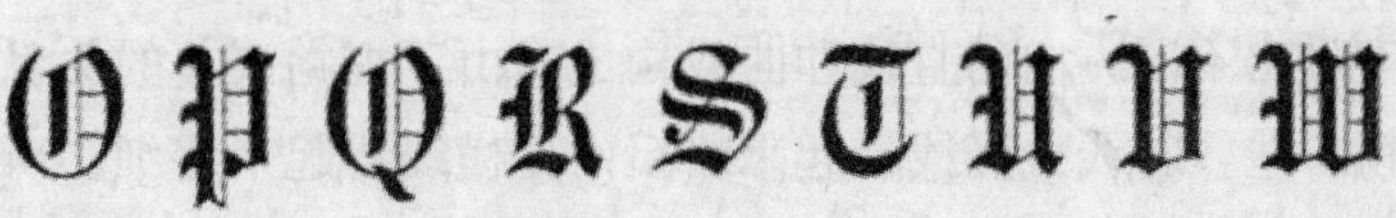

OPQRSTUVW

图 2—19　歌德体

（4）埃及体和无脚字体。19 世纪初，英国人菲金斯先后推出了埃及体和无脚字体。埃及体上、下饰线大而方圆，很像古埃及神殿大圆柱的柱台，笔画线条粗、饰线呈矩形，具有粗重、有分量、黑白分明、醒目的字体效果，主要用于平面广告中的标题导语。无脚字体的特点正好与埃及体相反，它取消了拉丁字母世代沿袭的饰线，没有字脚装饰，只有字母骨骼，朴素有力、清晰醒目、美观大方，有很强的视觉冲击力，信息传递效果佳。

以上这两种字体笔画粗细基本一致，形象明确、简洁，给人以厚实感，是广告招贴、大幅标语常用的字体。

（5）斜体和书写体。斜体一般都向右倾斜，笔画有粗细变化，具有动感和方向性，字体潇洒自然，书写时除笔画统一外，其斜度、高度要求一致，以便书写和阅读。

书写体比斜体更活泼流畅，字体飘逸，节奏明快，风格多样，富有动感。在绘写时，既要使字母的笔画柔和秀美，又要使字母之间相互协调、节奏分明，以增强字体的表现力，如图 2—20 所示。

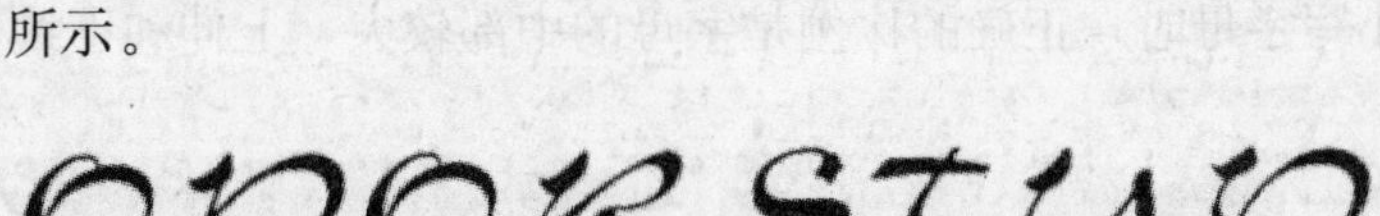

OPQRSTUV

图 2—20　书写体

（6）阿拉伯数字。阿拉伯数字是公元 5 世纪前后在印度创立的，它由 0 到 9 十个不同的单独符号来代表数字，这种数字符号后来传到阿拉伯人那里，阿拉伯人对数字的形状进行了改造并把它传播到整个欧洲，最后风行全球。

常用的阿拉伯数字有罗马体数字和无脚字体数字两种。阿拉伯数字因字体的不同而差别较大。

3. 拉丁字母的绘写方法

（1）大写字母。拉丁字母大写体共有 26 个，字母的高度大致相同，而字母之间的宽窄则相差较大。

首先，拉丁字母的外形大体上可分为方形、圆形、三角形三种基本形。方形显得最大，圆形居中，三角形最小。在绘写时，为求得视觉上的一致，就要进行外形的大小调整，可将方形字母缩小一些，圆形字母的上下两端和三角形字母的顶端适当向外扩一些。

其次，拉丁字母由不同方向的直线和曲线构成。由于视觉误差的关系，通常会觉得横线比竖线看起来粗一些，斜线比竖线看起来略粗而比横线看起来略细。所以，要使视觉保持基本一致，在实际绘写时，可适当地减细横线和斜线，曲线一般与直线宽度保持一致，但水平部位略细一些。

再次，注意笔画周围空白形的准确。如一些三角形的字母（“A”“V”等）转角的地方在视觉上会显得较黑，因此交叉或转折的地方笔画适当减细一些，使它们的内白空间相对放大，在视觉上达到协调。

最后，由于视觉中心比绝对中心略高一些，需要调整好字母的重心，使“B”“E”“F”“H”“K”等字母的形体重心调整到视觉中心点，并保持视觉中心点在水平方向的一致。同时，根据上紧下松的惯例，一般字母的上半部写得紧凑些，而下半部可以扩张些。如字母“E”，最下面的一横应比最上面的一横长一些，这样字母就放得稳。

（2）小写字母。小写字母的字形分三类：

基形字母——字母没有向上、向下伸展的笔画，如“a”“e”“o”等。

伸形字母——字母由基形向上发展，如“d”“h”“f”等。

续形字母——字母由基形向下发展，如“p”“g”“y”等。

在绘写拉丁小写字母时，正确的比例是字母的中部较大，上伸和下续部分较小。

学习单元3　基础字体设计

学习目标

了解字体的多种表现形式

熟悉字体的三大要素

熟悉字体设计的方法和艺术表现

掌握字体设计的原则和创意

一、字体的三大要素

1. 字体的形态

字体的形态包括字体的外形、笔画和结构。

（1）字体的外形。字体可通过外形的大小比例关系产生协调或对比的效果。

（2）字体的笔画。文字由笔画组成，笔画的形态决定了字体的形式和风格。笔画形态变化形式可概括为笔画的粗细变化、主副笔画的变化、笔画的加减、笔画形态的图形化等。

（3）字体结构。文字的间架结构比例关系和字幅比例关系构成字体的骨架。字体设计时结构一般较少作为变化的对象。

2. 字体的风格

（1）标准字体。标准字体是最常用、最容易表现的字体。它从笔画的安排、线条的粗细等方面达到整体风格的统一协调，形态优美且易于识别。标准字体广泛应用在书籍、报纸杂志、网页等正文内容中。

（2）装饰字体。装饰字体以基本字体为原形，作本体立体、内线、中空、平行透视等变化，有时还会采用断笔、框线、重叠等手法使文字醒目，提高视觉冲击力，如图2—21所示。

（3）手写字体。印刷字体的普及使得文字越来越趋于统一，缺乏个性化的设计，导致手写字体的重新回归。

手写字体由于加入了个性化的特点，字体风格轻松活泼，文化性强。手写字体具有丰富的情感和个人特点，具有不可模仿的随意性和独特的视觉感受。

图 2—21　装饰字体

手写字体不仅包括手写的文字，还包括图章、篆刻等不同的形式。但作为应用文字，手写字体同样要符合字体设计的造型法则和视觉规律。

3. 字体的色彩

在字体设计中，色彩能增加文字的抒情特色、加强文字的个性特征、强化文字的传播功能。色彩还能增加空间感，使平面空间变得深、远而有层次，使平静的画面变得生动起来。

色彩的调性也称为调子，是指画面色彩的基本倾向。调性可以表达各种情感，产生不同的色彩效果。

在色彩构图中，左侧和右侧的价值是不同的。由于人的视线习惯于从左上角向右下降，终止于右下角。因此，这种心理上的习惯被适用于画面的色彩构图中。如不对称的色彩构成，其垂直与水平平衡轴都偏离构图的中央，从而在视觉心理上保持平衡，见彩图22。

4. 字体的肌理

肌理是指将文字的笔画形态用不同物质的质感来表现字体，肌理能增加文字表面的丰富性。

肌理有触觉和视觉两类。所有的触觉肌理都能通过摄影、印刷等方法转化为视觉肌理。视觉肌理还可以通过放大、缩小、切割、拼贴等方法对各种不同材料进行组合创造。

二、字体设计的原则和创意

单字的变化是字体设计的基础。单字的基本变化方法有两种：一是把单字看作有意义的内容和文字，二是把单字看作图形或空间的分配组合关系。

1. 字体设计的基本原则

（1）字体必须和表现的内容相统一。字体的主要功能是在视觉上向人们传达信息，字体设计上词义的表达是第一位的。字体设计的创意必须与文字传达的内容相一致，要笔画有序，字迹清楚，设计得当。如现代感的字体适宜于电子产品和时装，女性温柔特点的纤细秀美字体适宜于化妆品，力量感的粗壮字体适宜于重工业产品，温润柔软感的字体适宜于儿童用品等。

（2）字体设计要适应人们的接受能力和习惯，便于识别和记忆。字体设计的根本目的是为了更好、更有效地传达信息，表达内容和构想意念。进行字体设计时，要避免繁杂零乱，减去不必要的装饰变化，使人易认、易懂。字体设计不仅要注意字体端正、大小匀称、结构合理，更要注意设计整体效果清晰易识别。

每个人接受字体信息都有各自的欣赏习惯和爱好，其接受心理也不相同，接受能力也有差别。因此，字体设计要考虑到这些因素，使信息传达更有效。例如，老年人的心理比较怀旧，使用传统古朴的字体会满足他们的心理需要；青少年追求时尚运动，现代风格的字体会激发他们的兴趣。另外，民族性和区域性也是字体设计需要考虑的。

（3）字体设计要美观大方，和谐统一，具有视觉美感。字体在视觉传达中，作为画面的形象要素之一，具有传情达意的功能。因而它必须具有视觉上的美感，能够给人以美的感受。在字体设计中，美不仅仅体现在局部，而且体现在对笔形、结构以及整体的设计和把握。字体是由横、竖、点、圆弧等线条组合成的形态，在结构的安排和线条的搭配上，如何选择适宜的表现形式进行字体的装饰和艺术加工，同时遵循形式美的法则对字体的间架结构、笔画形式和整体视觉效果进行把握，把内容准确、鲜明地传达给观众，是字体设计的重要课题。优秀的字体设计能让人过目不忘，既起着传递信息的功能，又能达到视觉审美的目的。

（4）字体设计要富有创新精神。字体设计是在传统标准字体的基础上进行的创意设计，不仅要有传统标准字体规范化的一面，还要有时代的特点和自己独特的风格，从而达到更有效、更快捷地传递信息的目的。

字体设计时要避免与已有的一些设计作品的字体相同或相似，更不能有意模仿或抄袭。在设计特定字体时，一定要从字的形态特征与组合编排上进行探求，不断修改，反复琢磨，这样才能创造富有个性的字体，使其外部形态和设计格调都能唤起人们的审美愉悦感受。

2. 字体设计的创意先导

广告美术字、装饰字和汉字创意再设计是分不开的，字体的创意设计不仅是创造一种美好形体，而且是强调字体的内涵和视觉冲击力，把字体的象征表意性回复到会意象形性。

在进行标准字体设计时，所运用的形象元素大多是标准的圆、方、三角等多元几何体。此外，还有一种纯抽象的装饰字体，这种字体是从剪纸艺术中衍生而来的，确切地说，应该把这种文字称为图案文字。如婚礼上常用的“囍”造型就是一种表意式的象征设计。

字体设计的另一个创意来源是对现有字体的加工演变，如在原有的字体结构上加入需要使用的设计元素，从而创造出另一种全新的、适合时代发展的、有个性的字体。

3. 字体的基本变化手法

（1）外形变化。汉字的外形变化表现为将字的形状按正方形、长方形、斜方形等几何形状进行变化。

拉丁字体的外形变化表现为将基本字体拉长、压扁或波浪形变化，在排列上可作横排、竖排、不规则形的排列等。

（2）笔画变化。汉字的笔画变化通常包括主笔粗、副笔细；副笔粗、主笔细；横细竖粗、竖细横粗；上粗下细，下粗上细；左粗右细，右粗左细等。笔画变化一般针对字体的副笔画进行。

拉丁字体笔画变化的主要对象是字脚，各部分线条可以在粗细上作变化。

（3）结构变化。汉字的结构变化就是有意识地把字的部分笔画进行夸张、连接或分割，调整字的重心和空间，使字体表现更有创意。

拉丁字体的结构变化主要通过将部分笔画缩小、扩大或移动位置以改变字母的部分结构。字体的变化不是只局限于字形、笔画和形体结构，更主要的还是强调字义的内涵，使外形和内涵得到统一。

4. 字体变化的类型

（1）中空型。用线条勾画出文字的轮廓，中间留出空白。一般字体都能进行中空处理。线形细、中空度大的字给人轻快、明亮的感觉；线形粗、中空度小的字给人凝重的感觉。

（2）内线型。文字中间留有虚形装饰线的字体，给人以清新、流畅之感，比较适宜在粗字体中进行设计变化。虚形的处理可根据字体所要表现的内容而定，对一组文字进行内线型字体设计时，要保持笔画及内虚装饰风格的统一与协调。

（3）立体型。利用投影或绘画透视原理表现出文字的立体效果。立体字分为阴影立体、透视立体、扭曲变形体等。

1）阴影立体。用阴影技巧来表现立体感，给人以光线照射文字的感觉。

2）透视立体。用变化的焦点、距离形成具有各种空间感觉的效果。其表现方法主要有：

①平行透视。字的正面和侧面均无近大远小的透视变化。

②聚点透视。将文字的侧面全部向一个透视焦点会聚。

③成角透视。将字的正面和侧面向着各自的焦点会聚。

④本体立体。字上的起伏变化。

3）扭曲体。扭曲体是字形在空间的变形透视。它的设计要依据坐标方格的定位尺寸和比例进行。扭曲体虽然能造成比较强烈的视觉冲击力，但一旦扭曲过度也会造成认知上的困难。

（4）分割型。分割型是一种对文字进行错位、阴阳互换以及各种装饰性处理的字体。分割型字体要注意运用得当，线条的分割排列、面的错位关系、虚实空间的处理等都会直接影响表现力。

三、字体设计的艺术表现

1. 字体装饰表现

字体的装饰表现设计常用到下列几种手法：

（1）利用纹样、肌理进行字体设计。纹样、肌理是一种应用非常广泛的字体设计手段，它可以将不同材料和不同形态组合在一起。如将字的笔画形态用不同物质的质感来表现，如图 2—22 所示。

（2）空间字体设计。从空间和立体的角度设计字体，可以有更大的发挥余地，如矛盾

图 2—22　利用纹样、肌理进行字体设计

空间就是在平面的空间里展示立体的一种特殊设计手法。

（3）框线字。框线字是以文字的外轮廓表现文字。文字的线框可以使用单层线、多层线。

（4）断笔字。将文字的部分笔画断开，形成新的效果。

（5）重叠字。重叠字就是文字的笔画相互重叠或将字与字相互重叠。

2. 字体图形表现

（1）具象字体表现。具象字体设计就是用鲜明具体的感性形象塑造字体。它以自然形态为原形，形态真实、生动有趣。

（2）抽象字体表现。抽象字体设计是以抽象的图形符号来表达字体的含义，理性的几何图形或符号为其表现形式。抽象字体有着具象字体无可比拟的表现力，更概括、更富启发性。

四、其他字体设计

1. 三维字体设计

将平面的二维字体扩展出相应的厚度，就可以制作出三维的字体，如图 2—23 所示。同样，对同一个三维字体赋予不同的材质，表现出来的效果也大不相同。除了材质以外，还可以从特效上对三维字体进行加工，如增加光、雾、背光等其他效果。

2. 动态字体设计

动态字体分为交互动态字体和动画式动态字体。交互动态字体由程序控制，当观众点击字体的时候会产生互动。动画式动态字体是由编排设计的，需要设计者把握动画形态和考虑观者的视觉心理与习惯。

现在的电视媒体中，一般将制作好了的三维文字沿着一条编辑好的曲线进行运动，使之产生动态的效果。

图 2—23　三维动态字体设计示例

学习单元 4　字体组合

学习目标

了解字体组合要点

掌握形式美法则在字体设计中的运用

熟悉字体组合方法

一、字体组合要点

多个汉字或字母才能进行字体之间的组合设计。字体组合如同单字设计一样，除了符合间距、构架原理，具备可视性和美观性，还要符合人们的视觉阅读习惯。

字体组合要注重调整文字、图形在空间中所占的比例以及位置，运用好视觉流程的规律。视觉流程是由人类的视觉特性决定的，由于人眼只能产生一个视觉中心，所以看东西就会产生一个先后的顺序。视觉平面以中轴线为依据把平面上下分为等同的两部分，则人们相对会去观察上半部分的东西；同样以中轴线为依据把平面左右分为等同的两部分，则人们相对会去观察左侧的东西。

二、形式美法则运用

1. 对比

对比是指多个构成要素相互排斥、对立。其手法包括色彩对比、数量对比、明暗对比、大小对比、肌理对比等。运用对比手法可使字体组合一般不会出现平均分配、没有重点的现象，从而在视觉上给人以豁然开朗的感觉。

2. 对称

对称是构成元素之间的相互衬托、相互呼应。对称法则在平面上的运用，是以画面的中心作为分割点，上下对称或者左右对称。将对称法则运用在字体组合上，称为标准构图。使用对称法可使得布局稳定，不过有时会因为缺乏变化而显得呆板，这时可以在对称中加入少量对比的成分使之相对活泼起来。

3. 律动

任何一段美妙的节奏都能让人感到美的律动。律动是研究字体设计中点、线、面的起伏、弯曲延伸所形成的一种自然次序，使之体现出规律节奏的美感。其表现手法有重复、渐变、连续等。

4. 空间

字体组合涉及字间距、行间距，甚至单个字母或者汉字中的空间处理。字体组合的空间包括平面二度空间的实空间（文字和图片所占用的空间）和虚空间（起衬托作用的留白）。在视觉上，留白空间和文字、图形所使用的空间是一对实际意义上的矛盾共同体，能使虚实两种不同的空间表现方式产生强烈的反差关系，从而增强视觉传达的有效性。

5. 夸张

字体组合上的夸张可以理解为图形的夸张，把字面本身的含义延伸，并将夸张表现为具象的图形加以排列，使观者留下深刻的印象。

三、字体组合方法

虽然汉字和拉丁文字分别代表了两种不同类型的交流方式，但将两者组合起来使用已成为视觉传达过程中一个十分常用的方式。

任何语言都具有表意和表音两种表达元素，贴切的文字可以给人以丰富的视觉联想。根据原来文字或字母的发音来重新创作出与之相匹配的译音名称是一种常见而行之有效的方法。许多著名的世界品牌在进入中国市场时都使用了这一方法。

如果将图片和文字组合在一起的话，可以发觉人们更喜欢看图片，因为相对文字来说，图片比文字具有更强的视觉冲击力。所以将文字以图形的方式向观者呈现出来，不仅使观者产生强烈的趣味性，同时还可以更好地对文字所表达的含义进行记忆。如可口可乐公司在中英文标志中同时出现标志图形，使得即使不认识英文的人也会明白它所代表的公司。

在字体设计中，拉丁字母组成相对简单，能够很好地被替代和编辑，具有丰富的可操作性，所以能方便地设计成具有很好装饰性的图案。而汉字以方形作为基本形，设计难度较大，必须通过掌握汉字的构造原理、笔画特征，并且对可识别性进行详细的分析，才能创造出具有鲜明特点的好字体，如图 2—24 所示。

学习单元 5　字体设计的应用

了解网页、影视、游戏中的字体设计

熟悉标志的相关知识

掌握招贴、报刊、POP 广告中的字体设计

掌握包装、书籍装帧中的字体设计

一、招贴设计应用

招贴也叫海报。它与其他广告形式相比，具有画面面积大、内容广泛、艺术表现力丰富、远视效果强烈等特点。招贴由图形、色彩和字体三种基本要素构成。其中，文字又包含标题、正文、广告语三种不同的类别。

東情西韵

中华

DBIK
迪拜克

Waterside Garden
碧水華庭

Dreams Paradise
怡景苑

自然风
美食康乐广

Haiwing
International

同盛祥

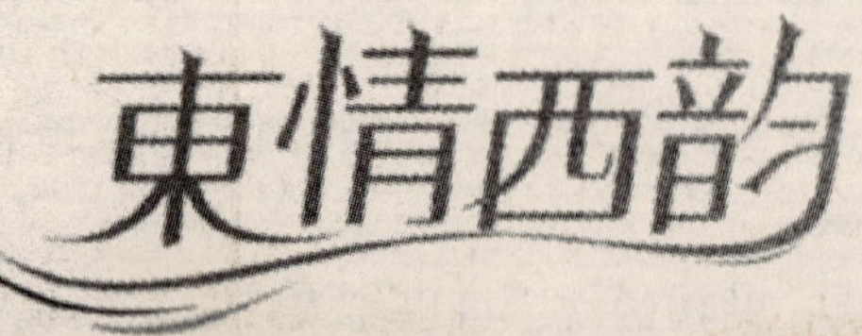

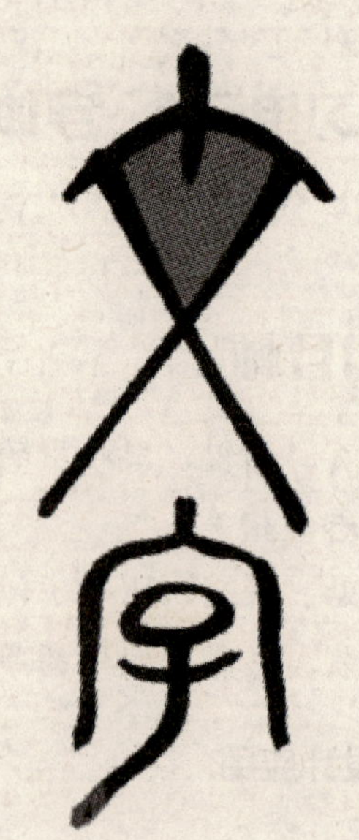

图 2—24　字体组合设计

1. 标题文字

在招贴中，标题往往是广告主题的概括缩减。为了远距离易于辨识，往往使用黑体或者等线体等笔画较粗的字体。有时还可利用汉字字体作为主体形象在招贴广告中应用，达到新奇和充满想象力的效果。

2. 正文文字

正文主要包含产品介绍、公司简介、其他介绍等。正文具有注解的功能，较多使用普通的印刷字体，如宋体或饰线体。

3. 广告语文字

招贴中的广告语是从标题内容演变而来，可选用与正文、标题同一系列的字体以保持统一性，还可采用与它们有明显区别但属协调系列的字体产生对比。

二、报刊广告应用

1. 报纸广告设计

报纸是一种传播快、信息量大、运转周期短的媒体。为保持版面编排的鲜活力，常将报纸标题与正文字体的形体及色彩进行夸张，呈现出杂志化风格倾向，如图 2—25 所示。

2. 杂志广告设计

杂志广告具有针对性强、有效时间长、表现效果好等媒介特点。相对报纸广告，它更重视广告版面的形式感，强调画面的精美、细腻与品质感，如图 2—26 所示。

杂志广告的版面编排形式主要有两分法、轴线法、构成法。

3. POP 字体应用

POP 广告是在购买时和购买地出现的广告，分为平面和立体两种。由于 POP 广告具有即时性和地点变化性，且消费者对它的注意时间非常短暂，因此其字体设计要力求简洁、色彩强烈，如图 2—27 所示。同时，手写体也是商场中 POP 广告较常用的一种方式。

4. 包装设计应用

在包装设计中，文字不仅能准确传递商品信息，还能起到宣传和美化商品的作用。包装的文字包括商品的品牌、企业名称、产品名称、说明性文字等。为了树立企业和商品的形象，将商品品牌或企业名称的文字加以规范，将一组字组合成一个整体，经注册后受到法律保护，其他企业不得使用，这就是标准字体。

在包装设计中，首先要重视标准字体的应用。其次，文字形态结构的设计应根据产品包装设计定位的表现需要，力求体现商品的品质属性，同时要考虑消费对象、同类商品的差别化等因素，还要考虑文字的可识别性和可读性。另外，文字的编排处理不仅要注意字与字的关系，而且要注意行与行、组与组的关系，包装上的文字编排需要在不同方向、位

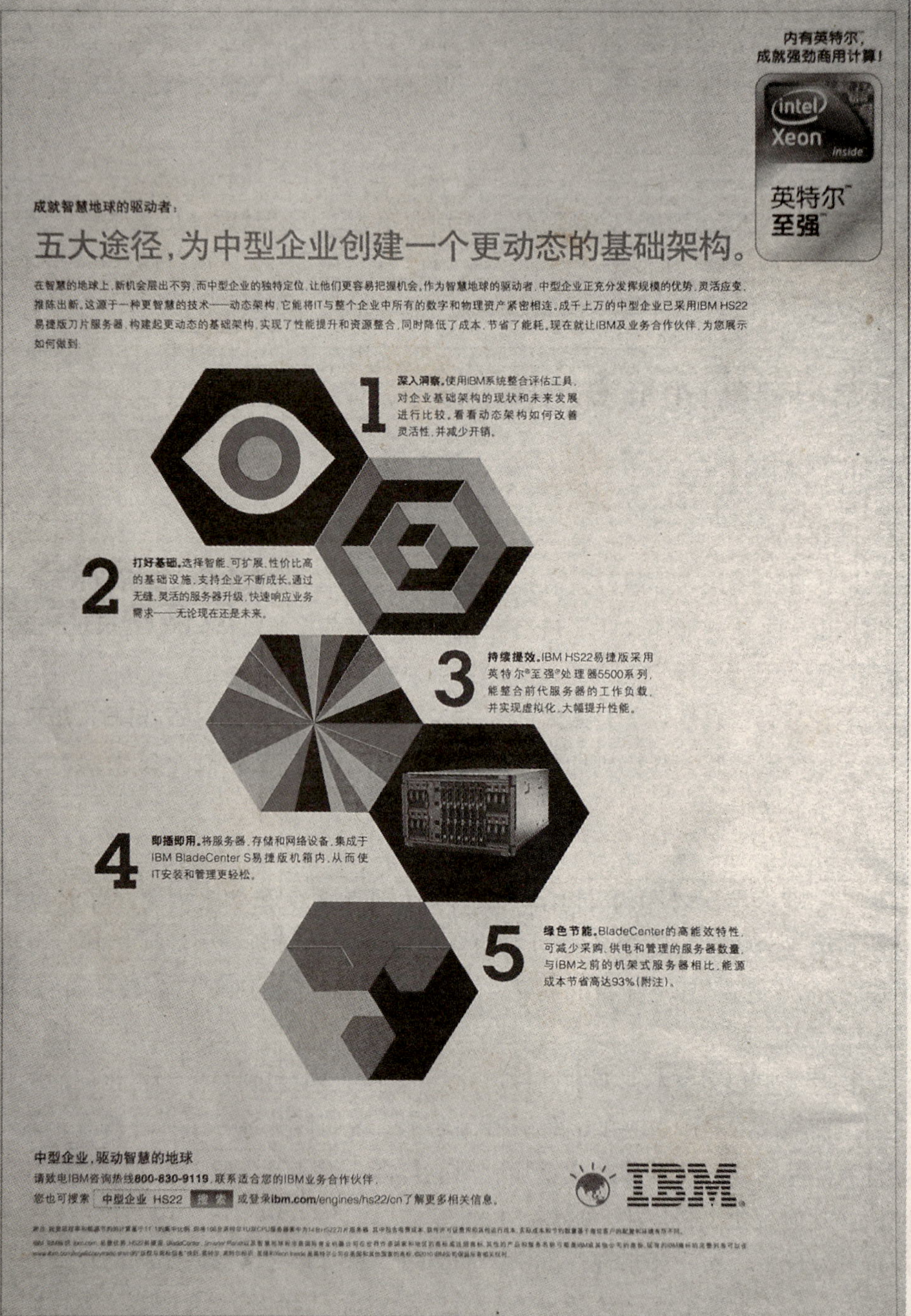

内有英特尔，
成就强劲商用计算！
intel
Xeon
inside
英特尔
至强
成就智慧地球的驱动者：
五大途径，为中型企业创建一个更动态的基础架构。
在智慧的地球上，新机会层出不穷，而中型企业的独特定位，让他们更容易把握机会。作为智慧地球的驱动者，中型企业正充分发挥规模的优势，灵活应变，推陈出新。这源于一种更智慧的技术——动态架构，它能将IT与整个企业中所有的数字和物理资产紧密相连。成千上万的中型企业已采用IBM HS22易捷版刀片服务器，构建起更动态的基础架构，实现了性能提升和资源整合，同时降低了成本，节省了能耗。现在就让IBM及业务合作伙伴，为您展示如何做到。
1 深入洞察。使用IBM系统整合评估工具，对企业基础架构的现状和未来发展进行比较。看看动态架构如何改善灵活性，并减少开销。
2 打好基础。选择智能、可扩展、性价比高的基础设施，支持企业不断成长。通过无缝、灵活的服务器升级，快速响应业务需求——无论现在还是未来。
3 持续提效。IBM HS22易捷版采用英特尔®至强®处理器5500系列，能整合前代服务器的工作负载，并实现虚拟化，大幅提升性能。
4 即插即用。将服务器、存储和网络设备，集成于IBM BladeCenter S易捷版机箱内，从而使IT安装和管理更轻松。
5 绿色节能。BladeCenter的高能效特性，可减少采购、供电和管理的服务器数量，与IBM之前的机架式服务器相比，能源成本节省高达93%（附注）。
中型企业，驱动智慧的地球
请致电IBM咨询热线800-830-9119，联系适合您的IBM业务合作伙伴，
您也可搜索 中型企业 HS22 搜索 或登录ibm.com/engines/hs22/cn了解更多相关信息。
IBM

图 2—25　报纸广告设计

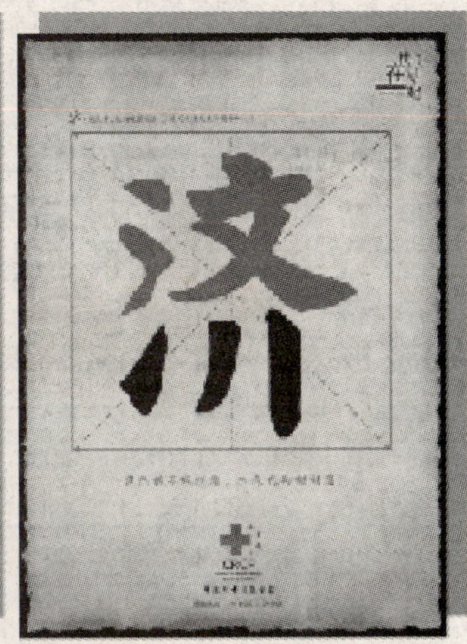

图 2—26　杂志广告设计

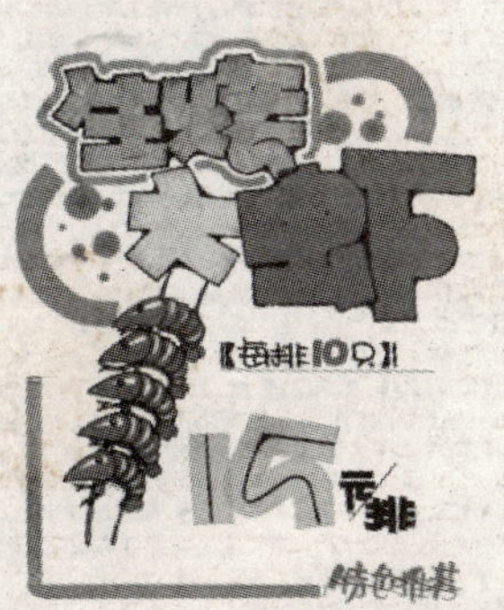

图 2—27　POP 字体应用

置、大小上进行考虑，可以在形式上产生比一般广告文字编排更丰富的变化，如图 2—28 所示。

图 2—28　包装设计应用

5. 书籍装帧应用

书籍装帧设计通常也称为图书设计。文字和图片的有效构成是书籍装帧设计的基本形式手段，其中对文字的处理是一项重要的工作。

在书籍装帧设计中，封面设计具有举足轻重的地位。封面设计包括书名、编著者姓名、出版社名称等文字，以及体现书的内容、性质、体裁的装饰形象、色彩和构图。封面文字除书名外，基本都选用印刷字体。常用于书名的字体分书法体、美术体、印刷体三大类，如图 2—29 所示。

图 2—29　书籍装帧应用

6. 标志设计应用

标志是以特定而明确的图形、文字、色彩来表示事物、象征事物，同时表达出事物、对象等抽象的精神内容。字体设计应用的标志包括汉字标志、字母标志、数字标志和综合性标志。

(1) 汉字标志。汉字具有三个要素：形——可视性；义——可解性；音——可读性。它既能传达文字信息内容，又有传递设计主题和图形艺术的作用。以汉字作为标志的图形形式，既可使形和意更准确生动地表现内容，还可以体现出中国文化的传统。如我国民间的“囍”文字图形就是一种吉祥标志。

汉字的表现形式有美术字、书法、印章等，通常以单字的表现和变化居多。

(2) 字母标志。字母标志是由拉丁字母所构成的图形形式。拉丁字母具有几何化的造型特征，是世界上最通用的字母，也是国际文化交流的共同语言符号。在标志设计中，它通常以单词首位字母或名称缩写来变化和体现，以适合于不同的主题内容，如图 2—30 所示。

图 2—30　字母标志设计

(3) 数字标志。数字标志是以阿拉伯数字为主体进行变化的标志形式，在标志设计中通常用来表示第几届、周年庆典、活动举办时间、特定的节日以及和数字有关的内容等。数字标志简洁、容易识别，便于形态变化等。

(4) 综合性标志。综合性标志是指将两种或两种以上的形式结合起来的表现形式，不同的形式互为补充、相互依托，使标志图形产生更富个性和艺术魅力的形式语言，能更充分、准确、强烈地表现主题特征。

三、网页多媒体字体设计

文字是网页中传递信息的重要元素。网页的界面设计主要包括导航设计、视觉设计、表格、网站整合。导航设计通常包括字体设计、按钮、动画等。视觉设计包括了网页的标志、字体设计、版式设计、风格搭配、色调整合等元素。

在设计网页多媒体字体时，标题文字要适合浏览，不能过于密集或过于分散，同时还可用文字色调跳跃的方法产生视觉吸引力。如东华大学服装设计学院网站的文字设计，如图 2—31 所示。

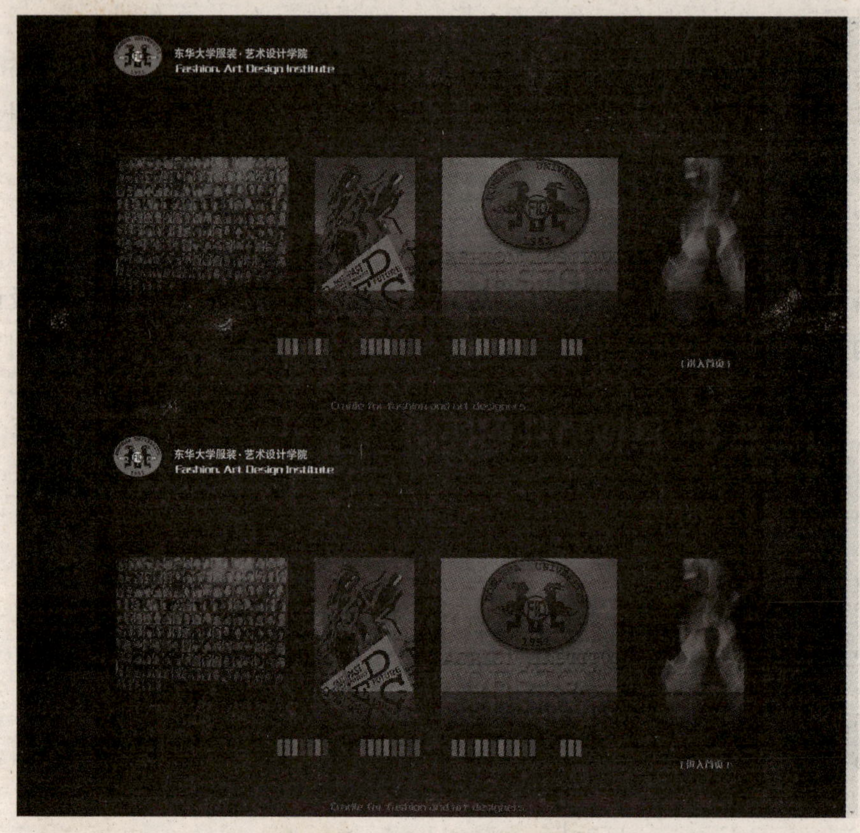

图 2—31　网页多媒体字体设计

在设计网页的文字时，要注意字体的字距、行距、空白都应便于用户浏览，且文字的风格与网站的主题相吻合。

四、影视动画和游戏字体设计

影视动画字体的创意，首先必须经过前期的讨论和策划，根据情节设计出相应的框架结构。然后根据分镜头，将文字与影像整合在一起并添加光和肌理等效果。

游戏字体设计主要包括游戏的名称和游戏内部说明。游戏名称字体的设计要将字体与游戏的背景、风格进行联系。如背景在古代，可使用手写字体；如背景在将来，可使用笔画相对粗硬的印刷体或现代体，如图 2—32 所示。

图 2—32　影视动画及游戏字体设计

学习单元 6　版面编排设计

学习目标

了解版面构成要素

熟悉版面设计方法和类型

掌握版面编排原理与方法

一、版面构成要素

版面编排设计是将文字、图形等在画面上进行合理地布局和编排，做到主题明确、构图清晰、色彩鲜艳、生动活泼、富有美感。版面设计要遵循统一性原则，根据视觉信息接收和审美的规律来确定版面中标题的大小位置、底纹图案与色彩、字体风格和形式，把信息有序、高效地传达给观者，如图 2—33 所示。

图 2—33 版面设计

1. 版面

版面是承载文字字体、图片图形等信息的有限范围的平面载体。版面通常是指印刷品的纸张页面，泛指一切有限范围的平面，如墙面、电视、计算机的视频等。

2. 文字

文字从信息功能的角度上进行划分可分为：标题、副标题、正文、附文等。文字作为视觉表现要素之一，与图形、色彩相比有着更优的传播效力，经由视觉处理后的文字在平面排版上不仅具有阅读的固有功能，同时肩负塑造版面视觉风格的审美功能。

字体是指文字的风格款式，不同的字体传达出不同的性格特征。所以，设计师在选择字体时必须充分考虑到字体的个性特点，使字体风格与版式的整体风格及主题内容相一致。

3. 图形

图形分为规整的呈几何形态的图片和呈自由形态的图片。前者大多为摄影图片，后者多为创意图形。

二、版面编排原理与方法

点、线、面是视觉空间的基本造型要素，也是编排设计中的主要语言。编排设计从某种意义上说就是对点、线、面有意识地进行创造。

版面编排不仅要遵循基础字体设计的原则，同时还要注意信息传递的准确性、富有艺术感的装饰性、具有独特风格的时尚性及贯穿设计中的整体协调性，如图 2—34 所示。

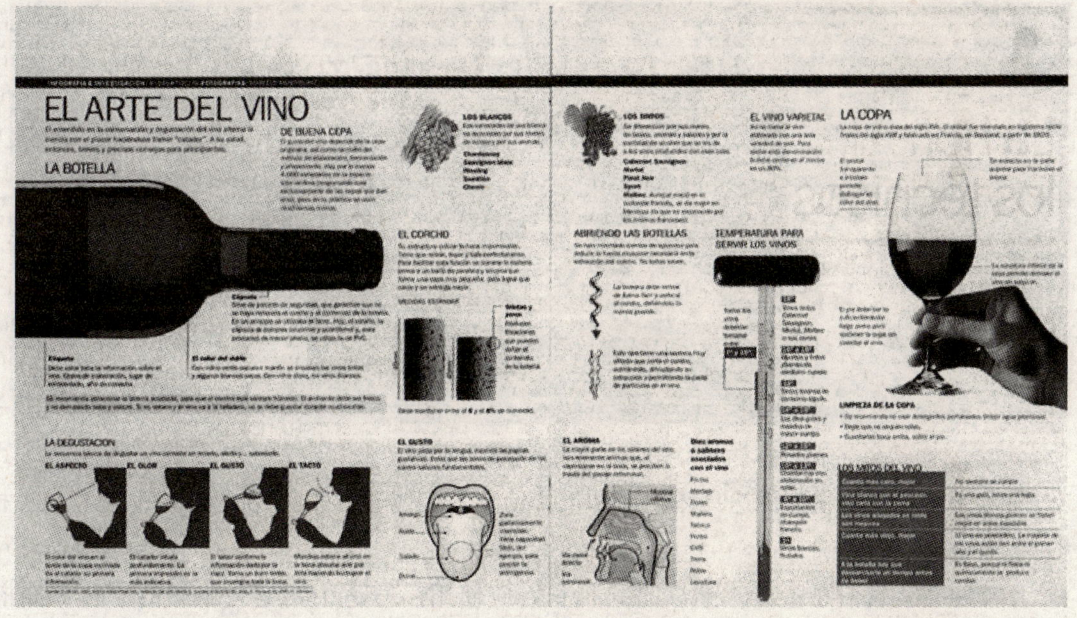

图 2—34 版面编排示例

1. 文字编排

在一幅设计作品中，包含有不同层次的信息内容，设计师需选择不同的字体加以区分，从而帮助读者避免视觉上的混乱，同时也可给版面带来阅读的层次感。但一幅作品中，字体的变化不宜过多，字体选择应控制在 2～3 种。同时，如果选择 2～3 种字体时，建议少量文字的标题可选择较宽粗和有一定装饰效果的字体，以吸引阅读。

字距和行距是决定版面形式和影响易读性的重要因素。中文印刷字体应用于书刊正文时，字体通常采用没有字符间隔的密距，标题和广告语可用密距也可用疏距，必要时还可以相连和叠置。拉丁字母由于字形富于变化，因而字距不能均等。目前计算机对拉丁字母间距所作的自动调整适用于大部分文体。拉丁文行距通常小于中文行距。

版面上的文字需要根据层次和内容结构进行有序分类，如大标题字、副标题字或小标题字，以及前言、简介文字、介绍性文字、图片说明文字、图表中的数字等。这些文字和数字都要统一考虑，如字的大小、体式、行距、字距、颜色等要根据具体情况合理安排。在版面处理上，如果文字的数量不多，字体的造型和色彩可以多一些变化，以免单调；如果文字的数量较多，字体的造型和色彩最好不要变化得太复杂。

标题通常放在正文的前面，以大号字或周围留白等手法来强调、突出标题。字体可采用黑体、魏碑体等，字形可进行叠印、变形、描边、立体化、表面肌理风格化、色彩明暗对比、渐变等处理，如图 2—35 所示。

图 2—35　文字编排示例

前言、简介文字主要传达具体内容和重要信息，字体通常采用综艺体、魏碑体、隶书等。字型要求清晰明确。

介绍性文字因信息量大，阅读时间稍长，应使用字号适中，笔画略细的字体，如楷体、宋体、仿宋体等。字体颜色与底版颜色反差要大，若条件受限制，则可采用字体描边的手法。一段文字的行距须大于字距，行距与字距之比为 3∶1 或 4∶1。

图片说明文字和图表中的数字应与版面上其他文字相区别，字体可用楷体、仿宋体等，并注意要与相邻文字、照片保持一定的间隙，如图 2—36 所示。

版面上文字的排列既可以采用中国传统的竖排形式（见图 2—37），也可以根据人的视觉运动规律采取横排形式。文字横排的方法见表 2—3。

图 2—36　图片与文字混排示例

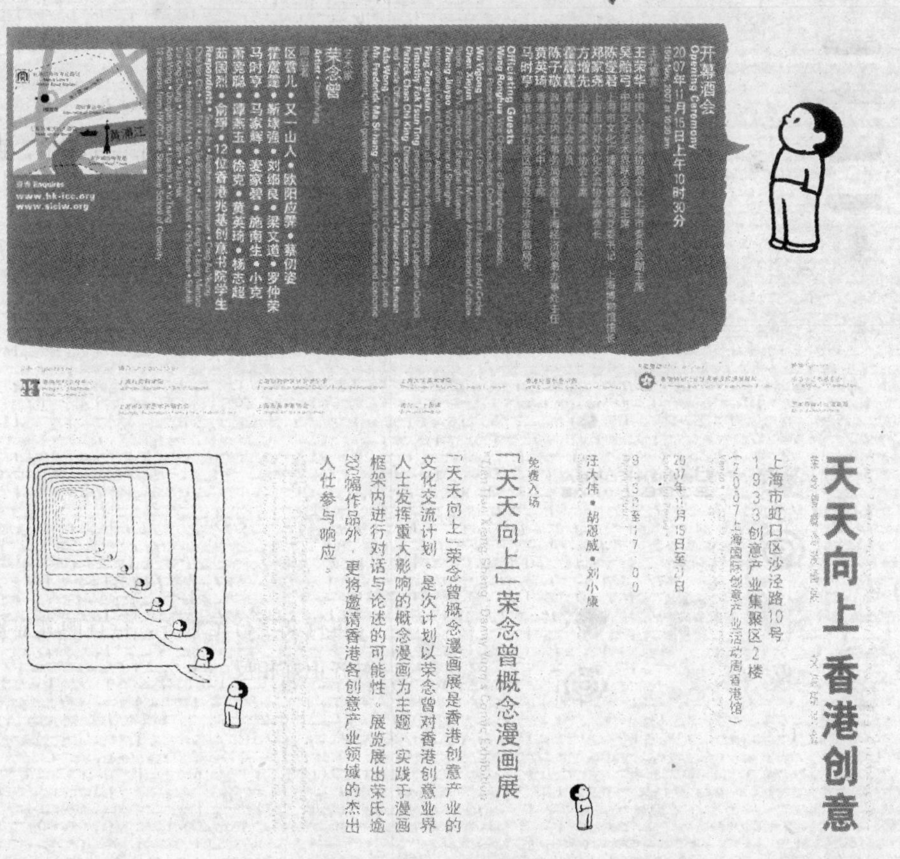

图 2—37　文字竖排示例

表 2—3　　文字横排方法

图示	说明
型号：S2618 雷之屏-1亚克力柄七件套 型号：S2703 雷之屏和谐七件套	左对齐 每行文字的行首对齐，行尾参差不齐，自然断行。左对齐是一种符合人们阅读习惯的自然排列方法
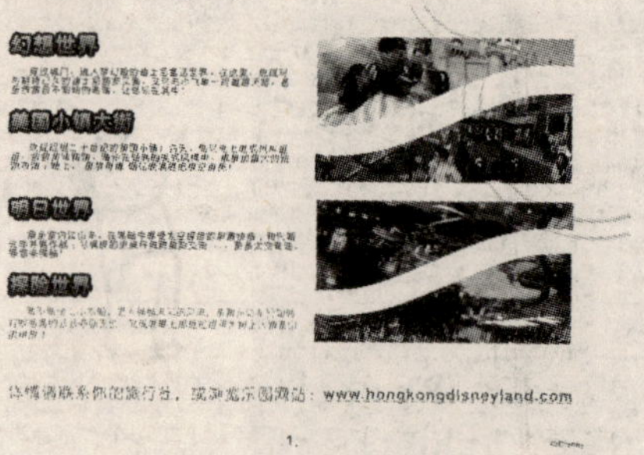 幻想世界 美国小镇大街 明日世界 探险世界 www.hongkongdisneyland.com	两端对齐 每行文字的字首字尾全部对齐。两端对齐是一种常用的版面文字排列方式，给人以整齐美观的感觉
DESIGN KOREA 2006 上海 上海市世贸商城 2006 11.24 ~ 27 www.designkorea.or.kr	右对齐 每行文字行尾对齐，行首顺其自然，与左对齐正好相反

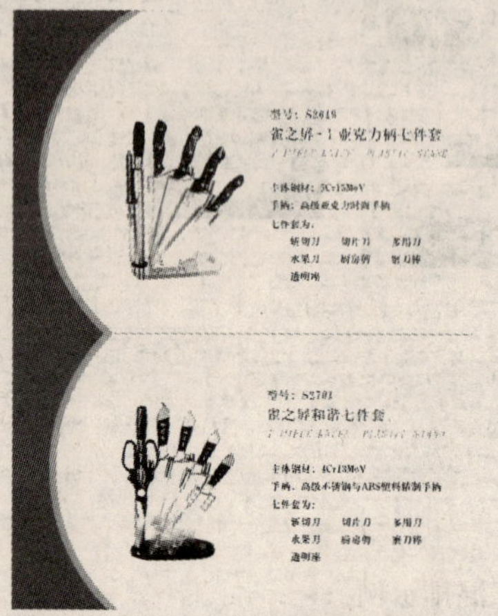

续表

<table>
<tr><th>图示</th><th>说明</th></tr>
<tr><td>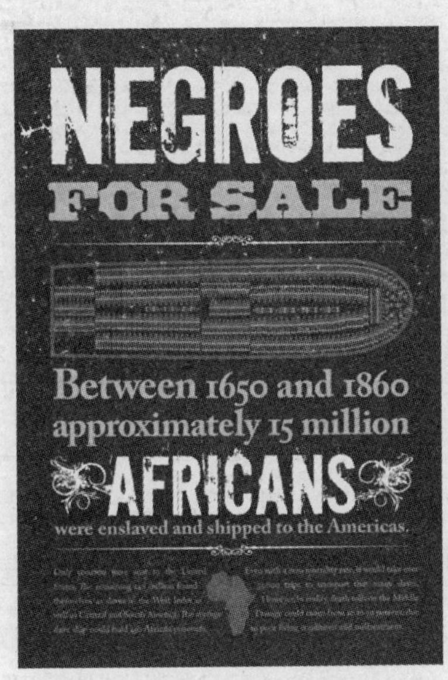
</td><td>居中
每行文字都按中轴线对齐，左右对称，居中排列，而两侧可以不齐</td></tr>
<tr><td>
</td><td>顺势排列
每行文字沿图形或图片的边缘顺势排列，使文字与图片相互呼应</td></tr>
</table>

续表

图示	说明
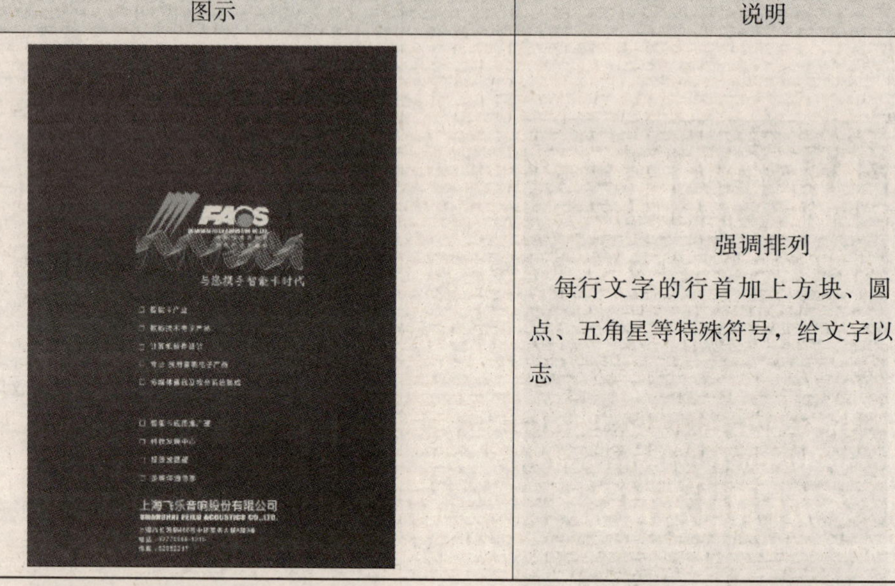	强调排列 每行文字的行首加上方块、圆点、菱形点、五角星等特殊符号，给文字以醒目的标志

2. 图表设计

版面设计中经常遇到需要运用具体数据进行分析、类比的情况。而图表能将枯燥、抽象的数字性信息转换成直观生动的视觉语言，使数据的表达更清晰、概括、易懂。尤其在成就展、汇报展中，图表更是成为传达系统性信息和比较性信息的有力工具。常用的图表有表格、饼图、直方图、星图、动态曲线图、地理统计图等。图表设计是为了实施各种管理、配合生产经营的需要而进行的，图表设计的表达方式是其他视觉传达方式无法替代的。尤其是在信息化社会，图表这种准确、形象、快捷的传达方式已经显示出它独特的优势。

图表设计中，各类图表在版面中所占面积的大小要适当，说明文字和数字的色彩要醒目，图表中的比例关系要精确，下面列举了 3 种打破沉闷的图表设计，如图 2—38 所示。

3. 图片设计

版面中的图片可以是绘画、漫画、照片等。图片设计的表现形式多种多样，不拘一格，既有感性的，又有理性的。图片设计可采用手绘、摄影、漫画、电脑制作等各种手段，有具象、抽象、具象抽象混合等多种表现手法，详见表 2—4。

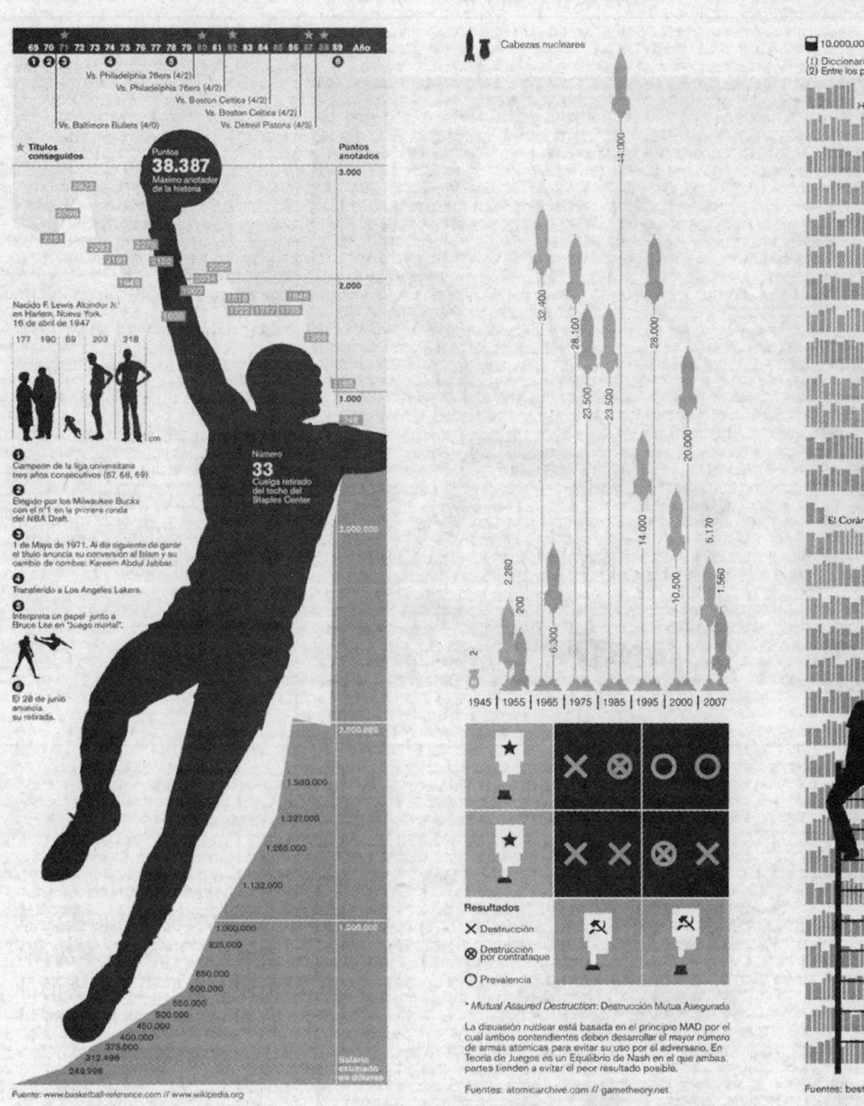

69 70 71 72 73 74 75 76 77 78 79 80 81 82 83 84 85 86 87 88 89 Año
Vs. Philadelphia 76ers (4/2)
Vs. Philadelphia 76ers (4/2)
Vs. Boston Celtics (4/2)
Vs. Boston Celtics (4/2)
Vs. Baltimore Bullets (4/0)
Vs. Detroit Pistons (4/3)
Títulos conseguidos
Puntos
38.387
Máximo anotador de la historia
Puntos anotados
3.000
2.000
1.000
Nacido F. Lewis Alcindor Jr. en Harlem, Nueva York. 16 de abril de 1947
177 190 69 203 218
cm
Número
33
Camiseta retirada del techo del Staples Center
1
Campeón de la liga universitaria tres años consecutivos (67, 68, 69).
2
Elegido por los Milwaukee Bucks con el nº1 en la primera ronda del NBA Draft.
3
1 de Mayo de 1971. Al día siguiente de ganar el título anuncia su conversión al Islam y su cambio de nombre: Kareem Abdul Jabbar.
4
Transferido a Los Angeles Lakers.
5
Interpreta un papel junto a Bruce Lee en "Juego mortal".
6
El 28 de junio anuncia su retirada.
3.000.000
2.000.000
1.000.000
1.580.000
1.327.000
1.265.000
1.132.000
1.000.000
825.000
650.000
600.000
550.000
500.000
450.000
400.000
375.000
312.498
249.996
Salario estimado en dólares
Fuente: www.basketball-reference.com // www.wikipedia.org
Cabezas nucleares
2
2.260
200
6.300
32.400
28.100
23.500
23.500
44.000
14.000
28.000
10.500
20.000
5.170
1.560
1945 | 1955 | 1965 | 1975 | 1985 | 1995 | 2000 | 2007
Resultados
Destrucción
Destrucción por contrataque
Prevalencia
* Mutual Assured Destruction: Destrucción Mutua Asegurada
La disuasión nuclear está basada en el principio MAD por el cual ambos contendientes deben desarrollar el mayor número de armas atómicas para evitar su uso por el adversario. En Teoría de Juegos es un Equilibrio de Nash en el que ambas partes tienden a evitar el peor resultado posible.
Fuentes: atomicarchive.com // gametheory.net
10.000.000 de ejemplares vendidos a lo largo de la historia.
(1) Diccionario.
(2) Entre los puestos 11 y 20 se sitúan 5 libros de Harry Potter.
Harry Potter y la cámara secreta (2)
El Señor de los Anillos
Diez Negritos
Harry Potter y la piedra filosofal (2)
Book of Mormon
Foxe's Book of Martyrs
Pilgrim's Progress
Common Prayer
Xinhuan (1)
Don Quijote de la Mancha
El Corán
Libro Rojo
La Biblia
Fuentes: bestsellerever.com/

图 2—38 图表设计示例

表 2—4　　图片设计表现手法

	具象表现手法 具象表现手法就是从版面的主题和内容出发，选取最具代表性的视觉形象，用摄影等写实的方法进行设计，具有通俗易懂、清楚明确的表现特点。但这种方法的运用要注意避免平庸，克服一般化处理方式，要用独特的构思和新颖的手法设计出与众不同的版面
	抽象表现手法 具象表现手法传播信息量有限，内涵不够深刻，促使人们采用超现实的抽象表现手法进行版面设计。抽象表现手法广泛应用在科技、金融、服务、艺术等具体形象不明确的版面中，采用比喻或联想的方法进行设计，具有寓意深刻、形象生动的表现特点

续表

	具象抽象混合表现手法 具象和抽象的表现手法各有长处，又各有弱点。如将两者结合，发挥各自的特长，使具体形象与抽象图形共同运用在版面设计中，可使主题更突出、形象更完整。如文字与图形的结合、图形与实物的结合等

三、版面设计方法和类型

版面设计中的最佳视觉区域是指在一定的距离内，在版面上最引人注目的地方。如果将版面上下左右等分为四块，那么最吸引人注意的是左上部，右上部次之，左下部再次之，右下部为最差。也就是说，版面上部的视觉吸引力强于下部，左部强于右部。所以，版面的左上部和中上部为最佳视觉区域，一般将最重要的信息和内容等放在此处。

1. 标题型

标题型设计根据人们“先看标题后看内容”的阅读习惯，以标题在上，而后依次是图片、文字、标志、名称等，如图 2—39 所示。

2. 标准型

标准型设计首先利用图片来诱导人的视线，让人为了了解图片的含义而阅读文字，所以在版面编排上将图片放在最佳视觉区域，其次是标题，然后是文字、标志、名称等。标准型是最常见的规范化的设计类型，其展示效果好，但易显单调，如图 2—40 所示。

Vida! y Arte

Sección D

LOS PREPARATIVOS DE Paz

图 2—39　标题型示例

3. **文字型**

文字型设计以文字作为版面的全部内容，通过对文字进行图形化处理，如艺术字设计、文字与标志的组合、文字之间的对比处理等，在没有照片和插图的情况下，突出文字对主题的表现。文字型板面设计适用于各类背景墙的设计，如图 2—41 所示。

4. **图片型**

图片型设计的图片占满整个版面，文字叠印在图片上，对比强烈。图片型设计对图片的质量、内容、色彩、构图等要求较高，主要图片可放在版面的左上部，要考虑版面底色与图片的色彩关系，使图片突出，达到视觉舒适的效果。图片型版面设计适用于样本的设计，如图 2—42 所示。

5. **字图型**

字图型设计图片穿插在文字之间，图文并茂，相得益彰，使纯文字版面摆脱呆板、单

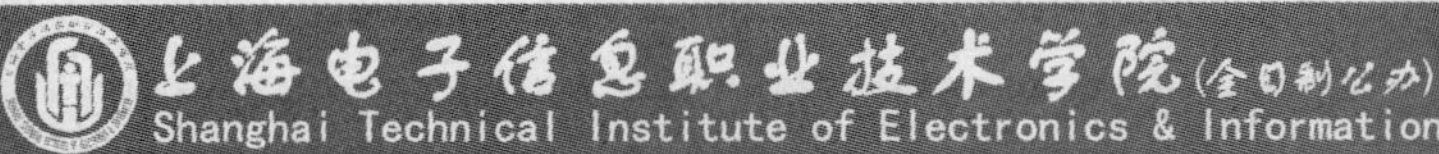

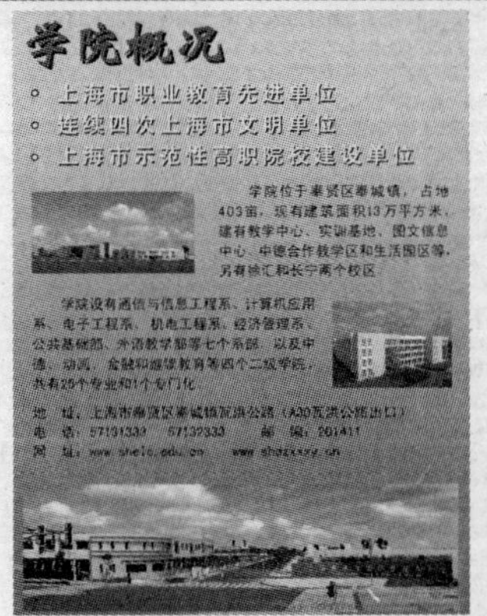

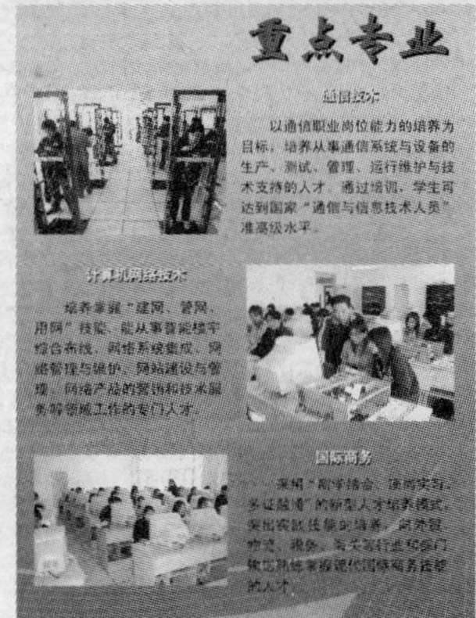

图 2—40　标准型示例

e-Stone 文化石 Ever Bamboo 永恒竹 e-Wood 不朽木

Shanghai Takasho Co.,Ltd.

日本　上海　广州　天津　高雄　德国　澳大利亚　加拿大

图 2—41　文字型示例

图 2—42　图片型示例

调的感觉，产生意外的新奇。字图型版面设计适用于展板设计，如图 2—43 所示。

图 2—43　字图型示例

6. 重叠型

重叠型设计版面上的图形与图形、文字与文字、文字与图片按一定的规律相互重叠，使版面富有层次，更加醒目。但设计时必须控制各部分叠加的比例和间隔，注意各部分色彩的明暗对比，做到相互协调，如图 2—44 所示。

7. 重复型

重复型设计版面上同一个图形或文字多次重复编排，形成有节奏的美感，具有强调、引起注意的功效，如图 2—45 所示。

8. 中轴型

中轴型设计版面的文字、图形、标志、表格等各要素按中心轴线编排，通过中轴两侧各要素的字型、字数、色彩等的适度对比，给人以均衡、生动之美感。

9. 自由型

自由型设计版面的编排不拘于某种形式或规定的限制，文字、图形自由安排，可以充分发挥想象力，给人以自然、随意的感觉，如图 2—46 所示。

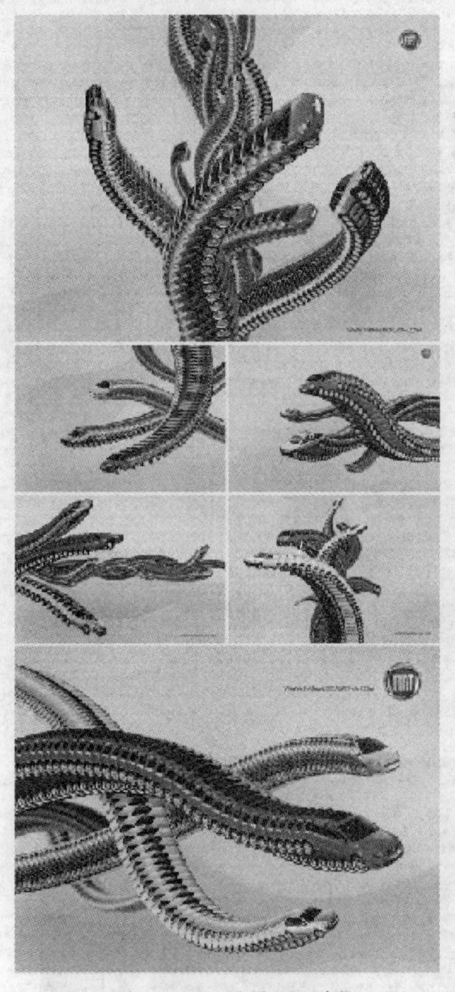

图 2—44　重叠型示例

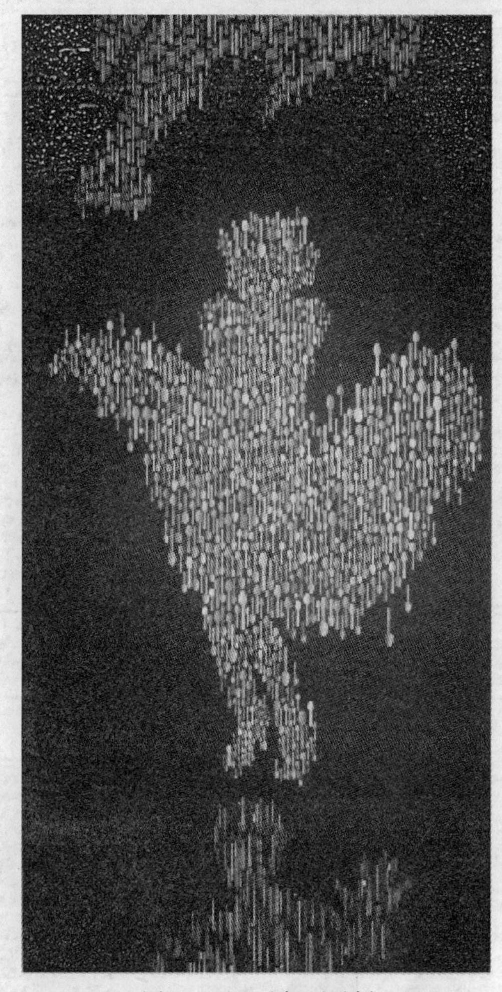

图 2—45　重复型示例

10. 漫画型

漫画型设计版面以漫画为主，通过漫画将各类信息联系起来，使人在不知不觉中接受信息，较适合青年人的视觉口味，如图 2—47 所示。

上述各种设计方法都体现着重复、渐变、对比、平衡、调和、比例、统一等形式美法则，它们并非标准化模式，可根据版面主题、内容、特色等不同综合性地加以运用。

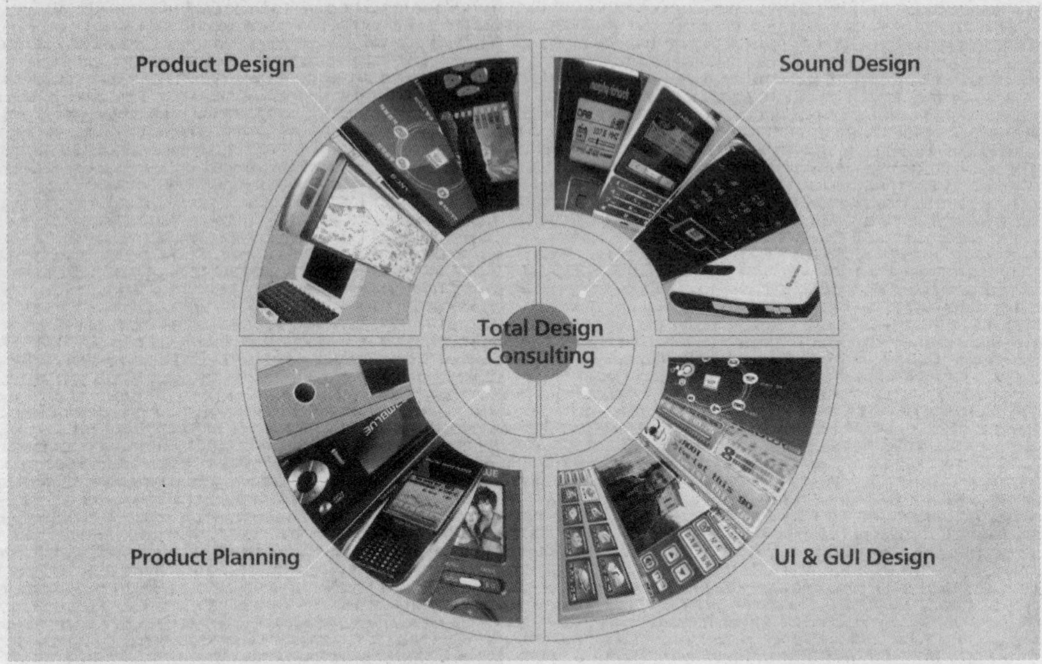

图 2—46　自由型示例

图 2—47　漫画型示例

第 2 节　图案设计

学习单元 1　图案的基本知识

学习目标

了解图案的相关知识

了解图案设计的类别及其表现形式

掌握图案构成的基本形式

一、图案的概念

广义的图案是指在工艺材料、用途、经济、生产等条件制约下对某种器物或建筑实体的造型、结构、色彩、纹样的设计图样。狭义的图案是指器物上的平面装饰纹样。

图案涉及装饰美术的方方面面，每个图案都有明确的装饰对象，它是受工艺、材料、用途制约的艺术。图案的装饰性和实用性并存，是设计和工艺相统一的一种艺术形式。

图案的种类可分为几何图案和吉祥图案。几何图案是用各种直线、曲线以及圆形、方形、菱形等构成的规则或不规则的几何纹样装饰图案。它的应用范围很广，建筑物的窗格、栏杆、编织物等，常用此作装饰图案。吉祥图案是传统装饰纹样的一种，它通过某种自然形象的寓意、谐音、附加文字等形式来表达人们的愿望和理想，主要流行在民间，如喜鹊、梅花代表“喜上眉梢”，莲花、鲤鱼代表“年年有余”等。

图案是与人们生活密不可分的艺术性和实用性相结合的艺术形式，其表现形式有具象和抽象之分。具象图案可以分为花卉图案、风景图案、人物图案、动物图案等，抽象图案可以分为几何图案、肌理图案等。

二、图案构成的基本形式

纹样是器物上装饰花纹的总称。单图案构成的基本形式有单独纹样、适合纹样和连续纹样。

1. 单独纹样

单独纹样是指独立的单个完整图案纹样，如图 2—48 所示。单独纹样具有完整性与独立性，既不需要排列，也没有固定的外形轮廓，既能够单独使用，也可作为适合纹样和连续纹样的基础纹样。单独纹样可归纳为对称式和均衡式两种组成形式。

图 2—48　单独纹样

对称式又称均齐式，它以假设的中心点或中心轴为依据，在其上下、左右或四周做同形、同色、同量的纹样配置，表现出结构整齐、稳重严谨的特点。

均衡式又称平衡式，是在中心点、中心轴上采用不对称的组织形式，上下、左右不受任何制约，只求分量与空间的稳定平衡。

2. 适合纹样

适合纹样是把图案组织在一定的外形轮廓中的一种特殊的图案形式。适合纹样的外形可以是方形、圆形、三角形等。

（1）适合纹样按照其外形轮廓可分为形体适合纹样、角隅适合纹样、边缘适合纹样三类。

1）形体适合纹样。形体适合是在具有一定形体的外轮廓内做适合外形的纹样组织形式，外形轮廓决定着适合纹样的造型、变化和布局，如图 2—49 所示。

2）角隅适合纹样。角隅适合是指纹样的构成要与角的形状或角隅的部位相适合。由于纹样是装饰在形体的转角部位，又称为角花，如图 2—50 所示。

3）边缘适合纹样。边缘适合主要指纹样的构成与形体边缘的形状、部位相适应，如图 2—51 所示。纹样与形体的周边相吻合，是边缘纹样的特点，它随着外形轮廓的变化而变化。

（2）适合纹样还可分为单一图案的适合纹样和多图案的适合纹样。

1）单一图案的适合纹样。单一图案的适合纹样是将单一的图案按照一定的外形进行变化处理，使其与特定的外形相吻合。同时，无论如何变化，这些图案均保持原图案的基

图 2—49　形体适合纹样

图 2—50　角隅适合纹样

本特征。

2）多图案的适合纹样。多图案的适合纹样是将两个以上的单独纹样作为适形造型，如图 2—52 所示。

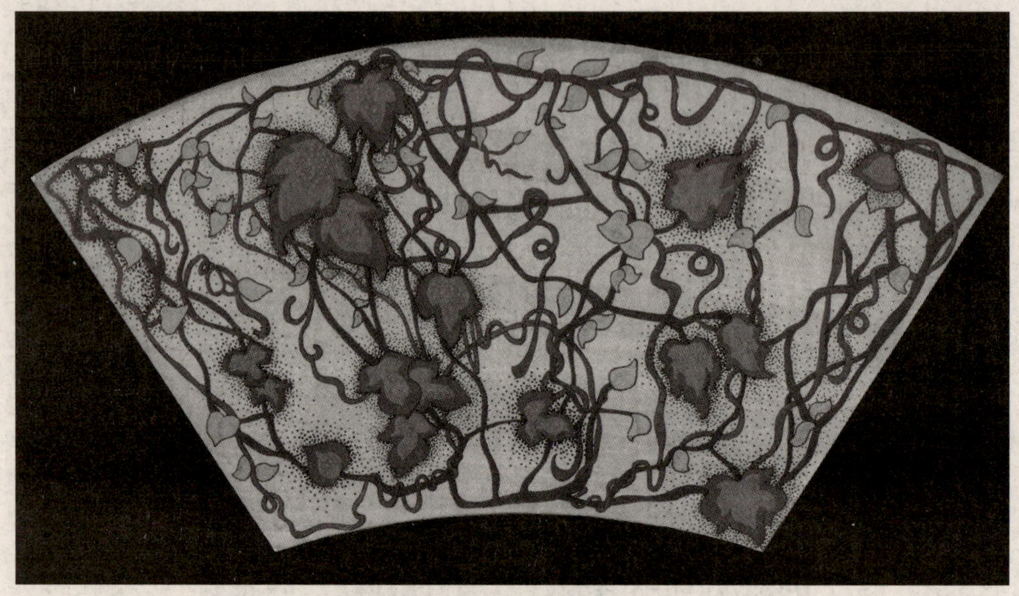

图 2—51　边缘适合纹样

图 2—52　多图案适合纹样

3. 连续纹样

连续纹样是以一个简单的图案单元向两个方向或四个方向发展，成为带状的图案或成为有一定篇幅的图案。

（1）二方连续纹样。二方连续纹样是指一个图案单元或几个图案单元，有秩序有规律地向上下或左右连续反复所形成的带状装饰纹样，如图 2—53 和图 2—54 所示。二方连续纹样常用于日用器皿、包装、窗帘、陶瓷等。

二方连续纹样的骨格结构主要有散点式、自由式、水平式、直立式、波浪式等。

图 2—53　横向二方连续纹样

图 2—54　竖向二方连续纹样

1）散点式。散点式是以一个或几个纹样为单元，做左右或上下的连续排列，排列时的距离可以相等也可以不等。

2）自由式。自由式是不分单元、完全自由描绘的纹样，富有变化，具有绘画性。

3）水平式。水平式是以一条或几条水平线作反复连续的骨架。由于出现反复连续的水平线，使得图案风格更加平静稳定，具有静态美。

4）直立式。直立式的纹样方向是垂直形的，可做向上、向下或上下相互结合的排列。

5）波浪式。波浪式是按照波浪线运行方向连接单元纹样，或以波浪线为骨架进行纹样的连续排列，构成富有节奏、韵律和动感的连续纹样。

（2）四方连续纹样。四方连续纹样是以小面积的单位纹样作上下左右四个方向的无限连续排列，以取得大面积装饰效果的一种纹样组织形式。

四方连续纹样通常用于花布、包装纸、墙纸、地砖等。

四方连续纹样的构成方式有点网纹样、散点纹样、连缀纹样、复合纹样等。

1）点网纹样。点网纹样是以网纹组织为基础，填充合适图案，把自然形和几何形结合起来，构成具有几何形特征的连续纹样。

2）散点纹样。散点纹样是将一定的散点单位纹样依据网格的位置，散布于平面上构成连续纹样。散点排列分有规则散点排列和不规则散点排列。有规则散点排列是根据一定的规则决定纹样的位置，排列均匀整齐，规律性强。不规则散点排列只确定单位纹样的衔接点和尺寸，其他纹样不受格式限制，随意穿插排列，构图形式较活泼。

3）连缀纹样。连缀纹样既带有点网纹样的几何形痕迹，又兼有散点纹样的变化多样。其构成形式有波形连缀、菱形连缀、阶梯连缀、转换连缀等。

4）复合纹样。复合纹样把两种连续纹样结合应用，成为地纹和浮纹的重叠形式。浮纹是主花，地纹为衬托。

学习单元 2 图案设计的方法

学习目标

了解图案设计的形式美法则

掌握图案写生与变化的方法

掌握图案色彩的应用和描绘技法

一、图案设计的形式美法则

图案的形式美是人们从大自然客观存在的形式中受到启迪逐渐总结出来的。叶的左右对称、鸟翼羽毛的秩序排列使人感受美，人的体态更是形式美的典范。

1. 变化与统一

变化是指相异的形、色、质等图案因素并置在一起，形成显著的对比效果。在图案设计中表现为构图的虚与实、聚与散，形体的大与小、方与圆，色彩的明与暗、冷与暖，给人以生动活泼富有生气的感觉。

统一是指图案各组成部分间的内在联系，表现为设计时注重图案的造型、构成、色彩的内在联系，当相互间的差距较小或具有某种共同点的因素配置在一起时，较容易得到统一和谐的效果。

变化与统一是图案构成原理中的核心，是构成图案形式美的最基本法则。任何完美的图案都具有变化与统一两个方面的因素，并形成有机联系的整体。在图案设计中，以变化为主要倾向的，则通过某些同一或近似的因素，在变化中求统一。以统一为主要倾向的，则通过某些相异或对比的因素，在单纯协调中求得变化。我国传统图案中的“方中有圆、圆中有方”“刚中有柔、柔中有刚”“动中有静、静中有动”即是极好的例证。

2. 对称与均衡

对称与均衡是图案的基本组织形式，具有安定、平稳和宁静的视觉美感，是传统图案中最常见的一种构成形式。对称图案以中轴线或中心点为基准，在其上下、左右或四方配置同形、同量、同色的纹样，整体感觉平稳、庄重大方、装饰性强，如图 2—55 所示。均衡是以图案的重心为布局依据，不受轴线的制约，能创造出灵活、生动、优美、富有韵律感的图案。

以对称为主的图案中，可以配置相异的因素，在统一与静感之中求变化，以均衡为主的构图中，可以配置相同的因素，在变化与动感之中求统一，使变化与统一，庄重与活泼，动与静相互结合，求得完美的平衡感。

图 2—55　对称

3. 节奏与韵律

节奏是指图案构成的诸因素有秩序、有条理地反复出现时，人们的视线随之在时间上所作的有秩序的运动。在图案中，节奏表现为基本形的反复出现，用连续的方法组织空间可以产生节奏感。韵律是节奏的变化形式，它赋予节奏以强弱起伏、抑扬顿挫的变化。节奏具有机械美，韵律具有音乐的美感。

节奏与韵律体现在图案有秩序的重复和渐变中，这种有秩序的变化所产生的美感，在视觉上具有较强的刺激作用。

4. 重心与比例

在图案设计中，重心的把握非常重要。物体造型的稳定取决于重心是否恰当。重心偏下的物体，给人以庄重稳定之感；而重心偏上或左右偏移的物体，给人以不安定的感觉。巧妙运用上虚下实、加宽底部等方法，可使图案活泼新颖。

比例体现整体与局部、局部与局部的度量关系。在图案设计中，无论是立体或平面的图案，合理的比例尺寸都是以人体的尺度作为标准来满足人们的生理和心理的审美需求。常用的理想比例有黄金律 1∶0.618（见图 2—56），德国标准比例 1∶1.41，中国传统图案比例一般为 1∶2、2∶3、5∶8、8∶13 等。

图 2—56　自然界鹦鹉螺的纹路是最完美的黄金比例

二、图案写生与变化

图案写生是观察结果的记录，是图案设计的依据。图案写生不是简单地记录对象的形态和结构，而是把最能体现其本质特征的角度描绘出来。写生可以是整体或特写，角度可以是正面或其他面。写生还包括对象的外形、组织形状到边缘的变化、表面肌理和色彩的表现等。

另外，图案写生要进行取舍和概括，没有取舍就没有主次。如花卉的写生，就要选取有典型性和代表性的花朵和枝叶，舍去杂乱的、残缺的部分。

1. 图案写生的方法

图案写生的方法有多种，一般常用的有形影写生、线描写生、局部特写等，详见表2—5。

表 2—5　图案写生的方法

方法	说明
形影写生	将立体的客观对象平面化，即选择能反映对象特征的形影角度，将烦琐的自然对象平面化、简洁化，突出其特征
线描写生	运用线的粗细、浓淡、曲直、刚柔等，准确地表现对象的形态、结构和特点，犹如中国画中的白描
局部特写	为了丰富图案变化的需要，选择最能集中表现对象形态与神态的角度进行剖析，详细地描绘对象的局部结构和特征

2. 图案变化的手法

图案设计的第二个重要环节就是变化。图案的变化就是将写生来的资料进行概括、提炼、归纳和变形，形成符合实际需要的图案形象的造型方法。

图案变化可分为写实变化和写意变化两大类。写实变化以自然形象为主，进行适当取舍、修饰，使对象的美和形式感更加明显。写意变化是突破自然形象，充分发挥想象力，大胆取舍加工，但保留对象固有特征。图案变化的手法主要见表 2—6。

表 2—6　图案变化的手法

手法	说明
夸张	用加强的手法突出对象的特征。利用变形、变色使其特点明显、形象鲜明、装饰性更强。如梅花，可将其五个圆形花瓣组成有规律的花型
提炼	去繁就简，去粗取精，将复杂的物象简化到高度概括的程度，以突出主题，表现对象美的特征
丰富	根据装饰需要，适当加进一些理想的东西，既丰富又集中。我国民间传统图案多采用此法
结合	把多种优美的自然形象的典型特征有机巧妙地组合在一起，创造出理想化的图案形象。这种图案装饰性强，具有浓郁的浪漫主义色彩。如传统的宝相花就是综合了荷花、大丽花、牡丹花的特征而形成。此外还有花中套叶、叶中套花、花中套花的组合方式，不觉生硬，且有新奇感和想象力
寓意	把特定的理想含义和美好愿望寓于具体的图案形象之中，用以表达某种意念、理想和感情，表示对某种事物的赞颂和祝愿。如我国民间图案中蝙蝠和“寿”字相结合代表“福寿双全”，大象和万年青结合代表“万象更新”等

续表

手法	说明
象征	以某一具体的形象来表现一定事物抽象的、非具体概念的本质特征的方法。如我国传统图案中用龙、凤的形象象征帝王与王妃，用松、梅、竹的苍劲、矫健、刚韧的外貌象征经严寒而不凋的崇高品德。在现代图案设计中，象征手法的应用也十分广泛，如以红旗象征革命，海燕象征勇敢，双环象征友谊，鸽子与橄榄枝象征和平等

三、图案色彩与描绘技法

1. 图案色彩的表意作用

色彩是直接影响图案设计成败的要素之一。色彩运用巧妙得体，能够充分体现图案的丰富多彩和装饰的魅力。

图案设计的色彩兼有客观与主观两种成分。除去自然的本色外，决定图案色彩的因素有：

（1）人们对色彩的心理感觉。如红、橙、黄等色能给人以温暖的感觉，这类色彩为暖色。蓝、绿等色给人以寒冷的感觉，称为冷色。暖色有向前靠近的感觉，称为前进色；而冷色有后退的感觉，称为后退色。

（2）社会规范和程式化的传统。如蓝、蓝绿、蓝紫等色彩是一种消极而沉静的冷色，一般来说用在冷饮店的色调设计中比较合适。而红色有热烈、活跃、向上的感觉，常用于喜庆吉祥图案中。

（3）色彩的其他相关因素。人们对图案色彩的使用是受自然环境 、文化素养、年龄差异等诸多因素影响的，有着非常大的区别。如儿童喜欢单纯、明亮的色彩，青年喜欢鲜艳、生气勃勃的色彩，而老年人则喜欢稳重、朴素大方的色彩。

2. 图案色彩的组合形式（见表 2—7）

表 2—7　图案色彩的组合形式

组合形式	说明
同种色的搭配	同种色的配合是同一个色相的不同明度色彩的配合。同种色的配合需注意色彩的明度差别不能过分接近，要最大限度地利用明度对比和纯度对比来增强色彩的活力
类似色的搭配	在 24 色相环上间隔 45°左右的颜色是一种类似色的关系，它们的色相对比较弱，很容易取得调和的色彩效果
中差色的搭配	在 24 色相环上间隔 90°左右的色彩称为中差色。在视觉上有很大的配色张力效果，是非常个性化的配色方式。同明度、纯度的中差色相配合得到的画面效果十分调和

续表

组合形式	说明
对比色的搭配	对比色是24色相环上间隔120°左右的颜色。对比色的配合鲜明、强烈、丰富、饱满，容易使人兴奋，但也容易造成疲劳。对比色的搭配要加强色彩的秩序感，用色彩明度、纯度上的秩序来提高色彩调和的力度；也可以采用增加对比色各方的同一性，如用同明度、同纯度的对比色配合；还可以加大色彩面积，或用位置、形状的差别来求得色彩的调和
互补色的搭配	互补色是色相环上相隔180°的颜色，如红与绿、黄与蓝等，它们之间的对比是最强的色相对比，既相互反衬，又相互依存，使各自的色彩特点更为鲜明。这类色彩的配合要多采用调和的方法，如用面积调和法使两者的色彩面积相差悬殊，或使两者的彩度一强一弱增强色彩的节奏感
特殊色彩的配合	黑、白、灰、金、银等是图案用色中比较特殊而又重要的色彩。黑、白、灰属非彩色，纯度为零，是中性色，它们与任何高纯度的色彩都能很好地搭配，无论如何强烈对比的色彩，只要用它们来分割，就会变得和谐起来。金、银色在各种装饰图案中经常看到，它们也是易与其他色彩调和的颜色，它们的出现会使得画面变得富丽堂皇，但它们不宜用得太多，处理不好会显得俗气

3. 图案的描绘技法（见表2—8）

表2—8　　图案的描绘技法

描绘技法	说明
平涂法	平涂法是运用单色或多色调匀后平涂来表现图案的造型，强调图案造型的纯粹性和创造性，形成一种稳定、均衡、节奏的装饰效果。平涂法的关键是调色，调色时应注意颜料的浓度，太干涂不开，太湿又涂不匀，颜料要浓淡均匀，否则会影响到画面的效果。平涂法主要运用大小不同的色块来描绘纹样，靠色彩的面积对比和层次变化来达到画面的和谐统一
渲染法	渲染法是运用明度渐变原理，用颜色来表现图案造型的明暗、光润、色泽等特点。装饰图案的渲染法是一种颜色有浓淡变化的画法，其特点为画面层次感、虚实感和起伏感强，视觉效果丰富而细腻，多用于小面积色块的描绘，如花瓣、枝叶等
勾线法	勾线法是用笔勾勒纹样的轮廓结构，使画面更加协调统一，纹样更清晰、精致。勾线法的线条可以有各种形式的变化，如粗细、软硬、滑涩等。上色时，既可以不破坏线形，也可以有意地给予线条似留非留、似盖非盖的顿挫处理，从而使线形更加富有变化。勾勒的线形依据艺术立意可粗、可细，勾勒线条的工具可为毛笔、钢笔等。在图案中用不同特点的线进行勾勒会得到不同的效果，能增加画面的层次，协调画面的色彩关系
点绘法	点绘法以点为主，用点的疏密点缀于画面中，使形体有虚实、远近晕变的特殊变化效果。用色点绘制细部结构的变化，能形成色彩的空间混合效果，并具有立体感。点的大小应尽量均匀，否则整体效果会受到影响
接染法	接染法是一种使颜色生成浓淡变化或色相退晕的画法

续表

描绘技法	说明
干笔法	干笔法运用笔触、撇丝的手法，表现图案造型的质感变化
喷绘法	喷绘法是图案描绘中的一种特殊画法，它利用喷笔喷出雾状的小点，通过点的大小、疏密、虚实等不同变化，表现物象色彩明暗、深浅、远近、空间层次等关系，具有柔和、轻快的效果。运用喷绘法绘图，不但要熟练运用喷笔，而且还要掌握模板制作技巧

学习单元 3　中外传统图案

学习目标

了解中国传统图案及特色

了解中国民间图案及特色

了解西方图案及特色

一、中国传统图案

中国传统图案有原始时期的彩陶图案、商周至春秋战国时期的青铜器图案、汉代的漆器图案、秦汉时期的瓦当图案、汉代的画像砖图案和敦煌图案、唐宋的花草图案、明清的装饰图案等。

1. 新石器时期的彩陶图案

我国新石器时期的图案主要装饰集中在彩陶上。这一时期的彩陶图案以简洁、概括、粗犷为主要特征，表现内容主要有动物、植物、人物、几何形四种，其中几何形图案的应用最为普遍，如图 2—57 所示。

（1）植物图案。彩陶中的植物图案多以夸张的手法处理，并以几何形组合而成，也可以说是几何形化的植物，经过与器皿造型的组合，使其母体图案一形多用，产生了令人惊异的效果。

（2）人物图案。彩陶中人物图案以舞蹈纹和人面鱼纹最具代表性，如图 2—58 所示。

（3）动物图案。采用影绘处理手法将动物各种不同姿态与相应的几何形相配合，达到简洁优美的效果。

（4）几何图案。抽象风格地表现出植物的演变。

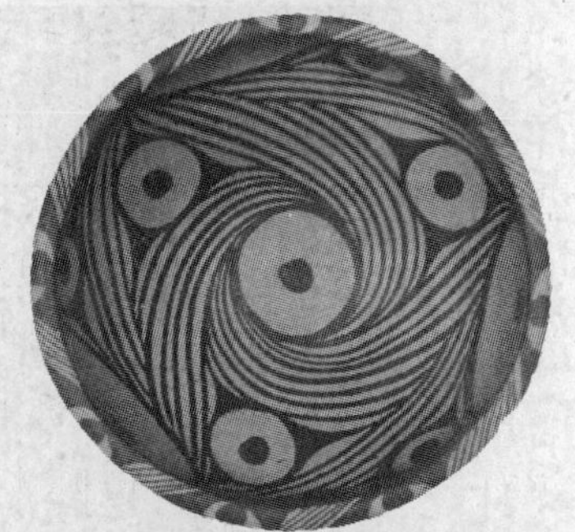

图 2—57　彩陶图案

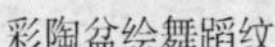
彩陶盆绘舞蹈纹

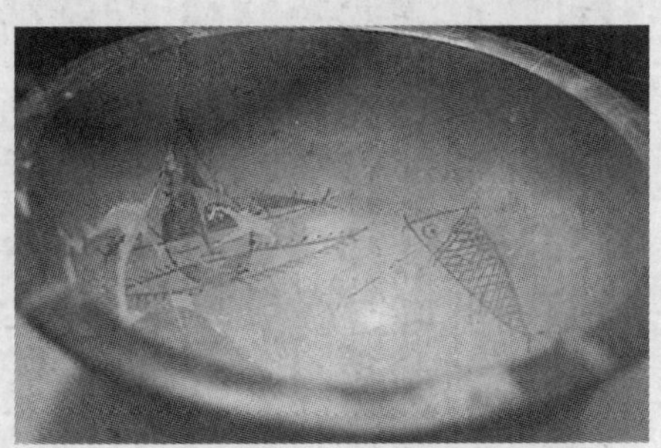
人面鱼纹

图 2—58　人物图案

2. 商周时期青铜器装饰图案

商周两代是青铜艺术的鼎盛时期，其装饰图案、装饰造型为世人所瞩目，最有代表性的有夔龙纹、饕餮纹等。青铜器的装饰图案呈现出威严、神秘、庄重的艺术风格，其图案创意都是意象的动物形象。受青铜铸造工艺的限制，青铜器上的兽面纹图案是以线的形式勾勒的。

（1）饕餮纹。形式对称，威严中透着神秘，概括修饰的造型体现了轮廓美和装饰美，如图 2—59 所示。

（2）夔龙纹。极度夸张的意象构成，给人狰狞的视觉感，如图 2—60 所示。

3. 战国时期的装饰图案

战国时期的装饰图案把自然中的动植物或生活中的场景运用于装饰中，以弧线形、斜线形为主的灵巧造型结构以及突破严谨对称的装饰规律，产生了重叠缠绕、上下穿插、四面延展的构图形式。战国时期的装饰图案在玉器、漆器、青铜器等方面得到了最完美的体现。

（1）玉器图案。战国时期的玉器工艺向精雕细刻方向发展，玉佩是当时玉器中的主要

图 2—59　商青铜饕餮纹出戟方鼎

图 2—60　商青铜夔龙纹尊

品种，它以质地细腻，造型矫健，制作精良而受到喜爱，如图 2—61 所示。

图 2—61　汉白玉秋山

（2）漆器图案。这一时期，漆器的装饰纹样多采用云气纹，其间点缀生动的动物，图案形态舒展活泼，线条刚劲有力，具有清新活泼的艺术特色，如图 2—62 所示。

图 2—62　战国云气纹圆盒漆器

（3）青铜器图案。与商周青铜器装饰图案组织形式相似，不同的是这一时期的青铜器装饰图案中叙事画开始用作主体装饰，其代表有宴乐、渔猎、战争等，如水陆攻战纹壶，它整体装饰由三层装饰带构成，每条装饰带表现了不同场面的故事内容，变化有序，多而不乱，栩栩如生。

4. 汉代装饰图案

汉代的装饰风格可用“质、动、紧、味”四字概括，即具有古拙、朴质、满而不乱、多而不散，而且极富动感和装饰味的艺术特征。汉代装饰主要表现在画像石、画像砖以及瓦当上。

（1）画像石图案。它的造型以侧面居多，在构图上以“平视体”的形式较多，将不同情节的故事有规律的安排在图中，如图 2—63 所示。

图 2—63 画像石之鸟兽纹

（2）画像砖图案。汉代的画像砖图案主要用于汉代墓室，镶在墓室的内外壁上，画像砖图案无论是人物、动物还是植物图案大多以侧面造型，风格简洁、精练、概括，如图 2—64 所示。

（3）瓦当图案。汉代瓦当的装饰，可分为卷云纹、动物纹、四神纹、文字纹等，大多

图 2—64　弋射收获图

以圆形构成，造型饱满、寓意深刻，如图 2—65 所示。

汉云纹瓦当

汉长生无极瓦当

汉长乐未央瓦当

图 2—65　瓦当图案

5. 南北朝装饰图案

南北朝时期，佛教的兴起给艺术注入了新的活力，装饰图案呈现清秀、空疏的艺术风格。受外来形式与风格的影响，造型不仅有飞天、仙女、祥禽瑞兽，还有许多莲花图案以及富有西域风格的忍冬草图案，极大地丰富了当时的装饰艺术，主要表现在石刻、壁画（见图 2—66）、瓷器、漆器中。

6. 唐代装饰图案

唐代的装饰图案呈现出博大清新、华丽丰满的艺术风格，其造型上多运用较大弧线，色彩上多运用金彩、退晕的方法表现深浅层次的色阶，有富丽、华美的艺术效果，装饰题

图 2—66　莲花三兔藻井图案（敦煌 407 窟）

材上除了鸟、兽等各种动物外，植物、花卉开始成为主题。最具有代表性的图案有卷草图案、联珠纹、宝相花纹（见图 2—67）、团纹等。

7. 宋元装饰图案

宋代的工艺具有典雅、平易的艺术风格，表现为线条流畅、挺拔、潇洒，造型和构图完美，装饰内容以花卉为主，常见的有莲花、牡丹花等。继宋代之后，元代在装饰艺术上有了新的发展。人们已不再满足于宋时清秀高雅的文人风格，而转向通俗化。

8. 明清装饰图案

明清时期的装饰图案比较重要的有青花图案。其表现内容极其丰富，图案造型舒展秀丽、密集紧凑，灵活而不失条理。金属工艺中的宣德炉和景泰蓝别具一格。

中国传统图案的特征是缘象寄情，图案的着眼点不仅仅在于叙述形象本身，而是通过象征、隐喻、谐音、借助等文学手段表达一种情感。中国传统图案没有纯抽象的，也没有纯写实的，丰富的装饰语言、极具想象力的形象、充满哲学意味的对立统一的构图，是图案设计的楷模。

二、中国民间图案

中国民间图案是指老百姓的生活用品上的各种图案。民间图案的主要种类有剪纸、蓝

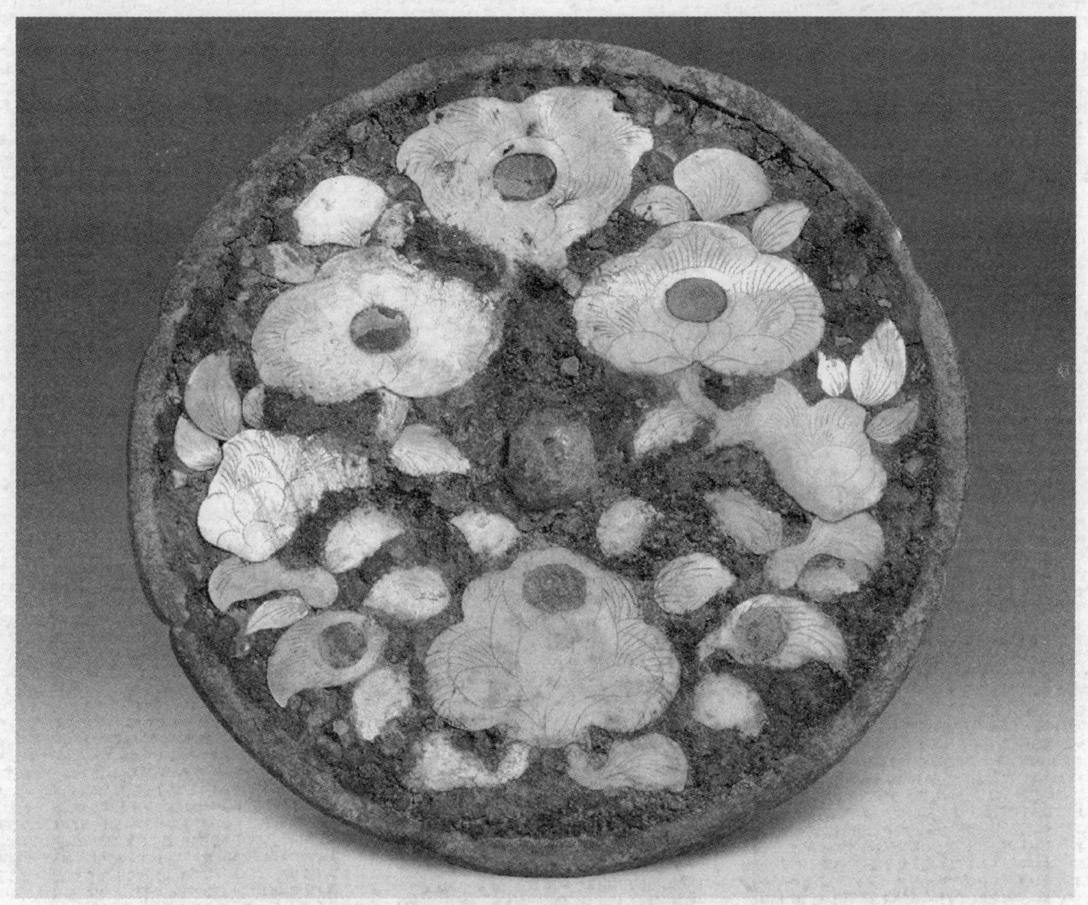

图 2—67　唐镶嵌螺钿宝相花纹葵花镜

印花布、刺绣、泥玩具、木版画等。

1. 剪纸

剪纸是一种镂空艺术，也是最为流行的民间艺术。剪纸在视觉上给人以透空的感觉和艺术享受，如图 2—68 所示。其载体可以是纸张、金银箔、树皮、树叶、布、皮、革等片状材料，用于点缀墙壁、门窗、房柱、镜子、灯、灯笼等。

2. 蓝印花布

蓝印花布是传统的镂空版白浆防染印花，距今已有 1 300 多年历史。最初以蓝草为染料印染而成。

现代所见蓝印花布的样式，多数为明清一代的作品。这些以蓝印花布制成的蚊帐、被面、包袱、头巾、门帘等生活用品，朴素大方、色调清新明快，图案淳朴典丽，深受欢迎，如图 2—69 所示。

图 2—68 剪纸

图 2—69 蓝印花布

3. 蜡染

蜡染是指在浸染过程中，染液由蜡的裂纹浸入而形成变化自然、深浅不同的裂纹图样，这些富于变化的裂纹丰富了图案的肌理，增加了装饰的层次。蜡染图案造型严谨，纹理变化丰富细致，表现内容大多为花、鸟、鱼、虫、几何形等，如图 2—70 所示。

4. 刺绣

刺绣，古称针绣，是用绣针引彩线，按设计的花纹在纺织品上刺绣运针，以绣迹构成

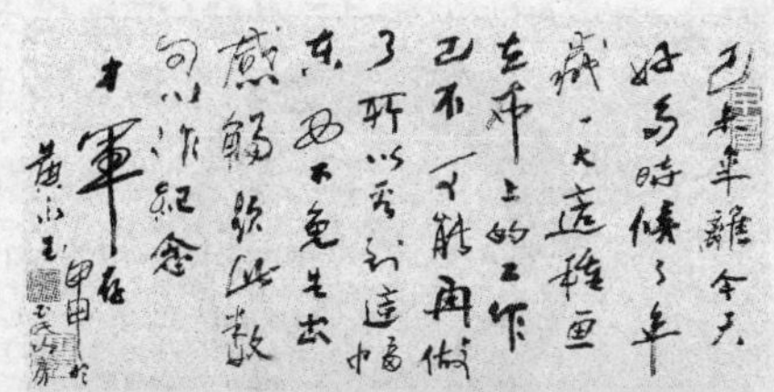

图 2—70　蜡染

花纹图案的一种工艺。因刺绣多为妇女所作，故又名“女红”。

刺绣是中国古老的手工技艺之一，除了苏绣（见图 2—71）、粤绣、湘绣、蜀绣，号称“四大名绣”外，还有顾绣、京绣、瓯绣、鲁绣、闽绣、汴绣、汉绣、麻绣、苗绣等，都各具风格，沿传至今。绣品的用途包括：生活服装，歌舞或戏曲服饰，台布、枕套、靠垫等生活日用品，屏风、壁挂等陈设品。

5. 泥玩具

泥玩具源于隋末，传统泥玩具制品有人物、动物两大类。人物造型多取于历史人物或戏剧人物，动物造型则有牛、马、鸡、燕，还有娃娃抱鱼、抱荷花等。其做工细腻精致，构思精巧，形象逼真，栩栩如生，富有浓厚的乡土气息和时代特色，如图 2—72 所示。

图 2—71　苏绣屏风

泥塑人物摆件

彩绘泥塑观音

泥塑弥勒

图 2—72　泥塑

6. 木版画

中国民间木版画（见图 2—73）的历史，同中国印刷术的发明和利用基本上是同步而行的。金代平阳（今山西临汾）姬家刻印的《四美图》，其题材已世俗化，而带有后来民间年画的特点。从宋元到明清，全国出现了许多个雕版印刷的中心，印刷书籍的插图，张挂的画片，以及神像、纸马、仿单、纸牌等，形成一个印刷的大千世界。其延续达 1 200 年之久。

图 2—73 木版画

三、西方图案

1. 波斯图案

古代波斯是世界历史上著名的文明古国。波斯图案内容广泛，形象生动，构图饱满，装饰性强，如图 2—74 所示。有一种联珠纹，骨架结构严谨，连接自然，造型独特，对我国隋唐时期的纹样产生了重要的影响。

图 2—74 波斯瓶画

2. 古埃及图案

古代埃及图案中大部分是人物图案，其中人物的造型姿态极有特点，它不依据正常的视觉反映对象，而是从能否给人带来完美的视觉效果来安排各部位的造型，正面的眼睛、侧面的头部、正面的身躯、侧面的腿是人物造型的典型代表。在古埃及的图案中，还有不少植物的内容，比较典型的是莲花和纸草，这两种变形后的植物被广泛地运用于各种不同的装饰之中。古埃及图案中，动物的内容也很多，如禽鸟、狮子、蛇等，它们也常以侧面的姿态出现，如图 2—75 所示。

图 2—75　古埃及壁画

3. 古希腊图案

古国希腊的艺术成就主要体现在雕塑和陶器上，特别是装饰图案在陶器艺术中得以完美体现。公元前 12 世纪至公元前 8 世纪，陶器运用几何形结构进行组织造型，抽象化的动物、人物以简朴的黑影表现，其他辅助纹饰除几何纹外，还有平行纹、交叉线等。同时，舞蹈、战争、生活场面等也经常出现在不同形状的陶器纹饰中。从公元前 6 世纪后半叶起，希腊陶器艺术开始转向对神话故事进行描绘，故事中的人物造型以侧面姿态为主，流利的线条造型方法已代替原来单纯的剪影形式。此外，植物纹的应用也十分出色，涡卷纹由抽象的螺旋纹演变成为自然植物的枝蔓和须卷，与莲花或扇状棕榈叶纹等植物纹饰自然融合，构成了自由流动的卷草纹样，成为影响深远的一种纹样典范。

4. 美洲图案

美洲图案是比较丰富的，其图案造型是将自然形态进行简略概括的表现，粗犷的黑白对比和转换构成了美洲图案的鲜明特色。

5. 非洲图案

非洲图案极具艺术魅力。其图案造型追求天真的童趣，强烈的黑白对比、平面化、自由的手法是非洲图案的特点，如图 2—76 所示。

图 2—76　非洲面具

学习单元 4　图案创意设计

学习目标

了解抽象图案的创意设计

熟悉人物和卡通图案的创意设计

掌握动植物图案的创意设计

一、植物图案创意设计

1. 花卉图案创意设计

在植物图案设计中，花卉图案是一个重要的主题。花卉图案广泛应用于服装、佩饰、环境装饰、插图等。

传统花卉图案具有一定的风格和地域特色。如樱花是日本的国花，也是日本人生活中最温柔美丽的部分，常常作为日本图案的主题。

花卉图案设计可以从以下几点入手：

（1）选用的花朵没有局限，有时以色彩入图，有时以剪影造型入图，有的成为散点，有的成为块面。

（2）根据设计风格决定如何使用花朵素材，古典风格细腻写实，现代风格潇洒自由。

（3）画面的整体色调和色彩对比很重要，同样的花形和结构，用不同的色彩处理效果完全不同。

（4）重视吸收民族纺织图案的特色，如夏威夷艳丽自然的图案、印度华美繁复的图案、非洲图案强烈的对比和泥土气息。

2. 草本图案创意设计

草本是植物的一大类，它们虽依地而生、体积微小，但姿态万千、生机勃勃。草本植物图案很早就出现在装饰图案中，因为它们细腻、纤柔、极具亲和力，所以常常出现在纺织品、瓷砖、墙纸等家居用品的设计中，使人感受到与大自然融合的环境，如图 2—77 所示。

图 2—77　草本植物图案

二、动物图案创意设计

动物是大自然的一部分，人类和动物长期共存、相互依赖，人们在动物身上寄托了感情和丰富的想象。在中国传统的动物图案中，吉祥和神话传说的动物造型占有重要地位，如图 2—78 所示。如龙凤是皇室的象征，青龙、白虎、朱雀、玄武这四种动物在中国传统文化中代表四个方位等。

图 2—78　动物图案

动物图案的设计可从以下几个思路展开：

1. 动物的外形和姿态

重点在于抓住典型特点和典型动作。如兔子图案设计的重点在耳朵，松鼠图案设计的重点在长尾巴。

2. 动物的色彩和装饰性的外观

重点在于归纳色彩和装饰效果，按照一定的规律进行变化和应用。如甲壳类动物图案设计可以用夸张艳丽的色彩来表现其凶猛的形象，海马等水生动物图案设计可以用半透明的色彩表现其通灵体态，乌贼等有触手的软体动物图案设计可夸张它们触手的比例和动态以表现其张牙舞爪的气势。

3. 结合动物的生活习性，进行组合、添加、丰富图案的内容和手法。

4. 运用拟人化的设计方法，使动物造型更加生动可爱

拟人化动物图案设计主要包括一般动物的拟人化设计和卡通动物造型设计，后者还可以包括一些非动物非植物、完全是人造的生物造型。这些图案设计大量应用在日常生活中，是有趣又有用的图案设计主题。

三、人物图案创意设计

人物图案设计以人为主要表现对象，有关人物图案的设计是最灵活和最有表现力的，如图 2—79 所示。

图 2—79　人物图案

人物图案设计的方法如下：

1. 以表现人的面部为主的图案

面部是人的标志性特征，也是最引人注目的部分。面部表情丰富，变化多样，最能体现一个人的性格、气质和心态。各种戏曲里的脸谱就是各种性格人物的典型化设计。

2. 以表现人物的外形和姿态为主的图案

不管是运动还是静止，人的躯体总是呈现一种姿态，不同的姿态体现了人的不同精神气质和状态特征。“静如处子，动若脱兔”就是描绘人的姿态的形象比喻。人物姿态的设计既可以完全表现，也可以用剪影和侧影的方式来表现，设计时要注意人的一般运动规律和人体简要结构特征，避免出现一些别扭的动作。

3. 表现人们生活内容和场景的图案，融合各种民俗和宗教传统的图案

如释迦牟尼佛总是方面大耳，面带微笑，眼神慈悲宽容地看着众生，敦煌里的飞天带有印度人的痕迹，而耶稣则被表现为一个悲剧性面容清瘦的人。

人物图案设计不以写实为目的，图案主要是抓住对象的特征和神采，运用夸张和简化的手法，再结合具体的表现手法，目的是表现人物的性格和特征，渲染人物的情绪，从而表现出一定的装饰效果。

四、动漫图案设计

卡通和动漫图案（见图 2—80）的盛行有着广大深厚的社会背景。它有着反经典的精神本质及深厚的平民化情节。

现代社会中单个人在异化的环境中力量显得十分微弱，“小人物”的地位和生活状态在动漫中得到关注和表现，人们从中获得心灵的安慰和精神的寄托，这是卡通和漫画深厚的社会心理基础，也是长时间全球盛行的主要原因之一。

后现代主义时代，卡通成为艺术殿堂的正式成员。波普艺术、涂鸦艺术等直接或间接影响到社会的审美指向。如丑和怪成为一类动漫造型的特点，迎合了人们某种特殊的心理需求。

借助卡通形象推广商业产品已成为一种成功的商业模式。

图 2—80　卡通图案

五、抽象图案创意设计

抽象图案是相对于动物、植物、人物等以具体形态为素材的图案而言的。抽象图案基本以点、线、面和肌理效果为主要表现对象，是现代图案设计中的主要内容之一，如图

2—81 所示。

抽象图案包括点、线、面等的形态抽象、肌理抽象及接近绘画的自由抽象等。其设计没有严格的界限，可以根据构思混合进行，也可结合具象的图案设计，这样既有抽象形式的简洁，又融合了具象形态的亲切感，是近年来比较流行的设计风格。

抽象图案设计包括严谨的冷抽象风格和热烈的热抽象风格，还有比较随意的涂鸦式设计风格。

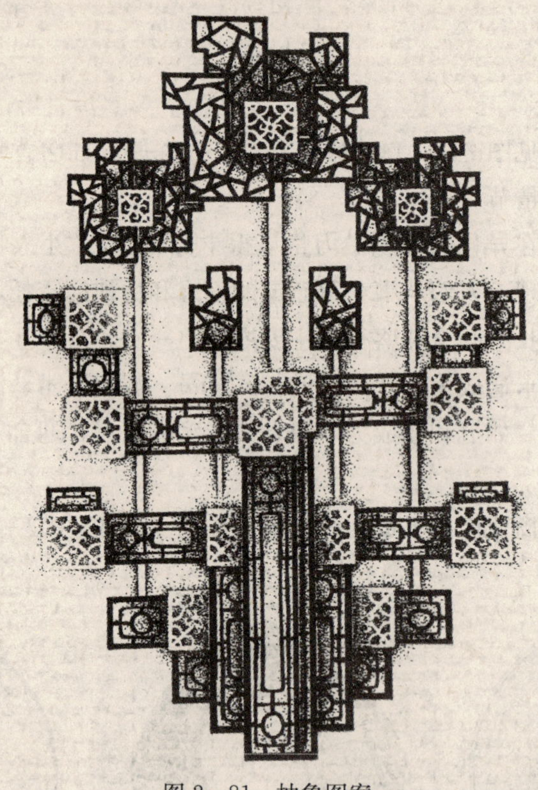

图 2—81　抽象图案

第 3 节　制图

学习单元 1　制图的基本知识

学习目标

了解制图的重要性

熟悉国家标准对图样画法、尺寸标注等的规定

一、制图的作用

图样是连接生产制作人员与设计人员之间的纽带。设计师把所设计产品的形状、大小、相对位置、技术要求等准确地在图纸上表达出来。生产制作人员通过图样领会设计人员的要求。图样表达、理解得是否准确，与成品制作的质量及达到的最后效果有直接的关系。因此，生产制作人员必须掌握正确的识图、制图基础知识和技能，而且要能够通过图样检查设计思想，发现产品设计在结构和工艺上可能出现的不合理性，和设计人员一起研究、改进、修改和补充。

二、基本制图标准

图样通常包括文字、符号、图形、尺寸等内容，由它们共同组成图纸语言，传达制作信息。熟悉图样能更方便地理解各类图纸。

国家标准对图样的画法、尺寸标注等作了统一规定。本节简要介绍有关图纸幅面、比例、字体、图线、尺寸标注等基本规定。

1. 图纸幅面和格式

（1）图纸幅面。图纸幅面是图纸裁边后应达到的尺寸，是指图纸宽度和长度组成的图幅。绘制图样时，应优先采用表 2—9 中规定的基本幅面尺寸（宽度 B×长度 L），必要时可以加长幅面，如 0～3 号图纸允许长边加长，加长部分的尺寸应为长边的 1/8 及其倍数。

表 2—9　　图纸幅面及代号　　mm

幅面代号	A0	A1	A2	A3	A4
$B\times L$	841×1189	594×841	420×594	297×420	210×297
e	20		10		
c	10			5	
a	25				

（2）图框格式。图框是指图纸上限定绘图区域的粗实线框。图纸可以横向或竖向放置，取决于物体形状特征。图纸上用粗实线画出图线框，其格式分不留装订边和留有装订边两种，它们各自的周边尺寸如图 2—82 和图 2—83 所示。

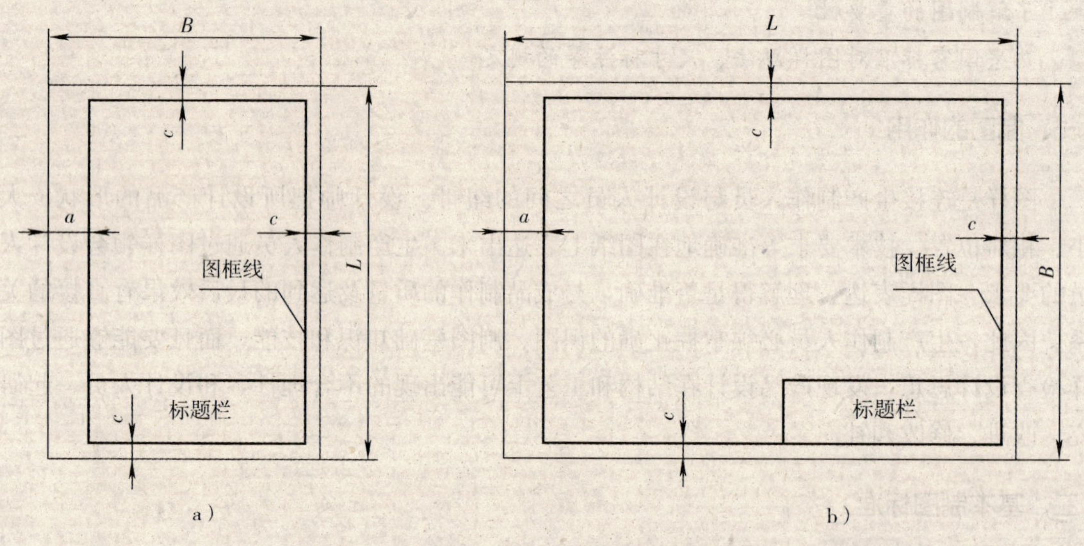

图 2—82　留装订边的图纸幅面和图框格式
a）竖装　　b）横装

（3）标题栏。工程图纸应有工程名称、图名、图号、设计号及设计人、绘图人、审批人的签名、日期等。把这些集中列表放在图纸的右下角，称为图纸标题栏，其大小和格式如图 2—84 所示。

1）工程名称是指某个工程的名字，如“××建筑”。

2）项目是指本工程的一个建筑物，如“门厅”。

3）图纸名称表明本张图纸的主要内容，如“平面图”。

4）设计号是设计部门对该工程的编号，有时也是工程的代号。

5）图别表明本图所属的工种和设计阶段，如“建施（建筑施工图）”。

6）图号：表明本工种图纸的编号顺序，一般用阿拉伯数字注写。

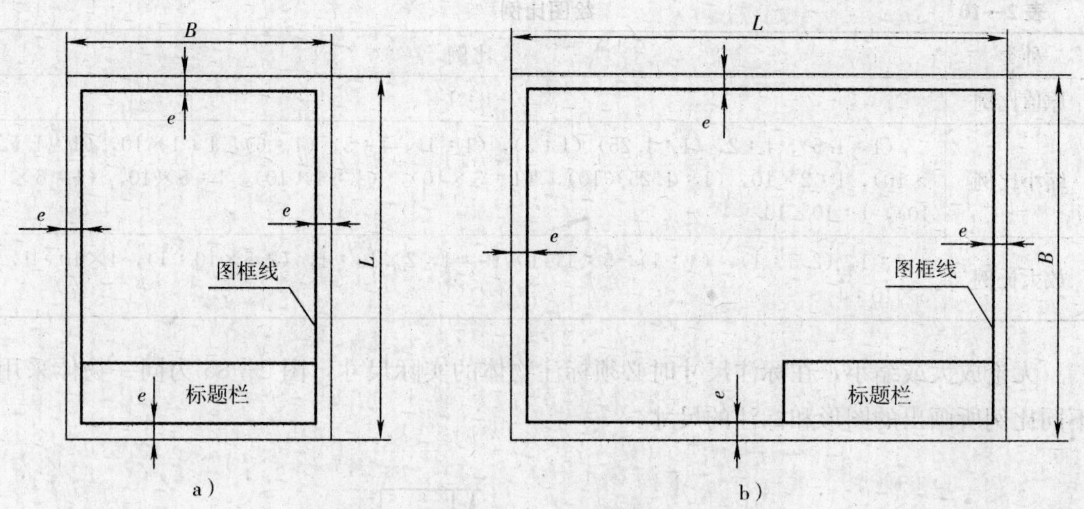

图 2—83　不留装订边的图纸幅面和图框格式

a）竖装　　　　b）横装

大图标题栏用于 0，1，2 号图纸上，大小约 180 mm×50 mm，位置在图纸的右下角。小图标题栏用于 2，3，4 号图纸上，大小约 85 mm×40 mm，位置在图纸的右下角。

（设计单位名称）			工程名称	
			项　目	
审定			（图纸名称）	设计号	
审核				图　别	
设计				图　号	
制图				日　期	

50　180

图 2—84　标题栏的格式

2. 比例尺

建筑物都比较大，如果按实物大小直接画在图纸上是不可能的，为了使建筑物和环境不走样地再现在图纸上，必须采用按比例放大或缩小的方法将实物绘制到图纸上。

图样的比例是指图样中图形与其实物相应要素的线性尺寸之比，分原值比例、放大比例和缩小比例三种。绘制图样时，优先采用表 2—10 规定的系列中不带括号的适当比例。比例符号用“：”表示。

表 2—10　绘图比例

种类	比例
原值比例	1∶1
缩小比例	(1∶1.5)，1∶2，(1∶1.25)(1∶3)，(1∶4)，1∶5，(1∶6)，1∶1×10，(1∶1.5×10)，1∶2×10，(1∶1.25×10)，(1∶3×10)，(1∶4×10)，1∶5×10，(1∶6×10)，1∶10×10
放大比例	2∶1，(2.5∶1)，(4∶1)，5∶1，1×10∶1，2×10∶1，(2.5×10∶1)，4×10∶1，5×10∶1

无论放大或缩小，在标注尺寸时必须标注物体的实际尺寸，图 2—85 为同一物体采用不同比例所画出的图形和标注的尺寸。

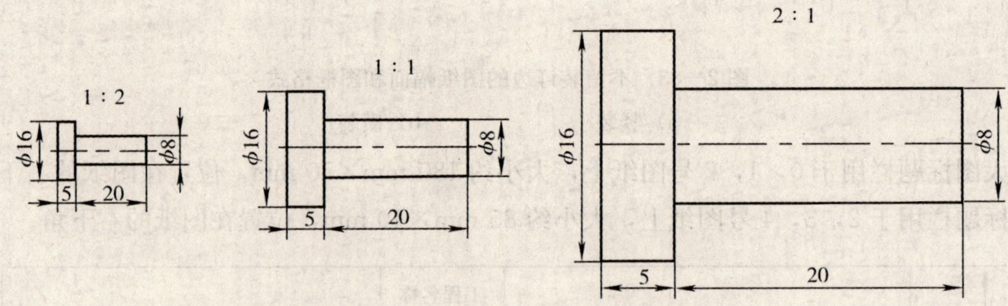

图 2—85　不同比例的图形及标注

3. 字体

工程图纸常需用汉字、数字和字母来说明建筑的大小和技术要求，书写的字体必须做到：字体端正、笔画清楚、排列整齐、间隔均匀。汉字推荐使用长仿宋体，并采用国家正式公布推行的简化字。

字体的号数即字体的高度 h，常用系列为：20 mm、14 mm、10 mm、7.5 mm、3.5 mm、2.5 mm。书写汉字的高度应不小于 3.5 mm，数字的高度应不小于 2.5 mm。

数字和字母可以写成直体或斜体，斜体字字头向右倾斜，与水平线约成 75°角。汉字、斜体的数字和字母的书写示例，如图 2—86 所示。

4. 图线

在工程图中，为了表示不同的内容和分清主次，通常采用不同粗细的图线。基本线型有实线、虚线、点画线、折断线、波浪线等。不同粗细的图线分粗、中、细三种，其线宽之比为 $b∶0.5b∶0.35b$。各种图线的名称、线型、线宽和主要用途见表 2—11。

字体工整 笔画清楚 间隔均匀 排列整齐

0123456789

I II III IV V VI VII VIII IX X

ABCDEFGHIJKLMNOP

abcdefghijklmnopq

图 2—86 汉字及斜体字的数字和字母的书写示例

表 2—11 图线的线型、宽度和主要用途

图线名称	线型	宽度	主要用途
粗实线	━━━━━━	b	可见轮廓线、剖面图中被剖部分的轮廓线、结构图中的钢筋线、建筑物或构筑物的外形轮廓线、剖切位置线、地面线、详图符号圆圈、图纸的框图线、新设计的给水管线等
中实线	——————	$0.5b$	可见轮廓线、剖面图中未剖到但仍能看到而需要画出的轮廓线、标注尺寸起止符号（45°短线）、原有的各种给水管线或循环水管线

续表

图线名称	线型	宽度	主要用途
细实线		0.35b	尺寸线、尺寸界限、剖面线、引出线、索引符号的圆圈、引出线、标高符号线、重合断面的轮廓线、较小图形的中心线等
虚线		0.25b	看不见的轮廓线
点画线		0.35b	中心线、对称线、定位轴线
双点画线		0.35b	假想轮廓线、成形以前的原始轮廓线
折断线		0.35b	不需要画全的断开界限
波浪线		0.35b	不需要画全的断开界限、构造层次的断开界限

在制图中常用的线宽有八个系列，选用时应根据图样的复杂程度与比例大小，确定粗线的宽度 b，然后再确定其他图线的宽度，组成一个线宽组。在同一张图样内，相同比例的图样应选用相同的线宽，一个图样中所用的线宽不得超过 3 种。虚线、点画线及双点画线的线段长度和间隔应各自大致相等。

各种线型的应用如图 2—87 所示。

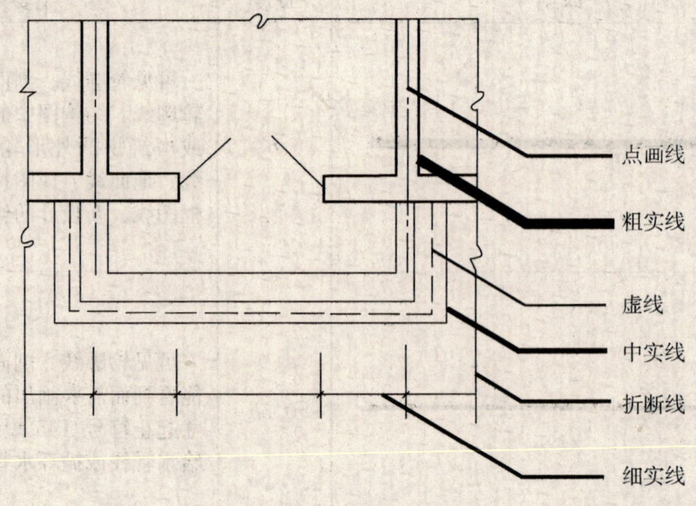

图 2—87　各种线型的应用

5. 尺寸标注

用图线画出的图样只能表达物体的形状，必须通过标注尺寸才能确定物体的大小。根据国家标准《建筑制图》与《技术制图》的规定，总图以米（m）为尺寸单位，其他图样中的尺寸除标高以米（m）为尺寸单位外，其余均以毫米（mm）为尺寸单位，在尺寸数字后不写尺寸单位，包括图框线内标题栏、技术说明、明细等标注的尺寸。无论采用何种比例，图样中所标注的尺寸数值都是物体的实际大小，与比例无关。

尺寸的组成应包括尺寸界线、尺寸线、尺寸起止符号和尺寸数值四个要素，如图 2—88 所示。

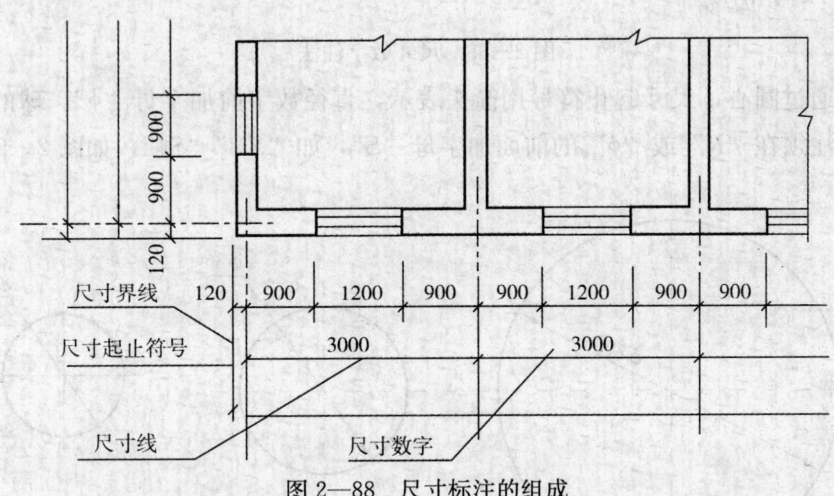

图 2—88　尺寸标注的组成

（1）尺寸标注的四要素

1）尺寸线——表示所注尺寸的范围，用细实线绘制，尺寸线必须与所标注的线段平行。

2）尺寸界线——表示所注尺寸的边界，用细实线绘制，一般应与尺寸线垂直。

3）尺寸起止符号——标注在尺寸线的终端，有两种形式：箭头和 45°斜线。箭头适用于各种类型的图样，箭头应画在尺寸线的两端，并与尺寸界线接触。

4）尺寸数字——表示所注尺寸的数值。尺寸数字一般注在尺寸线上方或尺寸线的中断处。水平尺寸字头朝上，垂直尺寸字头朝左。尺寸数字必须依据读数方向注写在尺寸线上方中部。当尺寸界线的间隔太小，最外边的数字可以注写在尺寸界线的外侧，中间的尺寸数字可与相邻的数字错开些，必要时也可引出标注，阴影部分尽量不要标尺寸，如图 2—89 所示。

（2）半径、直径和球的尺寸标注。在圆弧上标注半径时，尺寸线必须从圆心画起或对准圆心，另一端画箭头，半径数字前加字母“*R*”。在圆上标注直径时，尺寸线应通过圆心

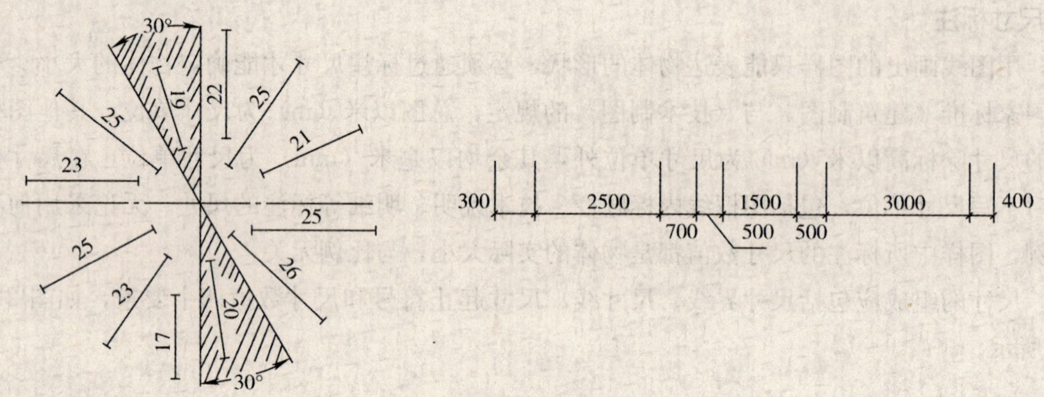

图 2—89　尺寸数字注法

或其延长线通过圆心，尺寸起止符号用箭头表示，直径数字前加字母“ϕ”。球的半径或直径的尺寸标注须在“*R*”或“ϕ”的前面加字母“*S*”，如“*SR*”“*S*ϕ”，如图 2—90 所示。

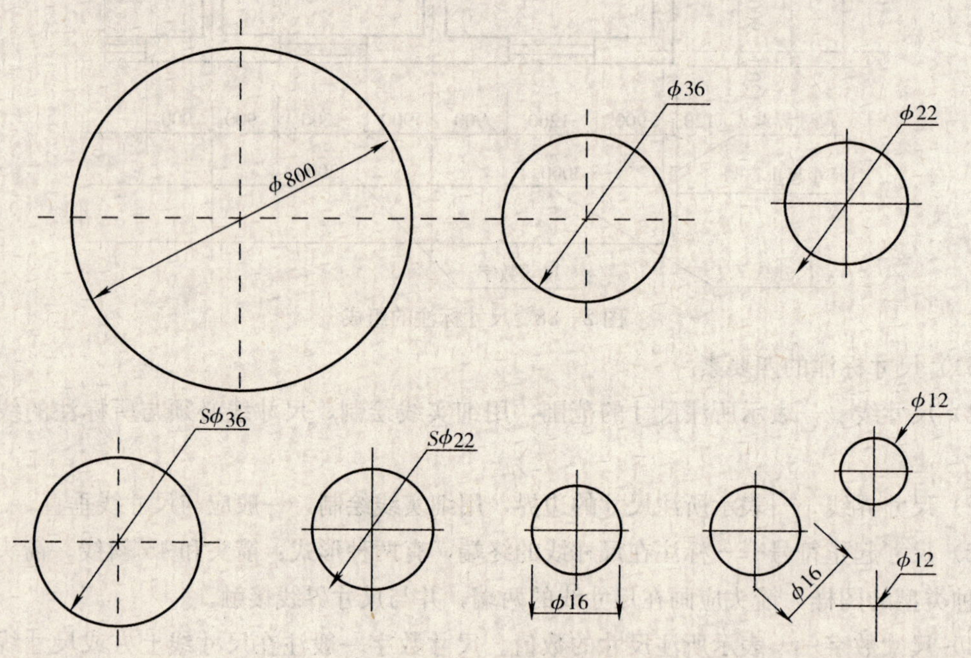

图 2—90　半径、直径和球的尺寸标注

（3）角度、弧长、弦长的尺寸标注。角度的尺寸线是以角的顶点为圆心的圆弧线，角度的两边为尺寸界线、尺寸起止符号用箭头表示；角度尺寸数字一律水平书写。角度、弧长、弦长的尺寸标注，如图 2—91 所示。

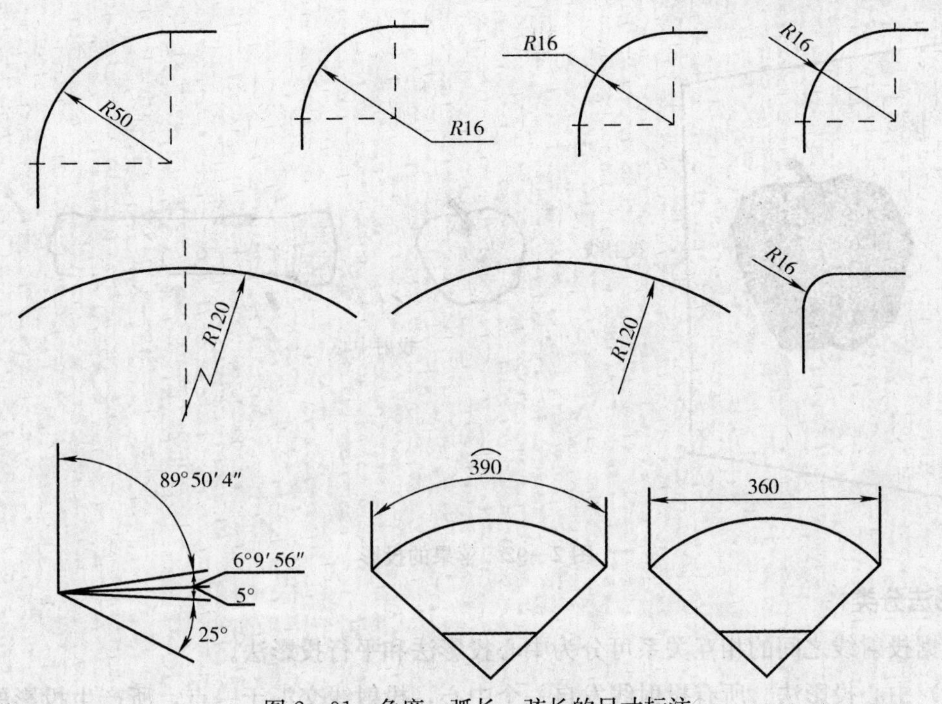

图 2—91　角度、弧长、弦长的尺寸标注

学习单元 2　投影的基本知识

学习目标

了解投影的基本概念和性质

熟悉投影的基本特性

一、投影基本概念

1. 投影概念

物体在光线的照射下，会在地面或墙面上产生影子，这个影子称为该物体的投影。采用这种物体与影子之间的关系所形成的绘制工程图的方法称为投影法。根据投影法所得到的图形称为投影或者投影图。如苹果的投影（见图 2—92）：以手电筒光源为投射中心，投影苹果所在的面为投影面，光线为投射线，苹果的影子就称为投影。

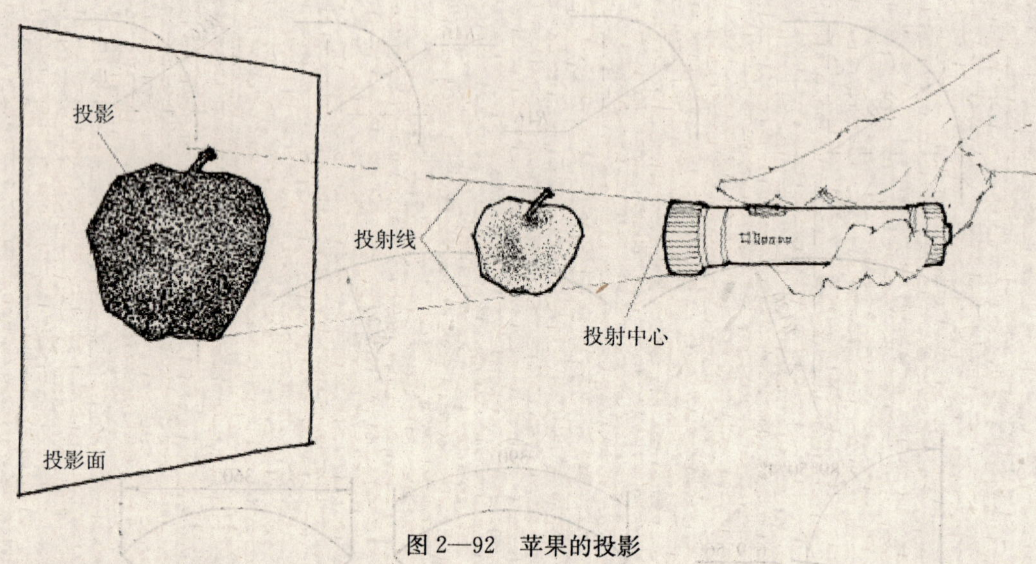

图 2—92　苹果的投影

2. 投影法分类

根据投射线之间的相互关系可分为中心投影法和平行投影法。

（1）中心投影法。所有投射线发自一个中心，投射线交汇于一点，所产生投影的方法称为中心投影法，如图 2—93a 所示。

（2）平行投影法。所有投射线相互平行，所产生投影的方法称为平行投影法。平行投影法根据投射线与投影面所成的角度不同，又可分为正投影法和斜投影法。

投射线与投影面垂直时，所产生投影的方法称为正投影法，如图 2—93b 所示。

投射线与投影面倾斜时，所产生投影的方法称为斜投影法，如图 2—93c 所示。

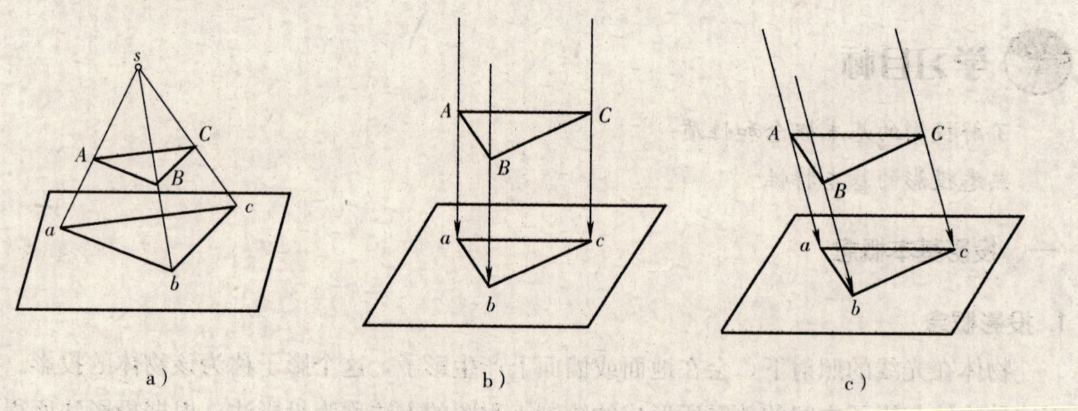

图 2—93　投影的分类

a）中心投影法　b）正投影法　c）斜投影法

二、正投影基本性质

用正投影法绘制的物体投影称为正投影图，简称正投影。正投影能反映物体的真实形状和大小，便于度量，作图简便，是绘制工程图的基本方法。但正投影图缺乏立体感，需要经过一定训练才能看懂。因此，正投影的投影特性是正投影绘图和读图的重要依据。

物体表面是由一些线和面围成的。物体的投影就是这些线和面的组合。所以研究物体的正投影特性，就是研究线和面的正投影特性。

直线和平面相对投影面的位置有三种情况：平行、垂直和倾斜。各种位置的投影特性各不相同，看图时要想搞清楚它们的相对位置，需掌握其投影特性。

1. 真实性

当直线或平面平行于投影面时，直线的投影反映该直线的实长，平面的投影反映该平面的实形，称为投影的真实性，如图 2—94a 和图 2—95a 所示。

2. 积聚性

当直线或平面垂直于投影面时，直线的投影变成一个点，平面的投影变成一条线，称为投影的积聚性，如图 2—94b 和图 2—95b 所示。

3. 类似性

当直线或平面倾斜于投影面时，其投影的形状与原来的类似，如图 2—94c 和图 2—95c 所示。

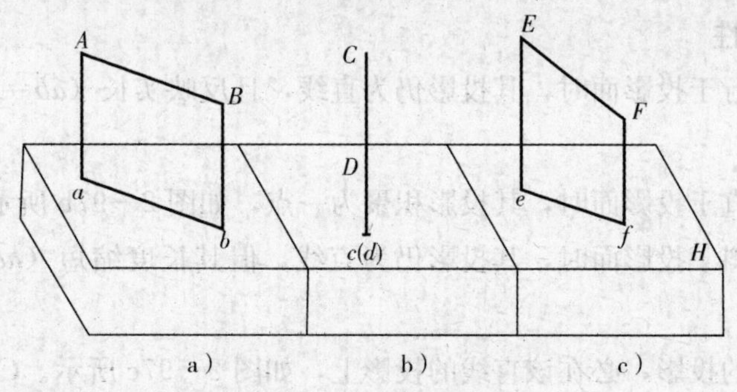

图 2—94　直线的投影特性

a）直线平行于投影面　b）直线垂直于投影面　c）直线倾斜于投影面

三、点、线、面投影特性

1. 点的正投影特性

（1）点的投影仍是点，如图 2—96 所示。

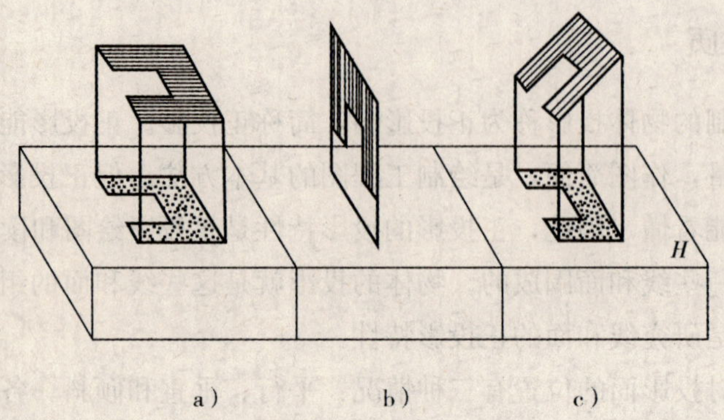

图 2—95　平面的投影特性

a）平面平行于投影面　b）平面垂直于投影面　c）平面倾斜于投影面

（2）点的三面投影应符合点的投影规律。

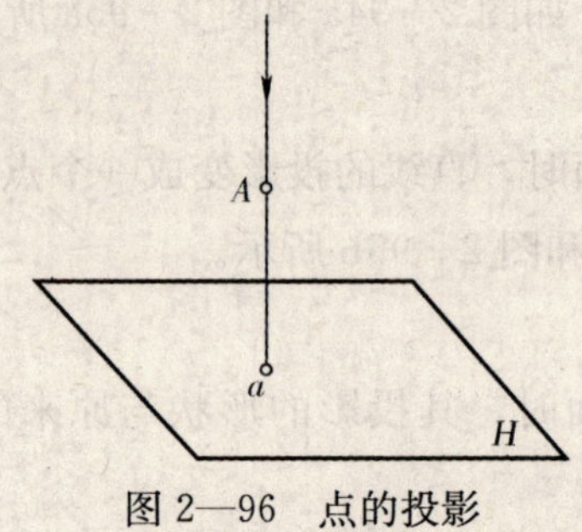

图 2—96　点的投影

2. 直线的正投影特性

（1）当直线平行于投影面时，其投影仍为直线，且反映实长（$ab=AB$），如图 2—97a 所示。

（2）当直线垂直于投影面时，其投影积聚为一点，如图 2—97b 所示。

（3）当直线倾斜于投影面时，其投影仍为直线，但其长度缩短（$ab<AB$），如图 2—97c 所示。

（4）直线上点的投影，必在该直线的投影上，如图 2—97c 所示。C 点在 AB 上，则 C 点的投影 c 在直线 AB 的投影 ab 上。

（5）一点分一直线为两段，则两段长度之比等于两线段投影之比，如图 2—97c 所示，$AC:CB=ac:cb$。

3. 平面的正投影特性

（1）当平面平行于投影面时，其投影仍为平面，且反映实形（$S_{abcd}=S_{ABCD}$），如图 2—98a 所示。

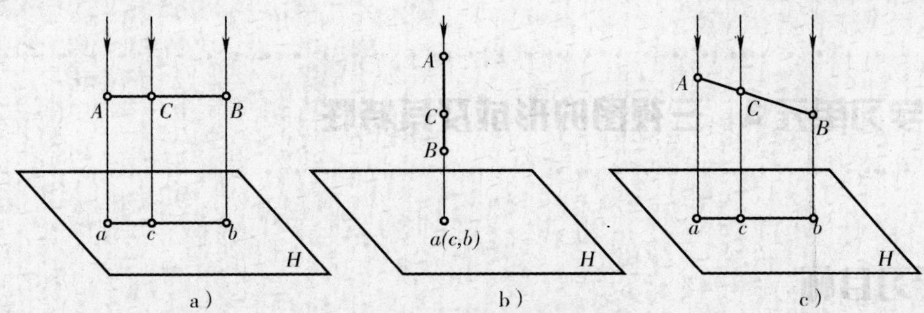

a） b） c）

图 2—97 直线的投影

a）平行于投影面的直线投影 b）垂直于投影面的直线投影 c）倾斜于投影面的直线投影

（2）当平面垂直于投影面时，其投影积聚为一条直线，如图 2—98b 所示。

（3）当平面倾斜于投影面时，其投影仍为平面，但其面积缩小（$S_{abcd}<S_{ABCD}$），如图 2—98c 所示。

（4）平面上一条直线的投影，必在该平面的投影上，如图 2—98c 所示，直线 *EF* 在平面 *ABCD* 上，则 *EF* 的投影 *ef* 也在平面 *ABCD* 的投影 *abcd* 上。

（5）平面上一条直线分该平面的面积之比等于其投影所分面积之比，如图 2—98c 所示，$S_{ABFE}:S_{EFCD}=S_{abfe}:S_{efcd}$。

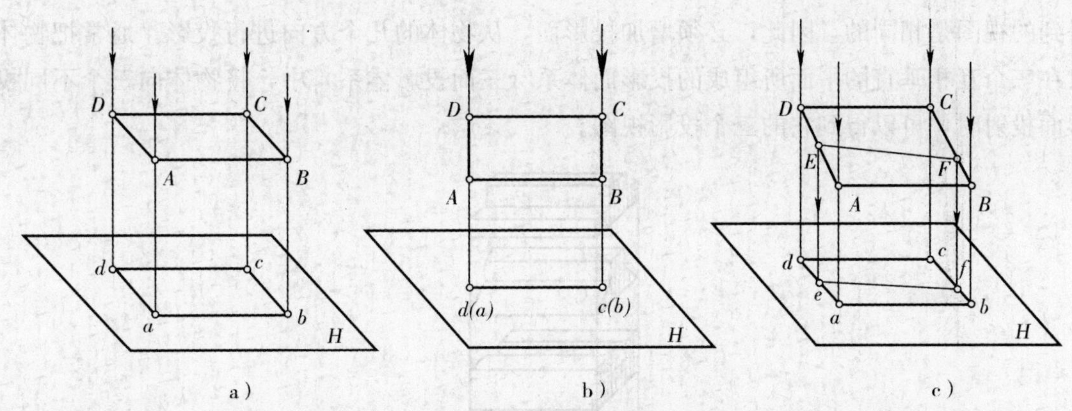

a） b） c）

图 2—98 平面的投影

a）平行于投影面的平面投影 b）垂直于投影面的平面投影 c）倾斜于投影面的平面投影

学习单元 3　三视图的形成及其特性

学习目标

了解三视图的概念和形成

熟悉基本形体的三视图

掌握三视图的投影规律

在制图中，一般将互相平行的投射线看做观察者的视线，用正投影法所绘制的物体图形称为视图。

一、三视图形成

由于物体在一个投影面上只能得到一个方向的视图，而物体的一个视图无法全面、准确地表达物体的形状和大小。如图 2—99 所示为几个不同形状的物体，在同一投影面上所得到的视图是相同的。因此，必须增加投影面，从物体的几个方向进行投影。通常把物体放在三个互相垂直的平面所组成的投影面体系（三面投影体系）中，将物体向三个不同投影面投射时，可以得到它的三个投影视图。

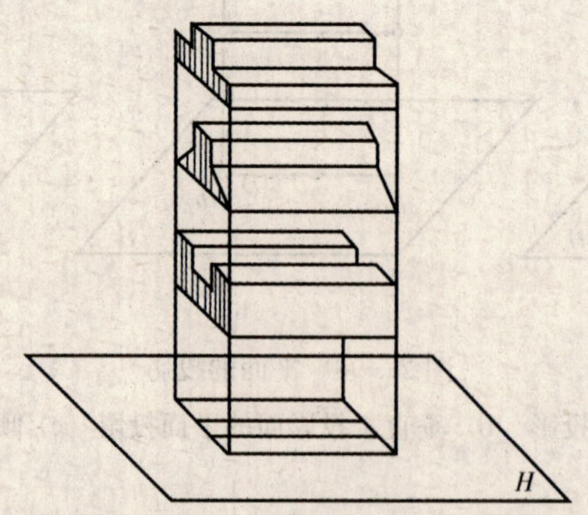

图 2—99　几个不同形状的物体在同一投影面上的投影

在三面投影体系中，根据观察者与投影面由前向后、由上向下、由左向右的关系，三个投影面分别称为正投影面（简称正面，用 V 表示）、水平投影面（简称水平面，用 H 表示）、侧投影面（简称侧面，用 W 表示），物体在这三个投影面上所得到的视图分别称为物体的主视图、俯视图和左视图，如图 2—100a 所示。

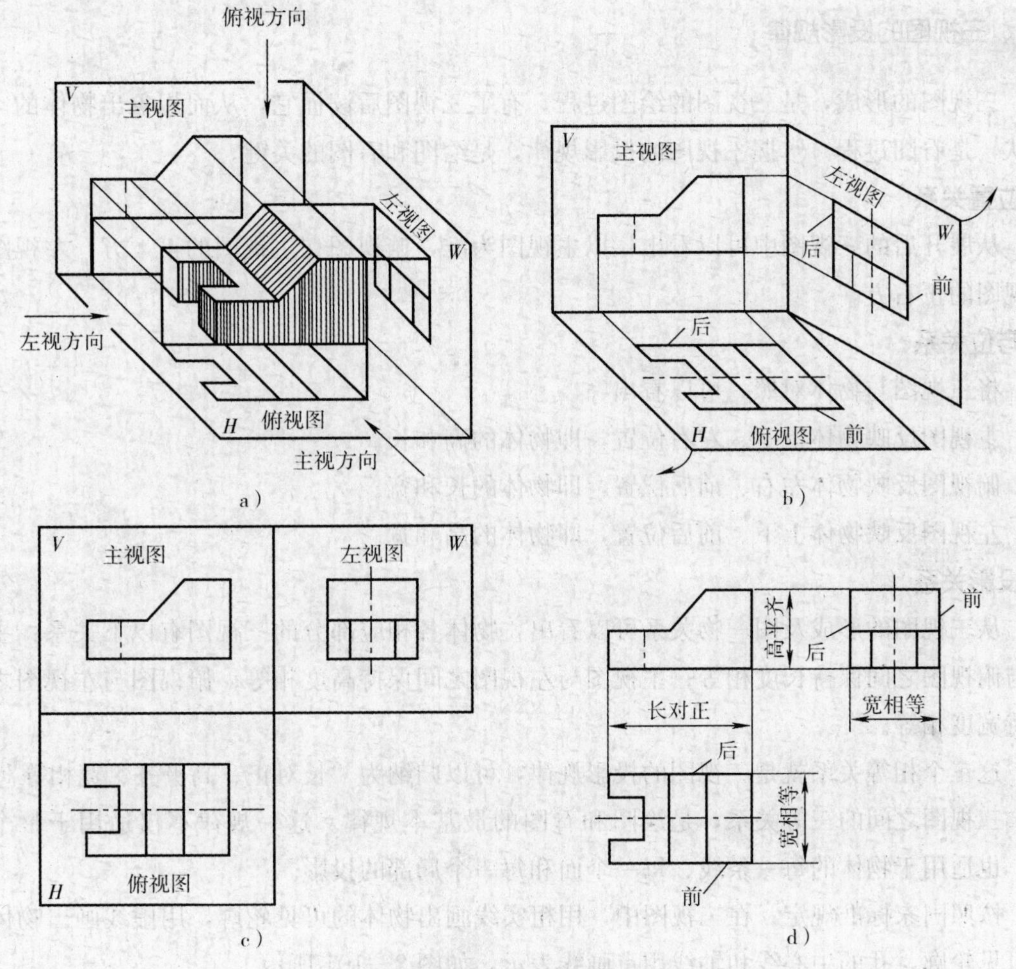

图 2—100　三视图的形成

a）物体向三个投影面投影　b）投影面的展开方法

c）展开后的三视图　d）三视图的投影规律

主视图——由前向后投射，在 V 面上得到的视图。

俯视图——由上向下投射，在 H 面上得到的视图。

左视图——由左向右投射，在 W 面上得到的视图。

为了将三个视图画在同一张图纸上，国家标准规定：正面 V 保持不动，水平投影面 H 向下旋转 90°，侧投影面 W 向右旋转 90°，使 V 面、H 面、W 面摊平在同一平面上（见图 2—100b)，由此得到同一平面上的三个视图（图 2—100c)。展开后的三个视图间不画投影面的边框线，不注视图名称，各视图间的距离可根据图纸幅面进行调整，简称三视图，如图 2—100d 所示。

二、三视图的投影规律

三视图的形成，是三视图的绘图过程。有了三视图后读懂它，从而想象出物体的空间形状，是看图过程。掌握三视图的投影规律，是绘图和看图的关键。

1. 位置关系

从展开后的三视图中可以看出：以主视图为准，俯视图在主视图的正下方，左视图在主视图的正右方。

2. 方位关系

将三视图与物体对照，可以看出：

主视图反映物体上下、左右位置，即物体的高和长。

俯视图反映物体左右、前后位置，即物体的长和宽。

左视图反映物体上下、前后位置，即物体的高和宽。

3. 投影关系

从三视图的形成及图—物关系可以看出，物体各相应部分的三视图有以下关系：主视图与俯视图之间保持长度相等；主视图与左视图之间保持高度相等；俯视图与左视图之间保持宽度相等。

这三个相等关系就是三视图的投影规律，可以归纳为“长对正、高平齐、宽相等”。

三视图之间的三等关系，是绘图和看图的最基本规律。这一规律不仅适用于整个物体，也适用于物体的每一条线、每一个面和每一个局部的投影。

按照国家标准规定：在三视图中，用粗实线画出物体的可见轮廓，用虚线画出物体的不可见轮廓，孔的中心线和轴线用点画线表示，如图 2—101 所示。

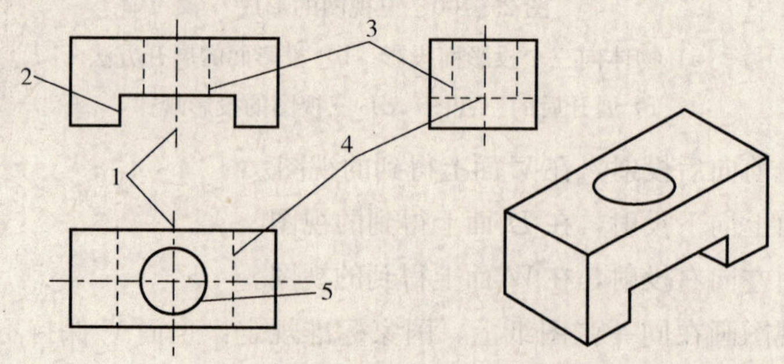

图 2—101　三视图中线条的应用

1—点画线：表示孔的中心线和轴线　2，5—粗实线：可见轮廓线

3—虚线：孔的不可见轮廓线　4—虚线：槽的不可见轮廓线

4. 基本形体的三视图

物体形状各不相同，但都可以看做是由一些基本形体，如三棱柱、四棱柱、半圆柱等经过切割、堆积等组合而成，如图 2—102 所示。

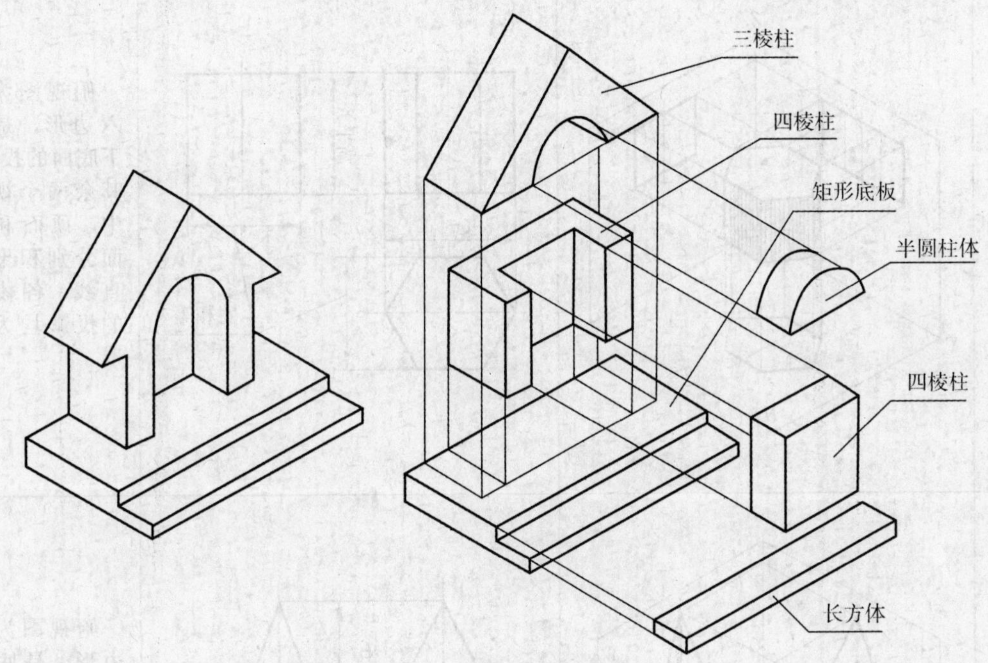

图 2—102　物体由基本形体组合而成

基本几何体，根据其表面的几何性质可分为：平面立体和曲面立体。全部表面都由平面围成的立体称为平面立体，常见的有棱柱和棱锥；由曲面或曲面与平面围成的立体称为曲面立体，常见的有圆柱、圆锥和圆球。为了提高绘图和看图的能力，必须熟悉它们的几何性质和投影特点。

(1) 平面立体三视图。平面立体中最常见的是棱柱和棱锥，它们的棱面和底面为平面，棱边为直线。利用直线和平面的投影特性和三视图的投影规律，可做出平面立体的三视图。表 2—12 以六棱柱和四棱锥为例，说明平面立体的投影特性。

表 2—12　　平面立体三视图

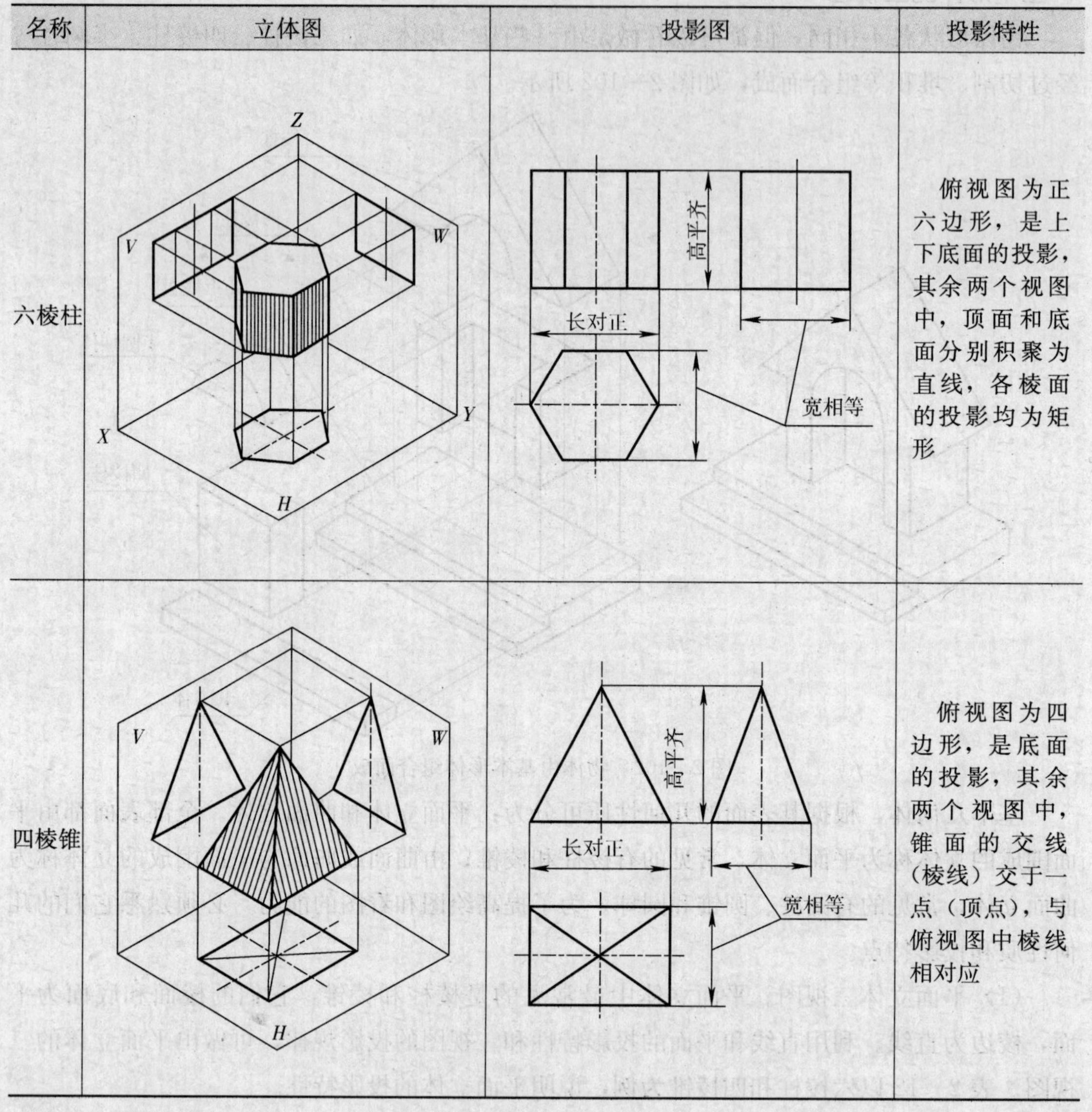

名称	立体图	投影图	投影特性
六棱柱			俯视图为正六边形，是上下底面的投影，其余两个视图中，顶面和底面分别积聚为直线，各棱面的投影均为矩形
四棱锥			俯视图为四边形，是底面的投影，其余两个视图中，锥面的交线（棱线）交于一点（顶点），与俯视图中棱线相对应

（2）曲面立体三视图。曲面立体中最常见的是回转体，如圆柱、圆锥、圆台、圆环、球等。

以圆柱为例来分析曲面立体的投影特性和形体特征，如图 2—103 所示为水平放置的圆柱体，由一个圆柱面和两个端面围成。投影图中，主视图和俯视图是大小相同的两个矩形，主视图的矩形 $a'b'c'd'$ 代表前半个圆柱面的投影，后半个圆柱面在主视图中不可见，其投影与前半个圆柱面重合。俯视图的矩形 $efhg$ 代表可见的上半个圆柱面和不可见的下半个圆柱面的投影。左视图为圆，是圆柱体两端面的投影，为实形。

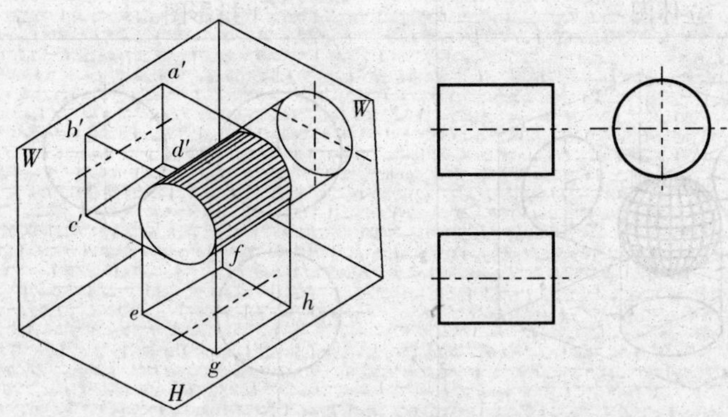

图 2—103　圆柱体的三视图

在曲面立体中有一类直线（曲线），它们决定了曲面的投影范围，称为外轮廓线，主视图中的 $a'b'$ 和 $c'd'$，俯视图中的 ef 和 gh 都是外轮廓线。

在表示曲面立体时，圆的投影是用两条点画线的交点表示圆心位置，回转轴线的位置也是用点画线表示，如表 2—13 所示。

表 2—13　　常见曲面立体的投影特性

名称	立体图	投影图	投影特性
圆柱			一个视图为圆，另外两个视图为矩形
圆锥			一个视图为圆，另外两个视图为三角形

续表

名称	立体图	投影图	投影特性
圆球	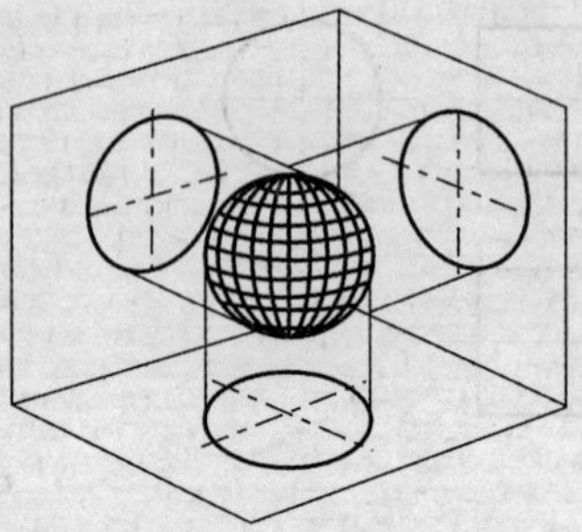	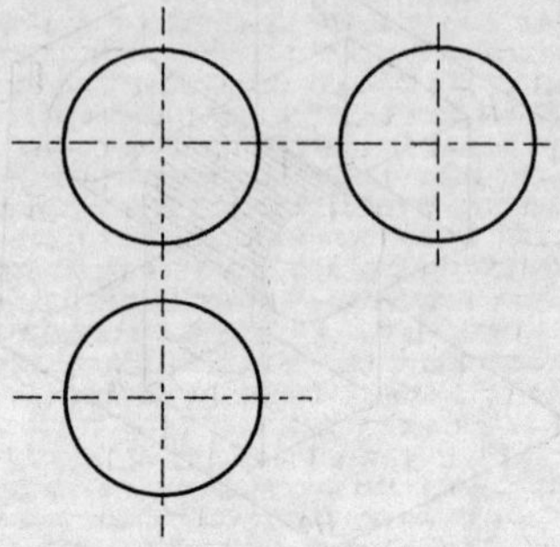	三个视图均为直径相同的圆
圆环	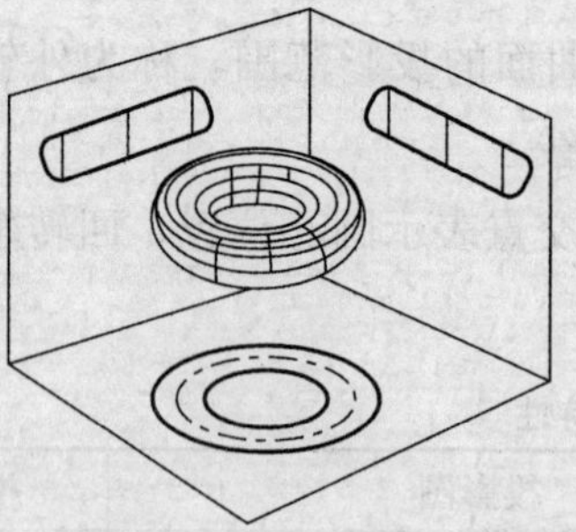	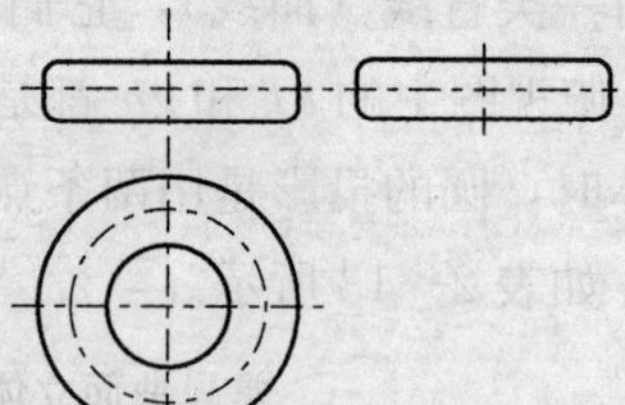	一个视图为两个同心圆，另外两个视图为两端圆弧的长方形

测试题

一、判断题（将判断结果填入括号中。正确的填“√”，错误的填“×”）

1. 字体设计不要注重信息传播和视觉识别效果，只要注重美术效果。（ ）

2. 字体设计的学习需要了解和认识文字的基本骨架、文字的自身意义和视觉设计的基本规律。（ ）

3. 独体字是由部首之间的结合产生的。（ ）

4. 绘写美术字首先要确定字体和尺寸，然后再确定字距和行距。（ ）

5. 字形方正、横粗竖细是宋体字的主要特征。（ ）

6. 黑体字字形方正，基本笔画的粗细大体一致，起笔和收笔都是方形，所以又称等线体、方头体。（ ）

7. 变体美术字的设计就是改变字体的大小和文字的排列等。（ ）

8. 拉丁文字是一种表音文字。（ ）

9.19 世纪初，英国的菲金斯先后推出了埃及体和无脚字体。（ ）

10. 拉丁字母大写体的高度大致相同，而字母之间的宽窄比例则相差较大。（ ）

11. 照顾到人们的视觉习惯，在绘写无脚字体字母时，横笔要比竖笔略宽一些。（ ）

12. 常用的阿拉伯数字有罗马体数字和无脚字体数字两种。（ ）

13. 现代罗马体的特点是笔画粗细对比强烈，饰线取直并加长，圆形字母的字形为椭圆形，中心轴垂直。（ ）

14. 装饰字体是最常用、最容易表现的一种字体。（ ）

15. 字体设计时结构一般作为主要变化的对象。（ ）

16. 色彩的调性是指画面色彩的基本倾向。（ ）

17. 所有的触觉肌理都能通过摄影、印刷等方法转化为自然肌理。（ ）

18. 标准字体的设计所运用的形象元素大多是标准的圆、方、三角等多元几何体。（ ）

19. 断笔字以文字的外轮廓表现文字。（ ）

20. 抽象字体有着具象字体无可比拟的表现力。（ ）

21. 动态字体分为交互式动态字体和动画式动态字体。（ ）

22. 拉丁文字能方便地被设计成为具有很好装饰性的图案。（ ）

23. 文字不可以给人以丰富的视觉联想。（ ）

24. 报纸是一种传播快、信息量大、运转周期长的媒体。（ ）

25. 封面设计在书籍装帧中具有举足轻重的地位。（ ）

26. 网页中的导航设计通常包括字体设计、按钮、动画等。（ ）

27. 游戏名称字体的设计只要保证可识别性，不需要将字体与游戏的背景、风格进行联系。（ ）

28. 点、线、面是视觉空间的基本造型要素，但不是编排设计的主要语言。（ ）

29. “图案”一词源自日文，含有设计和草图的意义。（ ）

30. 单独纹样的设计常采取适合特定外形的方法。（ ）

31. 单独纹样又称自由纹样、独立纹样。（ ）

32. 单一图案的适合纹样是将两个以上的单独纹样作为适形造型。（ ）

33. 在实际应用中，二方连续纹样可独立装饰也可与其他纹样组合装饰。（ ）

34. 将二方连续纹样向两头作有规则的排列，可成四方连续图案。（ ）

35. 四方连续纹样的构成有点网纹样、复合纹样、散点纹样等。（ ）

36. 人们对图案色彩的使用是受自然环境 、文化素养、年龄差异等诸多因素影响的。（ ）

37. 金银色与高纯度的色彩配合会产生不谐调的效果。（ ）

38. 节奏与韵律能体现整体与局部、局部与局部的度量关系。（ ）

39. 图案写生的观察方法是从局部开始，然后逐步扩展到整体。（ ）

40. 图案变化的依据是形象，但又不是形象的再现。（ ）

41. 喷绘是图案描绘中的一种特殊画法，不但要熟练运用喷笔，而且还要掌握模板制作技巧。（ ）

42. 中国传统图案主要有彩陶图案、青铜器图案、漆器图案、瓦当图案、画像砖图案、敦煌图案等。（ ）

43. 简略概括的自然形态、粗犷的黑白对比和转换构成了美洲图案鲜明特色。（ ）

44. 写生是观察的记录，是图案设计的依据。（ ）

45. 中国传统图案善于把理想的事物画成纯抽象的图案，如龙凤呈祥、麒麟送子等。（ ）

46. 古代花卉图案风格潇洒自由，而现代花卉图案风格细腻写实。（ ）

47. 日本和服具有非常鲜明的民族特色，大量使用动物图案。（ ）

48. 海马等水生动物图案设计可以用半透明的色彩表现其通灵体态。（ ）

49. 不同的姿态体现了人的不同精神气质和状态特征。（ ）

50. 借助卡通形象推广商业产品已成为一种成功的商业模式。（ ）

51. 三视图之间的三等关系，不仅适用于整个物体，也适用于物体的每一条线、每一个面和每一个局部的投影。（ ）

52. 具象图案基本由点、线、面和肌理效果为主要表现对象。（ ）

53. 人物图案设计以写实为目的。（ ）

54. 学会看图和制图是设计和制作人员都要掌握的一种技能。（ ）

55. 根据物体形状特征，图纸只可横向放置，不可竖向放置。（ ）

56. 在建筑图纸上，不同的线形与不同粗细的线条表达不同的内容。（ ）

57. 字体的号数即字体的高度 h，常用系列为：20 mm、14 mm、10 mm、7.5 mm、3.5 mm、2.5 mm。（ ）

58. 用图线画出的图样只能表达物体的图样，必须通过标注尺寸才能确定物体的大小。（ ）

59. 尺寸界线表示所注尺寸的界限，用细实线绘制，尺寸界线一般应与尺寸线平行。（ ）

60. 当尺寸界线的间隔太小，最外边的数字可以注写在尺寸界线的外侧，中间的尺寸数字可与相邻的数字错开些，必要时也可引出标注。（ ）

61. 在圆弧上标注半径时，尺寸线不必从圆心画起或对准圆心。（ ）

62. 角度的尺寸线是以角的顶点为圆心的圆弧线。（ ）

63. 采用物体与影子之间的关系所形成的绘制工程图样方法称为投影法。（ ）

64. 正投影能反映物体的真实形状和大小，便于度量、作图简便，是绘制工程图样的基本方法。（ ）

65. 直线和平面相对投影面的位置有三种情况：平行、垂直和倾斜。（ ）

66. 由于物体在一个投影面上只能得到一个方向的视图，所以物体的一个视图能全面、准确地表达物体的形状和大小。（ ）

67. 从展开后的三视图中可以看出：以主视图为准，俯视图在主视图的正右方，左视图在主视图的正下方。（ ）

二、单项选择题（选择一个正确的答案，将相应的字母填入题内的括号中）

1.（ ）是人类祖先为了记录语言、事物和交流思想感情而发明的视觉符号。

A. 文字 B. 标志 C. 拼音 D. 图腾

2.（ ）是世界上历史最悠久的文字之一。

A. 英文 B. 汉字 C. 德文 D. 法文

3. 早期的拉丁字母体系中并没有（ ）字母。

A. 手写 B. 大写 C. 小写 D. 18 个

4.（ ）是每个字库最基本的字体形式。

A. 黑体和仿宋体 B. 黑体和楷体

C. 楷体和宋体 D. 黑体和宋体

5. 像素图像是指点阵图像，由许多自带颜色的（ ）组合而成的图像。

A. 小圆形 B. 小三边形 C. 小四边形 D. 小六边形

6. 拉丁文（ ）小写体产生于公元 8 世纪的法国。

A. 鲁斯梯卡 B. 卡罗琳 C. 安色尔 D. 歌德体

7. “时、巧、明、双”等字的结构属于（ ）。

A. 上下结构 B. 左右结构 C. 内外结构 D. 上中下结构

8. 在下列文字中，（ ）是属于内外结构的字。

A. 口、丙 B. 电、由 C. 厂、门 D. 司、团

9. “意、章、裳、等”的字体结构属于（ ）。

A. 上下结构 B. 左右结构 C. 内外结构 D. 上中下结构

10. 绘写美术字时，影响字形大小的因素很多，概括起来有外形、线条、(　　)等方面。

A. 行距　B. 字距　C. 内白　D. 重心

11. 宋体字的撇、捺、点、提、钩均保留(　　)书法的痕迹，带有笔锋。

A. 篆书　B. 隶书　C. 楷书　D. 草书

12. 黑体字的横、竖笔画两头要稍稍(　　)一些。

A. 收细　B. 加粗　C. 加长　D. 缩短

13. 字体变形的方法主要有形体变化、笔画变化、(　　)等。

A. 结构变化　B. 位置变化　C. 大小变化　D. 排列变化

14. (　　)是一种用图画形象地表达字词的含义，使文字与图画形象地结合起来的一种美术字。

A. 中空字体　B. 象形字体　C. 立体字体　D. 投影字体

15. 绘写呈菱形的美术字，如“今、令”等，比较并排的其他文字应(　　)，这样才能与其他文字保持视觉上的均衡。

A. 一样大小　B. 稍小一些　C. 略大一些　D. 靠近一点

16. 拉丁字母大小写一起书写时，大写字母的(　　)要与基线相齐。

A. 上端　B. 下端　C. 顶端　D. 中端

17. (　　)结构简洁、形象明确，给人以厚实感，是广告招贴、大幅标语常用的字体。

A. 老罗马体　B. 无脚字体　C. 手写体　D. 歌德体

18. 意大利人波多尼设计的(　　)笔画间的粗细对比强烈、空白均匀、字体明亮，至今仍被广泛应用。

A. 古罗马体　B. 意大利斜体

C. 现代罗马体　D. 现代自由体

19. 初学绘写小写拉丁字母时都要依靠字线来绘写，其中一条压在小写字母“x”顶部的字线叫(　　)。

A. 顶线　B. 共用线　C. 基线　D. 底线

20. (　　)具有中古时代浪漫的气息和宗教神秘感，其结构紧凑、笔画粗重，有很强的视角力度。

A. 歌德体　B. 罗马体　C. 埃及体　D. 无脚字体

21. 凡是有横笔画的罗马体字母，那么它的竖笔画必然都是(　　)。

A. 平饰线　B. 波饰线　C. 细干线　D. 粗干线

22. 无脚字体、埃及体等笔画简洁的字体虽然表现力很强，但在(　　)等方面不适合使用。

A. 包装设计　　B. 书刊正文　　C. 展示版面　　D. 招贴广告

23. 拉丁文小写体字形分基形、伸形和续形三类，如(　　)是基形字母。

A. h　　B. m　　C. p　　D. f

24. 将所有的拉丁字母进行排列后，可以发现有一条水平线从这些字母或字母的主体部分下穿过，这条线称为(　　)。

A. 顶线　　B. 共用线　　C. 基线　　D. 底线

25. 字体设计上(　　)是第一位的。

A. 字体的字形　　B. 词义的表达

C. 字体的颜色　　D. 词义的理解

26. (　　)是字体设计的前提。

A. 美观大方　　B. 创新新颖　　C. 便于理解　　D. 容易识别

27. 将汉字的形状按正方形、长方形、斜方形等几何形状进行变化，这种变化方法叫做(　　)。

A. 外形变化　　B. 笔画变化　　C. 结构变化　　D. 装饰变化

28. 美术字的(　　)主要是对副笔画进行变化，主笔画基本没有大的变动。

A. 外形变化　　B. 笔画变化　　C. 结构变化　　D. 装饰变化

29. 美术字的(　　)就是有意识地把字的部分笔画进行夸张、连接或分割，改变字的重心等。

A. 外形变化　　B. 笔画变化　　C. 结构变化　　D. 装饰变化

30. (　　)用变化的焦点、距离形成具有各种空间感觉的字体效果。

A. 扭曲变形　　B. 分割型字体　　C. 透视立体　　D. 阴影立体

31. 在字体变化中，(　　)美术字是一种对文字进行错位、阴阳互换以及各种装饰性处理的字体。

A. 中空型　　B. 内线型　　C. 立体型　　D. 分割型

32. 在字体变化中，(　　)美术字是一种文字中间留有虚形装饰线的字体。

A. 中空型　　B. 内线型　　C. 立体型　　D. 分割型

33. 如果将文字的侧面全部向一个透视焦点会聚，成为一种透视立体美术字，这种表现方法叫(　　)。

A. 平行透视法　　B. 聚点透视法　　C. 成角透视法　　D. 散点透视法

34. 如果将文字的正面和侧面向着各自的焦点会聚，成为一种透视立体美术字，这种表现方法叫(　　)。

A. 平行透视法　B. 聚点透视法　C. 成角透视法　D. 散点透视法

35. (　　)是以文字的外轮廓表现文字。

A. 框线字　B. 断笔字　C. 重叠字　D. 动态效果

36. (　　)给人以光线照射文字的感觉。

A. 扭曲变形　B. 分割型字体　C. 阴影立体　D. 透视立体

37. 字体的形态包括字体的外形、(　　)和结构。

A. 大小　B. 颜色　C. 空间　D. 笔画

38. 如果以中轴线作为依据把平面上下分为等同的两部分，则人们相对会去观察(　　)半部分的东西。

A. 左　B. 右　C. 上　D. 下

39. 如果以中轴线为依据把平面左右分为等同的两部分，人们相对会去观察(　　)侧的东西。

A. 左　B. 右　C. 上　D. 下

40. (　　)字体是将文字的笔画形态运用不同的物质质感来表现的字体。

A. 质地　B. 色彩　C. 纹理　D. 肌理

41. (　　)是老宋体笔画的基本特征之一。

A. 横竖笔画一样粗细　B. 笔画两端形状呈圆弧形

C. 竖粗、横细　D. 笔画粗细均匀

42. 装饰字体从(　　)艺术中衍生而来。

A. 剪纸　B. 绘画　C. 雕刻　D. 书法

43. 15 世纪中叶，德国人戈登发明了活字印刷，采用(　　)来印刷经典。

A. 陶质活字字模　B. 金属印刷活字字模

C. 木质活字字模　D. 泥质活字字模

44. (　　)是在平面的空间里展示立体的一种特殊设计手法。

A. 立体空间　B. 矛盾空间　C. 三维空间　D. 二维空间

45. 具象字体设计就是用(　　)塑造文字。

A. 感性形象　B. 图形符号　C. 理性推理　D. 心理感应

46. 抽象字体设计是以(　　)来表达字体的含义。

A. 感性形象　B. 图形符号　C. 理性推理　D. 心理感应

47. 印刷字体缺乏(　　)化的设计。

A. 理性　B. 感性　C. 个性　D. 共性

48. 手写字体不包括(　　)等不同形式。

A. 篆刻　B. 图章　C. 书法　D. 印刷

49. 交互动态字体由程序编写而成，当观众点击字体的时候会产生(　　)。

A. 互动　B. 变大　C. 变小　D. 画面

50. 将二维的几何文字赋予(　　)，制作出最基本的三维字体。

A. 色彩　B. 厚度　C. 肌理　D. 材质

51. 字体组合要具备(　　)。

A. 地域性和美观性　B. 可识性和美观性

C. 可识性和逻辑性　D. 逻辑性和美观性

52. 字体变化的根本目的是使(　　)完美地结合，通过特定的形式更充分地展示内容。

A. 文字与图画　B. 笔画与结构　C. 形式与内容　D. 字体与色彩

53. 文字和图片所占用的空间称为(　　)。

A. 实空间　B. 平面空间　C. 虚空间　D. 视空间

54. 字体组合上的夸张可以理解为是(　　)的夸张。

A. 结构　B. 段落　C. 图形　D. 文字

55. (　　)分别代表了两种不同类型的交流方式。

A. 汉字和数字　B. 汉字和拉丁文字　C. 汉字和拼音　D. 拉丁文字和英文

56. 汉字以(　　)作为基本形。

A. 圆形　B. 方形　C. 菱形　D. 三角形

57. (　　)需遵循视觉信息接收和审美的规律。

A. 文章结构　B. 程序编排　C. 版面设计　D. 工业设计

58. 版面是承载文字字体、图片图形等信息的有限定范围的(　　)。

A. 视觉转达　B. 电子媒体　C. 立体媒体　D. 平面载体

59. 版面设计应注意(　　)的准确性。

A. 文字表达　B. 信息传递　C. 结构编排　D. 图文并茂

60. 版面设计要遵循(　　)的原则。

A. 形式美　B. 色彩对比　C. 时代风格　D. 流行时尚

61. (　　)是决定版面形式和影响易读性的重要因素。

A. 字号和字距　B. 字号和行距　C. 字体和字距　D. 字距和行距

62. 一段文字的行距须(　　)字距。

A. 大于　B. 小于　C. 等于　D. 以上选项皆可

63. 招贴由（　　）、色彩和字体三种基本要素构成。

A. 图形　B. 版面　C. 数字　D. 文本

64. 招贴文字包含标题、正文和（　　）三种不同的大类。

A. 日期　B. 广告语　C. 说明文字　D. 制作者

65.（　　）具有针对性强、有效时间长、表现效果好等媒介特点。

A. 报纸广告　B. 电视广告　C. 杂志广告　D. 电台广告

66. POP 广告的具体含义就是在（　　）出现的广告。

A. 购买时和购买地点　B. 购买前和购买时

C. 购买前和购买点　D. 购买点

67. 在包装装潢设计中，要特别注意（　　）的应用。

A. 数字　B. 标准字体　C. 色彩　D. 功能性

68. 书籍装帧设计通常被称为（　　）。

A. 图书设计　B. 图书包装　C. 书籍装订　D. 包装装潢

69.（　　）既能传达文字信息内容，又有传递设计主题和图形艺术的作用。

A. 汉字　B. 拼音　C. 英文字体　D. 法文符号

70. 字体设计应用的标志包括字母标志、数字标志、（　　）标志和综合性标志。

A. 汉字　B. 拼音　C. 英文　D. 法文

71.（　　）是网页中传递信息的重要元素。

A. 符号　B. 图形　C. 图片　D. 文字

72. 网页多媒体字体设计中，字形的设计要（　　）。

A. 适合浏览　B. 美观　C. 大方　D. 滚动

73. 从总体上看，规范化字体是从（　　）开端的。

A. 黑体　B. 老宋体　C. 楷体　D. 姚体

74. 古人在进行汉字的书写练习时，常把（　　）字的八种笔画作为笔画练习的课题。

A. 永　B. 单　C. 多　D. 但

75. 装饰图案是依附产品而存在的，必然受到工艺制作等方面的影响，这就是装饰图案的（　　）。

A. 艺术性　B. 实用性　C. 制约性　D. 多样性

76.（　　）的连续方向可以是横向的，也可以是竖向的，还可以是斜向的或带转折的。

A. 单独纹样　B. 二方连续纹样　C. 适合纹样　D. 四方连续纹样

77. 二方连续纹样的骨骼结构主要有散点式、自由式、（　　）、直立式、波浪式等。

A. 垂立式　B. 水平式　C. 单独式　D. 曲线式

78.（　）是装饰图案的最基本的单位纹样。

A. 单独纹样　B. 适合纹样　C. 二方连续纹样　D. 四方连续纹样

79. 从构成形式上看，单独纹样分对称形和（　）。

A. 条理形　B. 反复形　C. 节奏形　D. 平衡形

80. 采用一个单独纹样对装饰物的一点或局部进行装饰的叫做（　）。

A. 点饰　B. 面饰　C. 角饰　D. 边饰

81. 适合各种周边装饰的纹样称为（　）适合纹样。

A. 点饰　B. 面饰　C. 角隅　D. 边缘

82.（　）二方连续纹样的骨骼结构，其特点是纹样的方向呈垂直形，可做向上或向下，或上下互相结合的排列。

A. 散点式　B. 水平式　C. 自由式　D. 直立式

83. 采用一个或两个以上的图案单元，作条状反复排列的称为（　）纹样。

A. 角隅适合　B. 边缘适合　C. 二方连续　D. 四方连续

84. 四方连续排列方法可分花形排列法和（　）构成排列法两种。

A. 几何形　B. 韵律　C. 条理　D. 重复

85.（　）是以网纹组织为基础，填充合适图案，把自然形和几何形结合起来，构成具有几何形特征的连续纹样。

A. 点网纹样　B. 散点纹样　C. 连缀纹样　D. 复合纹样

86.（　）是以小面积的单位纹样作上下左右的无限排列。

A. 单独纹样　B. 二方连续纹样

C. 适合纹样　D. 四方连续纹样

87. 蓝、蓝绿、蓝紫等色彩是一种消极而沉静的冷色，一般来说用在（　）的色调设计中比较合适。

A. 婚庆典礼　B. 生日宴会　C. 冷饮店　D. 火锅店

88.（　）有热烈、活跃、向上的感觉，常用于喜庆吉祥图案。

A. 红色　B. 绿色　C. 蓝色　D. 灰色

89.（　）是指色相环上相距 180°的两种颜色，它们的配合色彩鲜明、强烈、饱满，容易使人兴奋、激动，但也容易造成精神疲劳。

A. 同种色　B. 类似色　C. 邻近色　D. 互补色

90. 一幅运用暖色、明色和纯色来装饰的图案，会给人一种（　）的感觉。

A. 前进　B. 后退　C. 宁静　D. 收缩

91.（　　）的配合是同一个色相的不同明度的色彩的配合。

A. 同种色　　B. 类似色　　C. 邻近色　　D. 对比色

92. 在色相环上相距 45°的颜色是一种（　　）关系，它们的配合很容易取得调和的效果。

A. 同种色　　B. 类似色　　C. 邻近色　　D. 对比色

93.（　　）图案具有安定、平稳和宁静的视觉美感，是传统图案中最常见的一种构成形式。

A. 条理与反复　　B. 对称与均衡　　C. 节奏与韵律　　D. 比例与对照

94. 图案写生的方法有多种，（　　）就是一种用简洁的线条记录自然对象的形体、结构、比例等细节的方法。

A. 形影写生　　B. 线描写生　　C. 局部写生　　D. 色彩写生

95.（　　）的手法是将素材去繁就简、净化提炼，将复杂的物象简化到最低限度。

A. 夸张美化　　B. 体现秩序　　C. 求全造型　　D. 提炼概括

96. 埃及图案中的人物造型极有特点，它从最能反映某部分形象特征的角度安排各部分的造型，如（　　）。

A. 头是侧面的，眼睛是正面的　　B. 头是透视的，眼睛是平面的

C. 头是正面的，眼睛是侧面的　　D. 头是平面的，眼睛是透视的

97. 装饰图案施色的技法有很多，（　　）的关键是调色，而调色的关键在于掌握好色彩的完全混合和适当的浓稠度。

A. 渲染法　　B. 勾线法　　C. 接染法　　D. 平涂法

98.（　　）就是用点的自由排列来形成图案的疏密变化。

A. 渲染法　　B. 勾线法　　C. 接染法　　D. 点绘法

99. 商周时代青铜器的发展产生了灿烂的青铜器图案，最有代表性的有夔龙纹、凤纹、（　　）等。

A. 米字纹　　B. 编织纹　　C. 网状纹　　D. 饕餮纹

100. 对称与均衡的构图形式在秦汉时期的（　　）中表现得非常巧妙。

A. 瓦当图案　　B. 彩陶图案　　C. 青铜器图案　　D. 青花图案

101. 明清时期的装饰图案比较重要的有（　　），其表现内容极其丰富，图案造型舒展秀丽、密集紧凑、灵活而不失条理。

A. 瓦当图案　　B. 彩陶图案　　C. 青花图案　　D. 卷草图案

102.（　　）的手法是将对象有代表性的特征强化处理，使其更具特点。

A. 提炼概括　　B. 夸张美化　　C. 体现秩序　　D. 求全造型

103. 古波斯图案中有一种(　　)形象生动、造型独特，对我国隋唐时期的纹样产生了重要的影响。

A. 卷草纹　B. 联珠纹　C. 回形纹　D. 米字纹

104. 希腊图案中的(　　)运用几何形的结构进行组织造型，动物、人物以简朴的黑影表现，形象概括抽象。

A. 瓶画图案　B. 壁画图案　C. 刺绣图案　D. 剪纸图案

105. 节奏与韵律体现在图案有秩序的(　　)中。

A. 重复与渐变　B. 对立与统一　C. 对比与和谐　D. 反射与变异

106. 线描法是最常用、最基本的(　　)方法。

A. 写生　B. 策划　C. 观察　D. 创意

107. (　　)法则是构成图案形式美的最基本法则。

A. 对称与均衡　B. 条理与反复　C. 变化与统一　D. 节奏与韵律

108. 物体造型是否稳定取决于(　　)是否恰当。

A. 灭点　B. 透视点　C. 中心　D. 重心

109. 一种以中心轴或中心点为依据，在其上下、左右或四方配置同形、同量、同色的纹样，这种组织形式叫做(　　)。

A. 节奏　B. 韵律　C. 对称　D. 均衡

110. 写生构图应体现(　　)与统一的原则，但过于追求统一会使版面呆板。

A. 节奏　B. 韵律　C. 平衡　D. 变化

111. 漆器的图案语言是以(　　)为主调，形态舒展活泼，线条刚劲有力。

A. 粗犷有力　B. 狞厉威严　C. 弹性曲线　D. 简洁明快

112. 爱斯基摩人的图案是(　　)。

A. 欧洲图案　B. 亚洲图案　C. 非洲图案　D. 美洲图案

113. 中国古代《本草纲目·图谱》总结了药用植物的形态结构特点，并用(　　)的形式加以说明和介绍。

A. 素描　B. 线描　C. 国画　D. 水粉

114. 兔子的图案设计重点在(　　)。

A. 耳朵　B. 眼睛　C. 嘴巴　D. 尾巴

115. 松鼠的图案设计重点在(　　)。

A. 长尾巴　B. 嘴巴　C. 手　D. 身体

116. 甲壳类动物图案设计可以用(　　)的色彩来表现其凶猛的印象。

A. 夸张艳丽　B. 透明　C. 漂移轻盈　D. 低调灰暗

117. 乌贼等有触手的软体动物图案设计可以（　　）它们触手的比例和动态。

A. 卡通　　B. 虚构　　C. 拟人　　D. 夸张

118. 大象的图案设计重点在（　　）。

A. 眼睛　　B. 鼻子　　C. 尾巴　　D. 嘴巴

119. 猫头鹰的图案设计重点表现对象是（　　）。

A. 耳朵　　B. 鼻子　　C. 眼睛　　D. 嘴巴

120. （　　）是人的标志性特征，也是最引人注目的部分。

A. 身形　　B. 面孔　　C. 气质　　D. 造型

121. （　　）就是各种性格人物的典型化设计。

A. 皮影戏　　B. 卡通形象　　C. 连环画　　D. 戏曲脸谱

122. 人物姿态图案设计要注意人的（　　）。

A. 运动规律和解剖结构

B. 社会身份和解剖结构

C. 运动规律和社会身份

D. 运动规律和性别特征

123. （　　）是表现人物姿态的好方法。

A. 背影　　B. 影子　　C. 倒影　　D. 剪影

124. （　　）成为动漫造型的新特点，迎合了人们某种特殊的心理需求。

A. 丑和美　　B. 丑和怪　　C. 美和怪　　D. 高和大

125. 后现代主义时代，（　　）成为艺术殿堂的正式成员。

A. 绘画　　B. 雕塑　　C. 卡通　　D. 舞蹈

126. 由于受青铜铸造工艺的限制，青铜器上的兽纹图案是以（　　）的形式勾勒的。

A. 点　　B. 线　　C. 面　　D. 体

127. 抽象图案是相对于动物、植物、人物等（　　）为素材的图案而言的。

A. 抽象形态　　B. 具体形态　　C. 生活形态　　D. 原始形态

128. 基本抽象图案设计还包括比较随意的（　　）设计风格。

A. 绘画　　B. 速写　　C. 涂鸦　　D. 草图

129. 为了让制作人员看明白和理解，就要用制图的方法将设计稿（　　）。

A. 画成图画　　B. 绘成图样　　C. 拍成照片　　D. 编成档案

130. 在同一图样中，虚线、双点画线、（　　）的线段长度和间隔应各自大致相等。

A. 直线　　B. 点画线　　C. 尺寸线　　D. 实线

131. 为了使建筑物和环境不走样地再现在图纸上，必须按（　　）将实物绘制在图纸上。

A. 透视　　B. 绘画　　C. 比例　　D. 投影

132. 1 号图纸幅面规格为(　　)。

A. 594 mm×841 mm　　B. 841 mm×1 189 mm

C. 420 mm×594 mm　　D. 560 mm×846 mm

133. 0～3 号图纸允许长边加长，加长部分的尺寸应为长边的(　　)及其倍数。

A. 1/2　　B. 1/4　　C. 1/8　　D. 1/16

134. (　　)主要用于看得见物体的轮廓线或两个面的相交线。

A. 细线　　B. 粗线　　C. 实线　　D. 虚线

135. 虚线主要用于绘制不可见物体的轮廓线或两个面的相交线，线宽为(　　)或更细。

A. $b/4$　　B. $b/8$　　C. $b/2$　　D. b

136. 数字和字母可以写成直体或斜体，斜体字字头向右倾斜，与水平线约成(　　)角。

A. 60°　　B. 65°　　C. 70°　　D. 75°

137. 图样的比例是指图样中图形与其实物相应要素的(　　)之比。

A. 线性尺寸　　B. 实际尺寸　　C. 对比尺寸　　D. 虚拟尺寸

138. 图样的比例分(　　)三种。

A. 实际比例、放大比例和缩小比例

B. 原值比例、放大比例和缩小比例

C. 原值比例、实际比例和缩小比例

D. 原值比例、放大比例和实际比例

139. 根据国家标准《建筑制图》与《技术制图》的规定，总图以米（m）为尺寸单位，其他图样中的尺寸除标高以米（m）为尺寸单位外，其余均以(　　)为尺寸单位，在尺寸数字后不写尺寸单位。

A. 分米　　B. 厘米　　C. 毫米　　D. 寸

140. 尺寸的组成应包括尺寸界线、尺寸线、尺寸起止符号和(　　)四个要素。

A. 尺寸单位　　B. 比例　　C. 标尺　　D. 尺寸数值

141. 尺寸线的终端有两种形式：箭头和(　　)斜线。

A. 30°　　B. 45°　　C. 60°　　D. 75°

142. (　　)表示所注尺寸的数值。

A. 尺寸界线　　B. 尺寸线　　C. 尺寸数字　　D. 尺寸起止符号

143. 线形尺寸的数字一般注在尺寸线上方或尺寸线的（　　）。

A. 前部　　B. 中部　　C. 后部　　D. 中断处

144. 尺寸数字必须依据读数方向注写在尺寸线上方的（　　）。

A. 前部　　B. 中部　　C. 后部　　D. 下部

145. 半径数字前加字母“（　　）”。

A. D　　B. S　　C. R　　D. ϕ

146. 角度的两边为尺寸界线，尺寸起止符号用（　　）表示。

A. 实线　　B. 短线　　C. 圆点　　D. 箭头

147. 角度尺寸数字一律（　　）书写。

A. 水平　　B. 竖直　　C. 45°　　D. 75°

148. 物体在光线的照射下，会在地面或墙面上产生影子，这个影子称为该物体的（　　）。

A. 视图　　B. 投影　　C. 影像　　D. 虚体

149. 根据投射线之间的相互关系可分为（　　）。

A. 一点投影法和二点投影法　　B. 中心投影法和二点投影法

C. 中心投影法和平行投影法　　D. 多点投影法和平行投影法

150. 投射线与投影面垂直的投影方法称为（　　）。

A. 中心投影法　　B. 平行投影法　　C. 斜投影法　　D. 正投影法

151. 投射线与投影面倾斜的投影方法称为（　　）。

A. 中心投影法　　B. 平行投影法　　C. 斜投影法　　D. 正投影法

152. 用正投影法绘制的物体投影称为（　　）。

A. 中心投影图　　B. 平行投影图　　C. 斜投影图　　D. 正投影图

153. 平面与立体表面相交而产生的截交线是一个（　　）的平面图形。

A. 封闭　　B. 开放　　C. 半封闭　　D. 半开放

154. 当直线或平面倾斜于投影面时，其投影的形状与原来的（　　）。

A. 相同　　B. 类似　　C. 不同　　D. 变异

155. 当直线或平面垂直于投影面时，直线的投影变成一个（　　），平面的投影变成一条线。

A. 线　　B. 面　　C. 点　　D. 体

156. 在工程制图中，一般将互相平行的投射线看做观察者的（　　），用正投影法所绘制的物体图形称为视图。

A. 视角　　B. 视距　　C. 视力　　D. 视线

157. 主视图反映物体上下、左右的位置，即物体的(　　)。

A. 高和宽　　B. 高和长　　C. 长和宽　　D. 长和厚

158. 俯视图反映物体左右、前后的位置，即物体的(　　)。

A. 高和宽　　B. 高和长　　C. 长和宽　　D. 高和厚

159. 主视图与俯视图之间保持(　　)相等。

A. 厚度　　B. 宽度　　C. 高度　　D. 长度

160. 主视图与左视图之间保持(　　)相等。

A. 厚度　　B. 宽度　　C. 高度　　D. 长度

161. 在三视图中，孔的中心线和轴线用(　　)表示。

A. 点画线　　B. 虚线　　C. 细实线　　D. 中实线

162. 在三视图中，用(　　)画出物体的不可见轮廓。

A. 点画线　　B. 虚线　　C. 细实线　　D. 中实线

三、练习题

1. 按字体设计的构思手法，收集三种五类不同表现手法的字体，并画在一张 A4 纸上。

2. 按构成的表现形式，收集 9 个不同手法的文字标志，并将它们画在一张 A4 纸上。

3. 设计一个个人工作室或公司的标准字体。

4. 字体的应用设计，要求字母不做限制，可以采用不同方式的组合；图形采用实体描绘；作业量及尺寸为 A4 纸张大小，4 个图形。

5. 设计一幅字体海报，采用文字型的版面设计。

6. 设计一幅字体海报，采用漫画型的版面设计。

7. 主题：图案简化。内容：选择一个题材（风景、花卉），运用简化的手法对其实施变化处理。要求：在同一主题下，由写生的原始形态分三个步骤逐步加以简化处理。

8. 主题：图案写生（见图 2—104）。

9. 主题：图案夸张。内容：选择一个题材（动物）运用夸张的手法对其实施变化处理。要求：抓住动物的某一个点，运用各种夸张变化的手法对其进行处理。

10. 主题：图案变形。内容：选择一个国家的某一图案，运用变形的手法对其实施变化处理。要求：抓住国家的某一个图案特色，运用各种夸张变化的手法对其进行处理。

11. 主题：图案创意设计。内容：任选一个主题并运用变形的手法对其实施变化处理。要求：抓住动植物、人物、卡通的图案及抽象图案，运用各种夸张变化的手法对其进行处理。

12. 用正投影法绘制一物体。

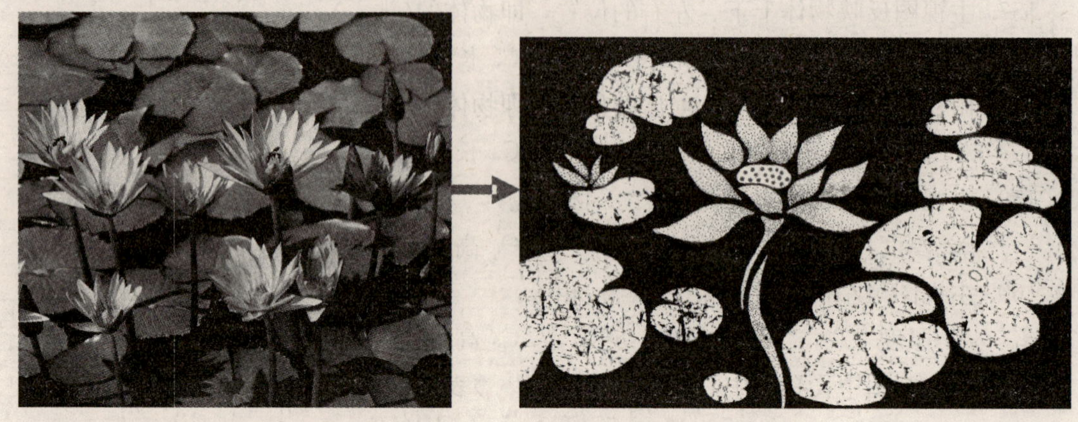

图 2—104　图案写生

13. 绘制一自选物体的三视图。

测试题答案

一、判断题

1. × 2. √ 3. × 4. √ 5. × 6. √ 7. × 8. √ 9. √ 10. √ 11. × 12. √ 13. √ 14. × 15. × 16. √ 17. × 18. √ 19. × 20. √ 21. √ 22. √ 23. × 24. × 25. √ 26. √ 27. × 28. × 29. √ 30. × 31. √ 32. × 33. √ 34. × 35. √ 36. √ 37. × 38. × 39. × 40. √ 41. √ 42. √ 43. √ 44. √ 45. × 46. × 47. × 48. √ 49. √ 50. √ 51. √ 52. × 53. × 54. √ 55. × 56. √ 57. √ 58. √ 59. × 60. √ 61. × 62. √ 63. √ 64. √ 65. √ 66. × 67. ×

二、单项选择题

1. A 2. B 3. C 4. D 5. C 6. B 7. B 8. D 9. D 10. C 11. C 12. B 13. A 14. B 15. C 16. B 17. B 18. C 19. B 20. A 21. D 22. B 23. B 24. C 25. B 26. D 27. A 28. B 29. C 30. A 31. D 32. B 33. B 34. C 35. A 36. C 37. D 38. C 39. A 40. D 41. C 42. A 43. B 44. B 45. A 46. B 47. C 48. D 49. A 50. B 51. B 52. C 53. A 54. C 55. B 56. B 57. C 58. D 59. B 60. A 61. D 62. A 63. A 64. B 65. C 66. A 67. B 68. A 69. A 70. A 71. D 72. A 73. B 74. A 75. C 76. B 77. B 78. A 79. D 80. A 81. D 82. D 83. C 84. A 85. A 86. D 87. C 88. A 89. D 90. A 91. A 92. B 93. B 94. B 95. D 96. A 97. D 98. D 99. D 100. A 101. C 102. B 103. B 104. A 105. A 106. A 107. C 108. D

109. C　110. D　111. C　112. D　113. B　114. A　115. A　116. A　117. D　118. B　119. C
120. B　121. D　122. A　123. D　124. B　125. C　126. B　127. B　128. C　129. B　130. B
131. C　132. A　133. C　134. C　135. A　136. D　137. A　138. B　139. C　140. D　141. B
142. C　143. D　144. B　145. C　146. D　147. A　148. B　149. C　150. D　151. C　152. D
153. A　154. B　155. C　156. D　157. B　158. C　159. D　160. C　161. A　162. B

三、练习题

答案略。

第 3 章

计算机辅助设计

第1节 计算机基础

学习单元1 计算机的硬件设备

学习目标

了解中央处理器的组成和功能

熟悉内存与外存的异同

熟悉常用的计算机外接设备

计算机有两个基本功能：一是能够存储程序，二是能够自动地执行程序。计算机利用“存储器”来存放所要执行的程序，利用“中央处理器”从“存储器”中依次取出程序中的每一条指令，加以分析和执行，直至完成全部指令任务。

计算机的基本原理是存储程序原理，即把程序本身当作数据来对待，程序和该程序处理的数据用同样的方式储存。现代计算机系统就是依据此原理而设计出来的，并由此确定了存储程序计算机的五大组成部分，即运算器、控制器、存储器、输入设备和输出设备。这五大部分相互配合，协同工作：首先由输入设备接受外界信息（程序和数据），控制器发出指令将数据送入（内）存储器，然后向内存储器发出取指令命令。在取指令命令下，程序指令逐条送入控制器。控制器对指令进行译码，并根据指令的操作要求，向存储器和运算器发出存数、取数命令和运算命令，经过运算器计算并把计算结果存在存储器内。最后在控制器发出的取数和输出命令的作用下，通过输出设备输出计算结果。计算机的运作演示如图3—1所示。

一、中央处理器

运算器与控制器合在一起称为中央处理器，即CPU（Central Processing Unit），CPU是计算机的核心部件。

运算器又称算术逻辑单元（ALU，Arithmetic Logic Unit），它是计算机对数据进行加工处理的部件，其功能是进行算术运算和逻辑运算；控制器用于控制计算机各个部件有条不紊地协同工作，基本功能就是从内存取指令和执行指令。

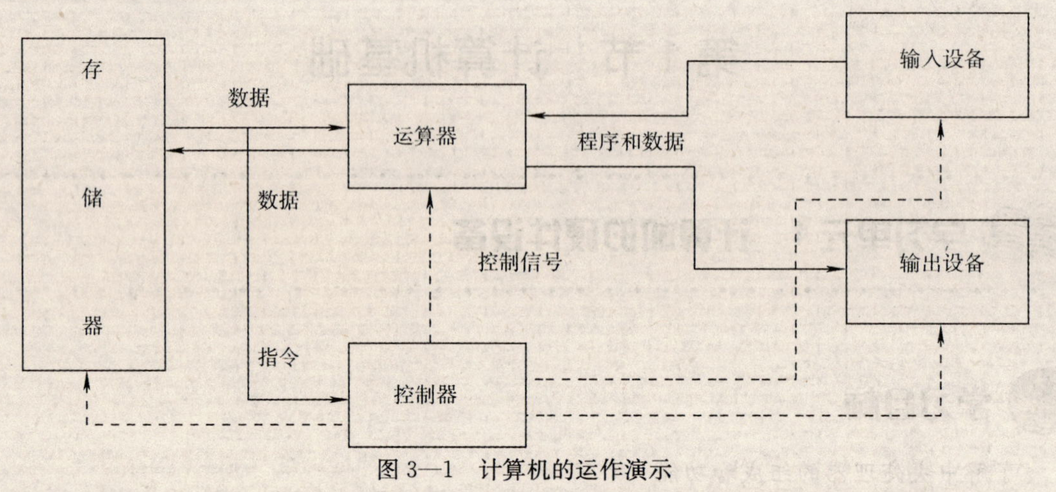

图 3—1　计算机的运作演示

二、存储器

存储器是计算机存储数据和程序的地方。存储器分为内存储器（内存）与外存储器（外存）。

1. 内存

内存由半导体器件构成，用于存放立即要用的程序和数据。内存最突出的特点是存取速度快，但是容量小、价格贵。内存储器从使用功能上可以分为 ROM（只读存储器）和 RAM（随机存储器）两种形式。ROM 只能读取信息，不能写入信息，它一般用来存放专用的固定的程序和数据，不会因断电而丢失；RAM 既可以读取信息，也能写入信息，读出时并不损坏原来存储的内容，只有写入时才修改原来所存储的内容，断电后，存储内容立即消失，即具有易失性。

通常所说的内存主要是指 RAM。

2. 外存

外存是计算机用来长期存放程序和数据的地方。外存的特点是容量大、价格低，但是存取速度慢。外存上的信息主要由操作系统来管理，一般只和内存进行信息交换。常见的外存主要有软盘、移动硬盘、光盘、闪存盘。

三、计算机的外接设备

1. 输入设备

输入设备用于接收用户输入的数据和程序，并将它们转换成计算机能接收的形式（二进制数）存放到内存中。常见的输入设备有键盘、鼠标、扫描仪、手绘板（手写板）等。

2. 输出设备

输出设备是输出计算机处理结果的设备，它将结果转换成便于人们识别的形式。常见的输出设备有显示器、打印机、绘图仪、雕刻机、数控机床等。

学习单元2 计算机软件系统

学习目标

了解计算机常用系统软件

熟悉计算机常用应用软件

计算机软件是指在硬件设备上运行的各种程序、数据以及有关的资料，包括系统软件和应用软件。

一、系统软件

系统软件是指控制和协调计算机及其外部设备，支持应用软件的开发和运行的软件。其目的是最大限度地发挥计算机的作用，充分利用计算机资源，便于用户使用和维护计算机。系统软件包括操作系统、语言处理程序、数据库管理程序、分布式软件系统和人机交互系统等。

1. 操作系统

操作系统用于管理计算机的资源和控制程序的运行。操作系统是一种大型复杂的系统软件，它要管理的资源很多，通常可将这些资源分为四大类，即处理机、存储器、I/O设备以及信息（程序和数据）。这四类资源构成了操作系统本身和用户作业活动的物质基础和工作环境，它们的使用方法和管理策略是决定整个操作系统的规模、类型、功能及其实现过程的重要因素。所以，操作系统的功能主要包括处理器管理、存储管理、文件管理、设备管理和作业管理等，详见表3—1。

表3—1 操作系统的功能

功能	说明
处理器管理	根据一定的策略将处理器交替地分配给系统内等待运行的程序
存储管理	管理内存资源，主要实现内存的分配与回收、存储保护以及内存扩充

续表

功能	说明
文件管理	向用户提供创建文件、撤销文件、读写文件、打开和关闭文件等功能
设备管理	负责分配和回收外部设备，以及控制外部设备按用户程序的要求进行操作
作业管理	为用户提供一个使用系统的良好环境，使用户能有效地组织自己的工作流程，并使整个系统高效地运行

操作系统虽然能使得计算机系统使用方便、高效，但并不能实现计算机的所有功能，还需要借助应用程序才能充分发挥其作用。在装饰美术设计制作中，必须借助 CorelDRAW、Photoshop 等软件完成设计和制作。

2. 语言处理程序

语言处理程序是用于处理软件语言的软件，如编译程序等。语言处理程序把用户用软件语言书写的各种源程序转换成为可为计算机识别和运行的目标程序，从而获得预期结果。其主要任务包括：语言的翻译技术和翻译程序的构造方法与工具。此外，语言处理程序还涉及正文编辑技术、连接编辑技术和装入技术等。

3. 数据库管理程序

数据库管理程序包括数据库的定义和操纵、共享数据的并发控制、数据的安全和保密等。数据库管理程序的主要任务包括：数据库设计、数据模式、数据定义和操作语言、关系数据库理论、数据完整性和相容性、数据库恢复与容错、死锁控制和防止、数据安全性等。

4. 分布式软件系统

分布式软件系统的功能是管理分布式计算机系统资源和控制分布式程序的运行，提供分布式程序设计语言和工具，提供分布式文件系统管理和分布式数据库管理关系等。分布式软件系统的主要任务包括：分布式操作系统和网络操作系统、分布式程序设计、分布式文件系统和分布式数据库系统。

5. 人机交互系统

人机交互系统是提供用户与计算机系统之间按照一定的约定进行信息交互的软件系统，可为用户提供一个友善的人机界面。其主要任务包括人机交互原理、人机接口分析及规约、认知复杂性理论、数据输入、显示和检索接口、计算机控制接口等。

二、应用软件

应用软件是为满足用户不同领域、不同问题的应用需求而提供的软件。应用软件是用户可以使用的各种程序设计语言，以及用各种程序设计语言编制的应用程序的集合。它可以拓宽计算机系统的应用领域，放大硬件的功能。

常用的应用软件见表 3—2。

表 3—2　　常用的应用软件

应用软件	举例说明
文字处理软件	如 WPS，Word 等
图像处理软件	如 Photoshop，Illustrator，Picasa，Corel DRAW 光影魔术手等
媒体播放器	如 Realplayer，Windows Media Player，暴风影音等
图像浏览工具	如 ACDSee，iSee 等。
截图工具	如 EPSnap，HyperSnap 等
动画编辑工具	如 Flash，GIF Movie Gear（动态图片处理工具），Picasa 等
通信工具	如 QQ，MSN 等
编程/程序开发软件	如 JCreator Pro（Java IDE 工具），Eclipse，JDoc 等
防火墙和杀毒软件	如金山毒霸、卡巴斯基、江民、瑞星、诺顿、360 安全卫士等
阅读器	如 CAJViewer，Adobe Reader，PdfFactory Pro（可安装虚拟打印机，可以自己制作 PDF 文件）等
输入法	如紫光输入法、智能 ABC、搜狗输入法等
网络电视	如 PowerPlayer，PPLive，PPMate，PPNTV，PPStream，QQLive 等
系统优化/保护工具	如 Windows 清理助手、Windows 优化大师、超级兔子、奇虎 360 安全卫士等
分析软件	如计算机代数系统、统计软件、数字计算、计算机辅助工程设计等
商务软件	如会计软件、Back Office 等
数据库软件	如数据库管理系统
其他软件	如 WinRAR（压缩软件）；DAEMON Tools（虚拟光驱）；MathType（在编辑 Word 文档时可输入复杂的数学公式和符号）；UltraEdit（文本编辑器）；GoogleEarthWin（全球地貌地图）等

学习单元3 计算机的性能指标

学习目标

了解计算机运算速度及影响因素

熟悉存储器的相关指标

熟悉常用外部设备的性能指标

不同用途的计算机，其不同部件的性能指标要求也有所不同。装饰美术设计对主机的运算速度要求较高，对用于控制雕刻机的主机，其对内存容量、存取速度和外存储器的读写速度要求较高。

一、微型计算机的主要性能指标

1. 运算速度

运算速度是衡量CPU工作速度的指标，一般以每秒完成运算的次数来度量。现代计算机的运算速度可达万亿次/秒。计算机的运算速度与主频有关，还与内存、硬盘等的工作速度及字长有关。

2. 字长

字长是CPU一次可以处理的二进制位数，字长主要影响计算机的精度和速度。字长有8位、16位、32位和64位等。字长越长，表示一次读写和处理的数的范围越大，处理数据的速度越快，计算精度越高。

3. 主存容量

主存容量是衡量计算机记忆能力的指标。容量越大，能存入的字数越多，能直接接纳和存储的程序越长，计算机的解题能力和规模越大。

4. 输入输出数据传输速率

输入输出数据传输速率决定了可用的外设和与外设交换数据的速度。提高计算机的输入输出传输速率可以提高计算机的整体速度。

5. 可靠性

可靠性指计算机连续无故障运行时间的长短。可靠性好，表示无故障运行时间长。

6. 兼容性

任何一种计算机总是从低档机不断向高档机发展的。如果原来为低档机开发的软件不加修改，便可以在它的高档机上运行和使用，则称此高档机为向下兼容。

二、常用外部设备的性能指标

1. 键盘

键盘是用户用来键入命令、程序、数据的主要输入设备。常用的标准键盘按键的个数有 101 键、103 键和 105 键等。按字键开关类型分为：机械式、薄膜式、电容式和导电橡皮 4 种。微型计算机上配置的键盘多数是电容式键盘或薄膜式键盘。

2. 鼠标

鼠标是快速输入设备，是可以取代传统键盘的光标移动键，对于现代的图形用户界面软件（例如 Windows 98，Windows 2000）更是不可缺少，能方便、准确、快速地操作。目前常用的鼠标有机械式和光电式两种。机械式灵敏度较低，但价格便宜；光电式灵敏度高，价格略贵。

3. 扫描仪

扫描仪是用来输入图片资料的输入装置，有彩色和黑白两种，一般作为一个独立的装置与计算机连接。

4. 显示器

显示器是用户用来显示键入的命令、程序、数据以及计算机运算的结果或系统给出的提示信息等的输出设备。显示器的 RAM 容量是一个不可忽视的指标，如果希望显示器具有较强的图形输出功能，必须选用较大的容量。

5. 打印机

打印机是计算机重要的输出设备，打印质量用打印分辨率来度量，单位是“点数/每英寸”，即 dpi（dot per inch）。非击打式打印机的打印质量通常比击打式的高，例如激光打印机分辨率通常是 300 dpi 以上，而点阵打印机的分辨率不足 100 dpi。

6. 绘图仪

绘图仪是输出图形的硬拷贝设备。绘图仪在绘图软件的支持下可绘制出复杂、精确的图形，是各种计算机辅助设计不可缺少的工具。绘图仪的性能指标主要有绘图笔数、图纸尺寸、分辨率、接口形式及绘图语言等。

第 2 节　CorelDRAW 图形设计软件操作与应用

学习单元 1　CorelDRAW 概述

学习目标

了解 CorelDRAW 的功能与用途

熟悉 CorelDRAW 的基本操作

一、CorelDRAW 简介

CorelDRAW 是由加拿大 Corel 公司设计的产品，最早的正式版本于 1989 年面世。从 1989 年开始，基本上每年 Corel 公司都要推出一个新版本，其更新速度之快，适用范围之广，以及操作之简便，功能之强大，都深受广大平面设计工作者的好评。

本书以 CorelDRAW10 为例阐述其操作与应用。

1. CorelDRAW10 的功能与用途

CorelDRAW10 操作简单、方便，且系统性和条理性相当强，同时它的界面简单，易于学习，它所拥有的设计功能覆盖范围广、包容性强。不管是一般的平面设计，还是复杂的位图处理，都可使用 CorelDRAW10 进行设计与制作。所以 CorelDRAW10 被广泛应用于广告设计、产品包装设计、插图创作等多个领域。

2. CorelDRAW10 的安装与启动

在安装 CorelDRAW10 时，请关闭其他应用程序。安装 CorelDRAW10 的操作方法如下：

（1）将 CorelDRAW10 安装光盘放入光盘驱动器内。

（2）打开“我的电脑”下的“控制面板”，选中“添加/删除程序”，弹出如图 3—2 所示的界面。

（3）单击“安装”按钮，然后按照屏幕所指示的安装步骤一步步进行安装。安装完成后，在桌面上和“开始”→“程序”菜单里都可以找到 CorelDRAW10 的快捷方式。双击 CorelDRAW10 的快捷方式，就启动了 CorelDRAW10 的载入进程，如图 3—3 所示。

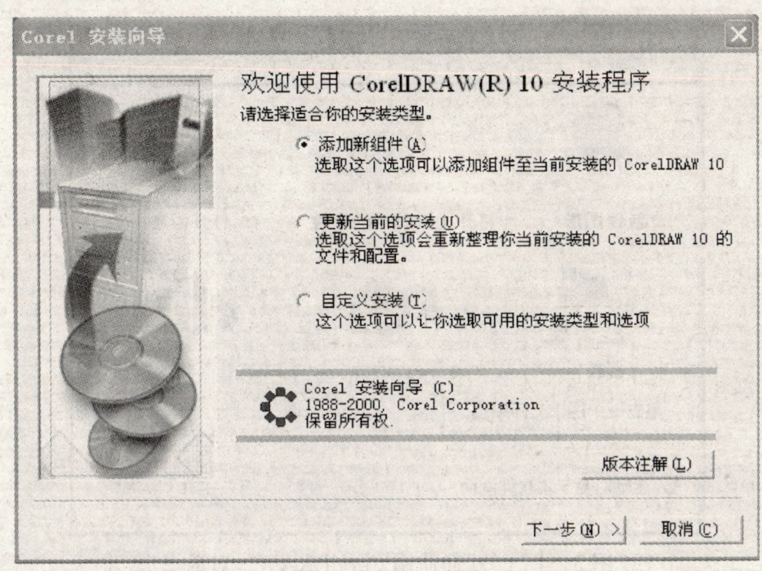

图 3—2 “Corel 安装向导”界面

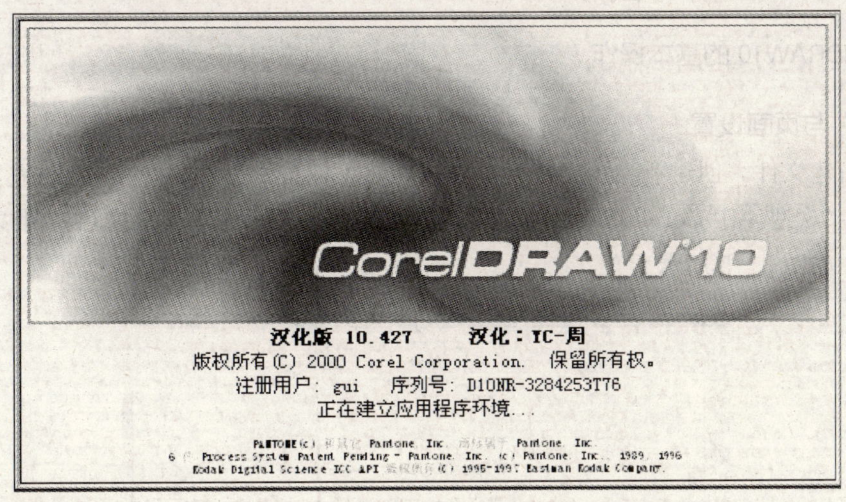

图 3—3 “CorelDRAW10 载入进程”界面

3. 工作界面

CorelDRAW10 启动后，首先出现的是“欢迎使用 CorelDRAW”的对话框，如图 3—4 所示，可在其中选择下一步所需的操作。

单击“新建图形”图标，进入 CorelDRAW10 工作界面，在这个界面中，最上方是 CorelDRAW10 的菜单，内容十分丰富，同时工具栏中的每一种工具都有向导，因此可以很直观地进行操作，对于初学者，只需几分钟的熟悉过程，就能用 CorelDRAW10 开始创作。CorelDRAW10 是个边学边用的软件，即使未掌握它的全部内容，也可以创作出相当

图 3—4 “欢迎使用 CorelDRAW”对话框

不错的作品。

二、CorelDRAW10 的基本操作

1. 新建文件与页面设置

（1）新建文件。创建新绘图文件有 3 种方式，下面分别介绍：

1）在“欢迎使用 CorelDRAW10”的对话框中单击“新建图形”按钮，可以进入新建图形界面，如图 3—5 所示。

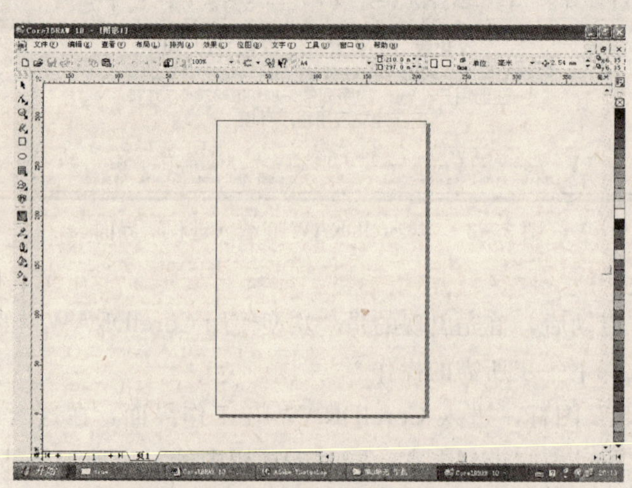

图 3—5 “新建图形”界面

2）进入 CorelDRAW10 后，选择“文件”→“新建命令”也可以进入新的界面。

3）直接单击工具栏上的新建图标（见图 3—6）也可以进入新的界面。

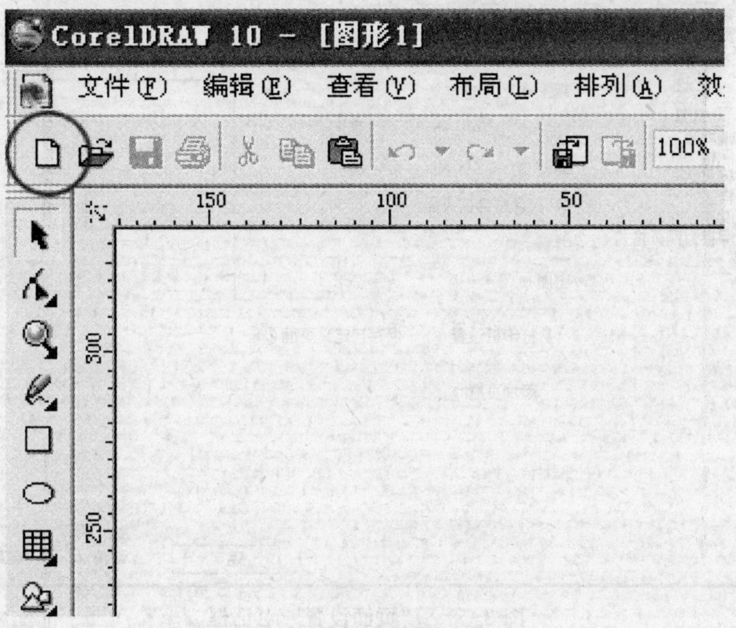

图 3—6 新建图标

（2）页面设置。在绘图之前，最重要的就是设定页面参数。如果绘图要打印出来，参数的设置尤为重要，假使参数设定不当，会导致打印的效果不佳。

1）在界面中央的绘图页面中，矩形的大小和方向可以在属性栏中设定，如图 3—7 所示。也可以通过“布局”→“页面设置”，弹出选项对话框，在文档中的页面里有大小、版面、标签、背景设定，如图 3—8 所示。

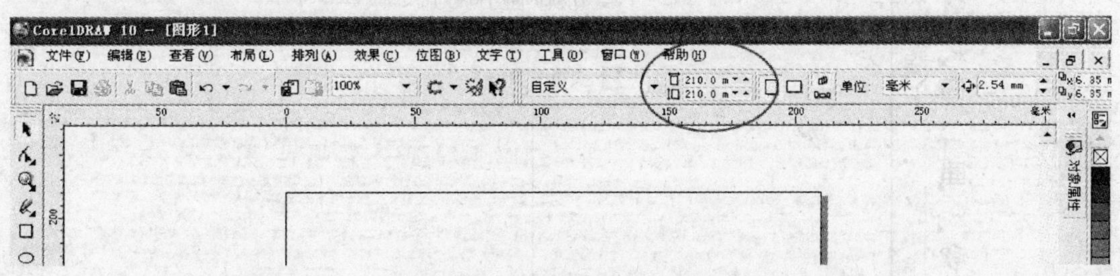

图 3—7 页面矩形大小的设置

2）可以利用“布局”菜单中的命令来添加、删除和重新命名页面等，还可以在页面之间互相转换，“布局”菜单命令如图 3—9 所示。

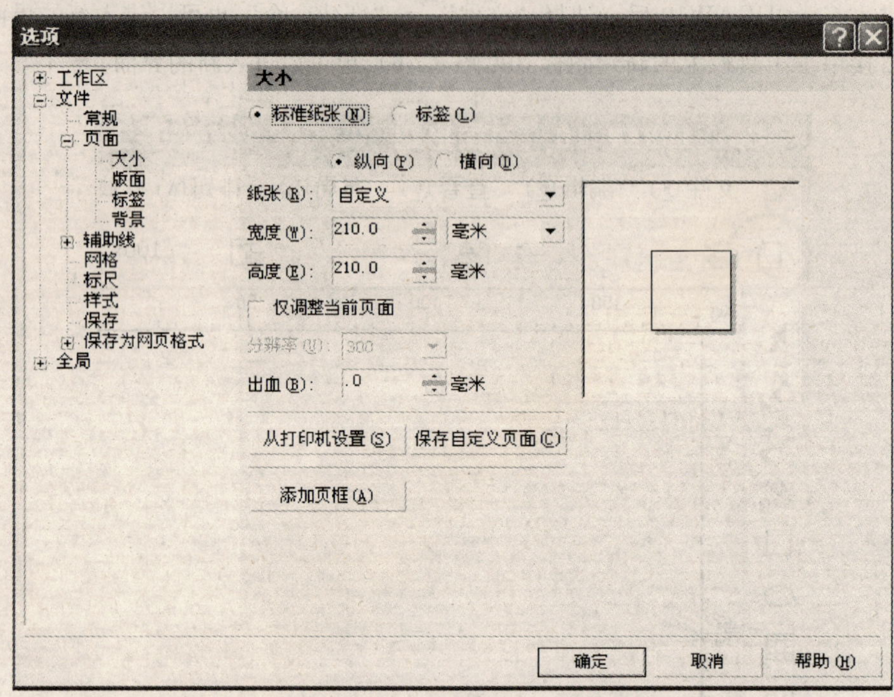

图 3—8 “页面设置”对话框

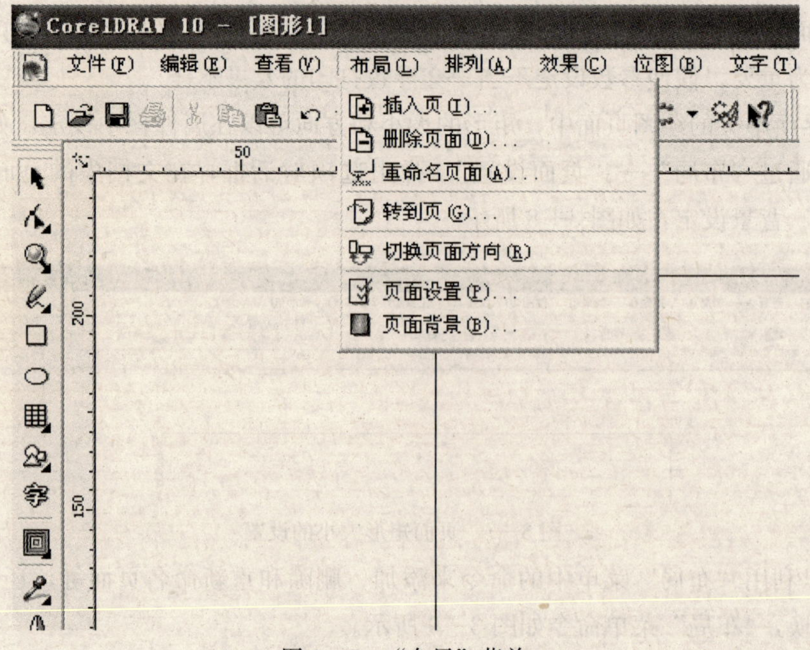

图 3—9 “布局”菜单

3）也可以利用页面下方的版面设定工具列来重命名、增加、删除页面或切换页面方向，右击“页 1”，如图 3—10 所示。

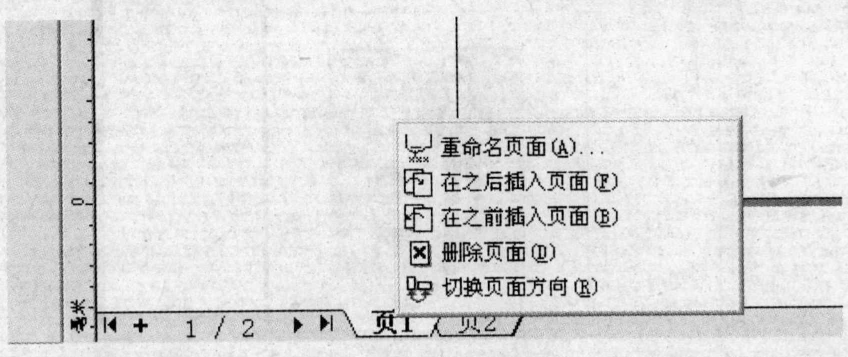

图 3—10　右击“页 1”

2. 导入和导出文件

（1）导入文件。在 CorelDRAW10 中，如果要打开一个非本身格式的文件，如“BMP（位图）”文件，可以选择“文件”→“导入”命令，弹出“导入”对话框，如图 3—11 所示。选中需要导入的文件后单击“导入”按钮，然后按住鼠标并拖动，当形成合适大小的矩形框后，松开鼠标，选择的图就导入到工作区中，如图 3—12 所示。

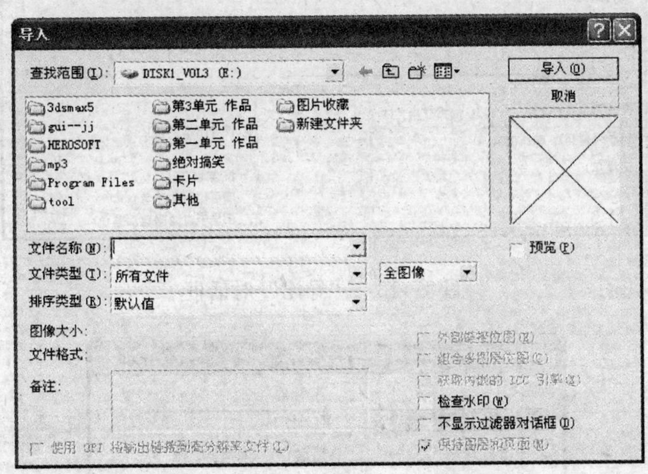

图 3—11　“导入”对话框

（2）导出文件。如果要将文件保存为非本身格式的文件时，可以选择“文件”→“导出”命令，弹出“导出”对话框，如图 3—13 所示。输入文件名和要保存的文件格式及保存的位置，单击“导出”按钮，弹出“位图导出”对话框，如图 3—14 所示。在“位图导出”对话框中，可以对位图输出后的各种属性进行设置，设置完毕，单击“确定”，即可将图形输出为选定的文件格式。

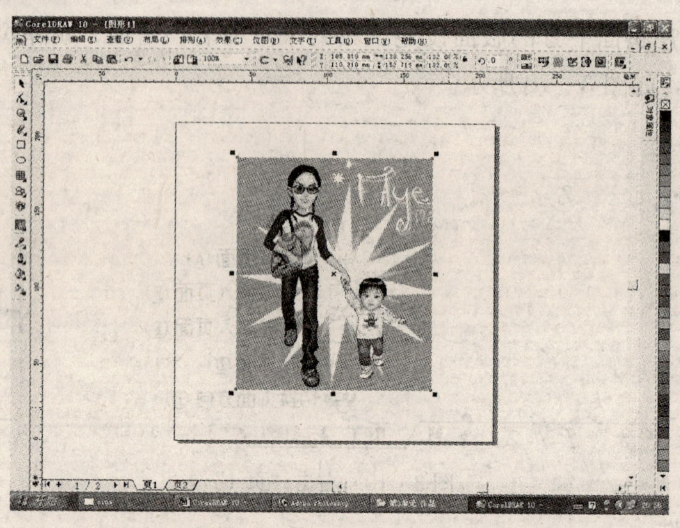

图 3—12　导入图像后的界面

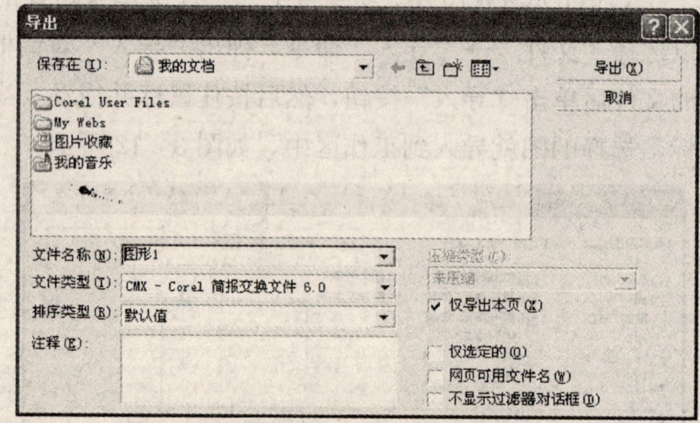

图 3—13　“导出”对话框

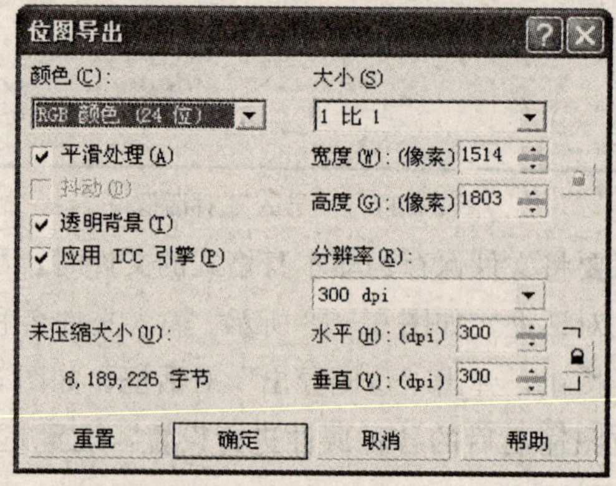

图 3—14　“位图导出”对话框

3. 打开与保存绘图文件

（1）打开绘图文件。执行“打开”命令可打开已保存过的绘图，单击工具栏上的“打开”按钮，或者选择“文件”→“打开”命令，都会弹出“打开绘图”对话框，如图 3—15 所示。在对话框中选择对象，单击“打开”即可。

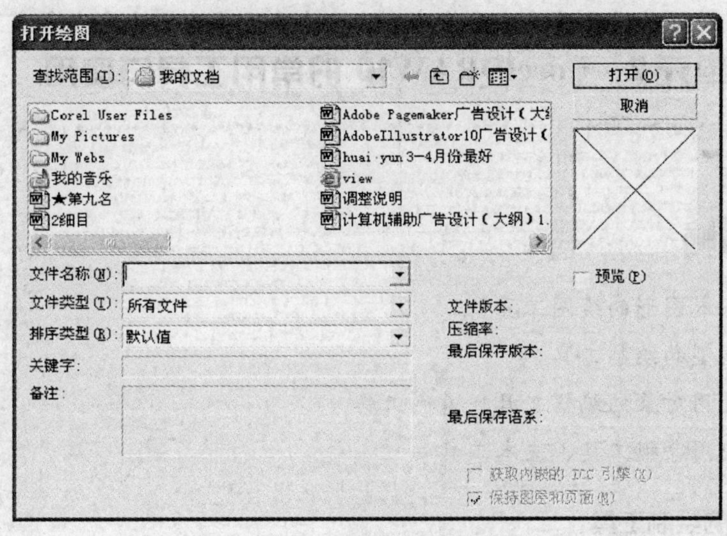

图 3—15　“打开绘图”对话框

（2）保存绘图文件。使用“保存”命令可以将绘图以现有的文件名保存，也可使用“另存为”命令指定新的保存路径和文件名称。单击工具栏上的“存盘”按钮，或者选择“文件”→“保存”命令，都会弹出“保存绘图”对话框，如图 3—16 所示。

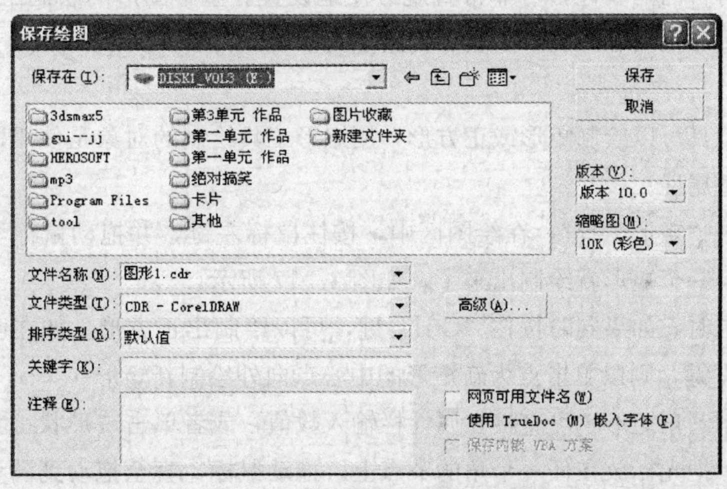

图 3—16　“保存绘图”对话框

如果不是首次保存文件，那么单击保存后并不会弹出“保存绘图”对话框，而是直接将原文件覆盖保存。如果不想把文件保存到原来的位置上，可以选择“文件”→“另存为”命令，同样弹出“保存绘图”对话框，可在其中修改保存路径和文件名。

学习单元 2　CorelDRAW10 的常用工具与使用

学习目标

能够使用基本图形的绘图工具

能够使用线型的绘制工具

能够熟练使用对象的编辑工具、着色工具

能够熟练使用导视工具、文本工具

一、基本图形的绘制工具

任何复杂的图形都是由简单的基本图形组成的，而简单形状的绘制也是 CorelDRAW10 绘图的基础，只有学会使用基本的图形工具后才能绘制出较复杂的图形来。CorelDRAW10 为用户提供了一整套工具，可以利用它们来绘制用于创建绘图的基本形状，每一种工具都有自己的属性，可非常直观方便地设置。基本图形的绘制工具有矩形工具、椭圆工具、多边形工具、螺旋形工具、网格工具。

1. 矩形工具

使用矩形工具可以绘制矩形或正方形，用矩形工具绘制的对象是使用默认的填充、轮廓宽度和轮廓色属性。

首先，单击“矩形工具”，在绘图区中，按住鼠标左键，并拖动鼠标至适当位置，松开鼠标。这样，一个矩形就绘制出来了，如图 3—17 所示。

在绘制矩形时，如果同时按住“Ctrl”键，可以绘制出正方形。如在已绘矩形的中心点按住“Shift”键，则以单击点为新矩形的中心点向外绘制新矩形。

如果要绘制圆角矩形，可直接在属性栏输入数值，或者单击“形状工具”按钮，选取已绘制的矩形，把光标放在任一个角的节点上，拖动鼠标，直至拖动到满意的角度，即可松开左键，如图 3—18 所示。

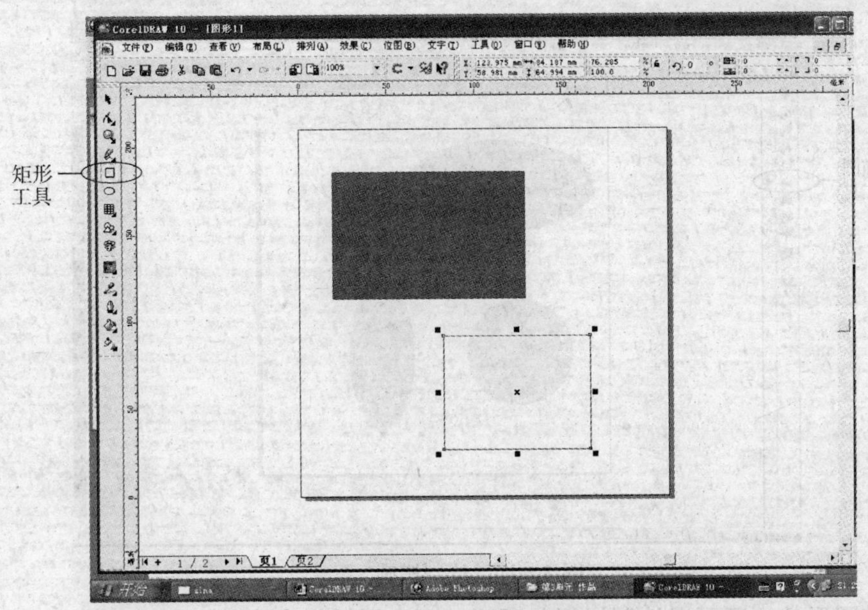

图 3—17 绘制矩形

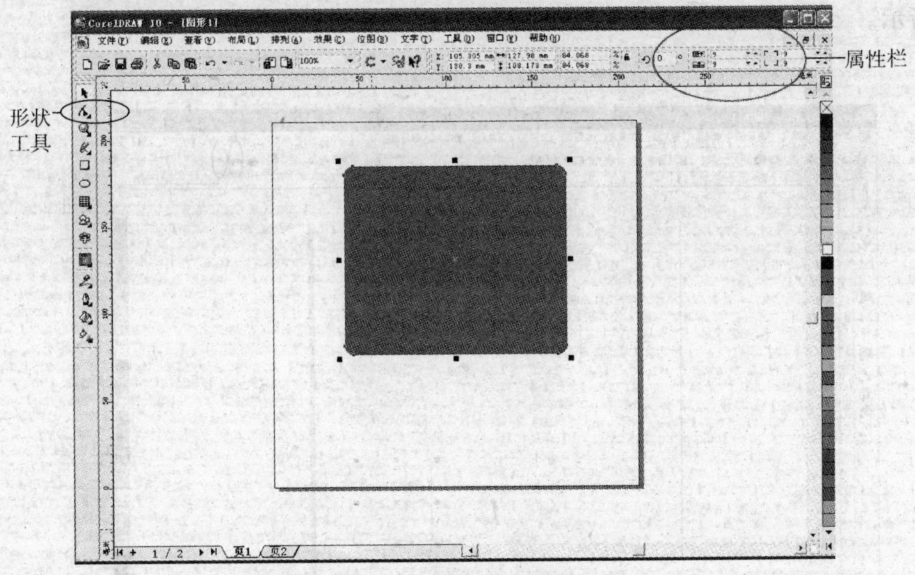

图 3—18 圆角矩形的设置

2. 椭圆工具

椭圆工具的使用方法和矩形工具类似。首先选取“椭圆工具”，在绘图区中，按住鼠标左键，并拖动鼠标至适当位置，松开鼠标，椭圆即绘制完成，如图 3—19 所示。绘制圆形可在绘制时按住“Ctrl”键。如在已绘椭圆的中心点按住“Shift”键，则可以以单击点为新椭圆形的中心点向外绘制。

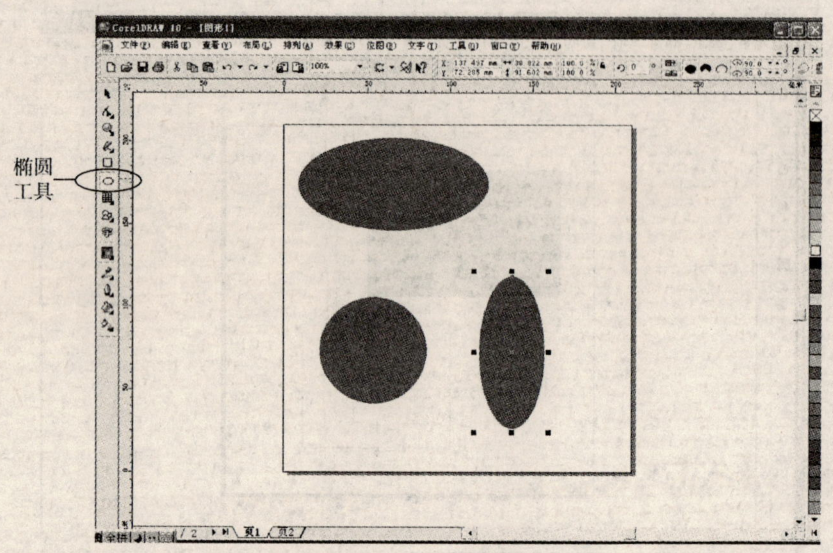

图 3—19　绘制椭圆

除绘制椭圆形外，还可以绘制饼形与弧形，可在属性栏中直接选择后绘制图形，如图 3—20 所示。

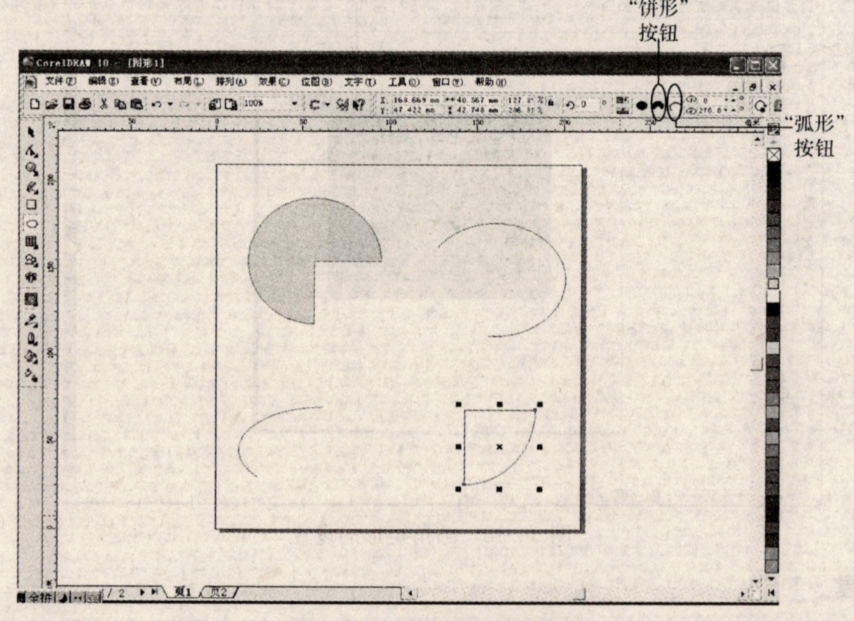

图 3—20　绘制饼形与弧形

3. 多边形工具

使用“多边形工具”可以绘制星形和多边形，而更改星形或多边形的形状可以使用“形状工具”。

在绘制多边形时，先选取“多边形工具”，在绘图区中，单击鼠标并拖动鼠标至适当位置，松开左键即可。在绘图多边形时，同时按住“Ctrl”键，可以绘制边长相等的多边形。若要改变多边形的边数，可在属性栏里改变数值。多边形的绘制如图 3—21 所示。

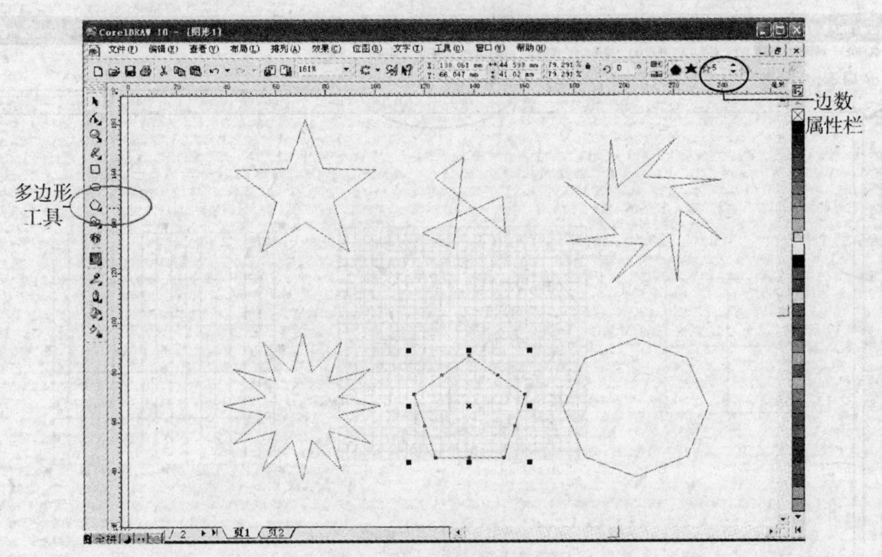

图 3—21　绘制多边形

4. 螺旋形工具

螺旋形可分为“对称”和“对数”两种，对称是指各个螺旋之间的距离是常数；对数是指各个旋转之间的距离随着螺旋形的不断延伸而递增，如图 3—22 所示。

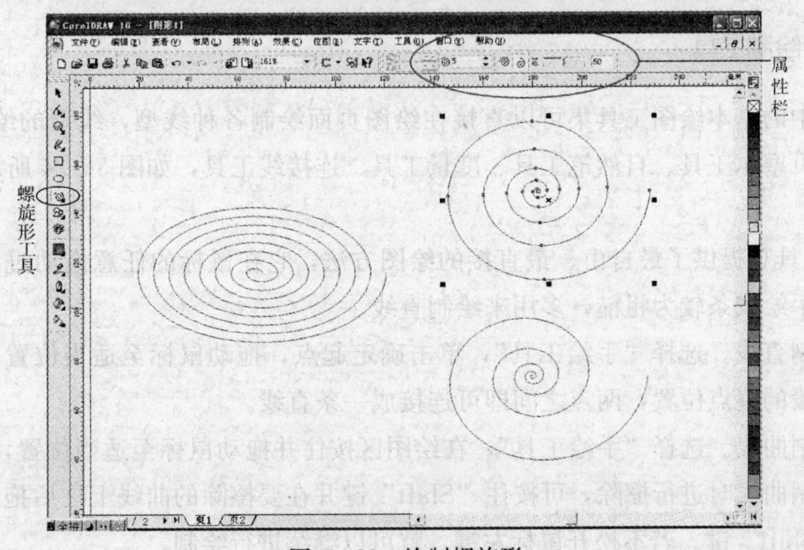

图 3—22　绘制螺旋形

5. 网格工具

“网格工具”可用于设计标志、制作文本表格等。其使用方法非常简单，直接在属性栏中输入行数和列数，然后绘制，方法类似“矩形工具”，如图 3—23 所示。

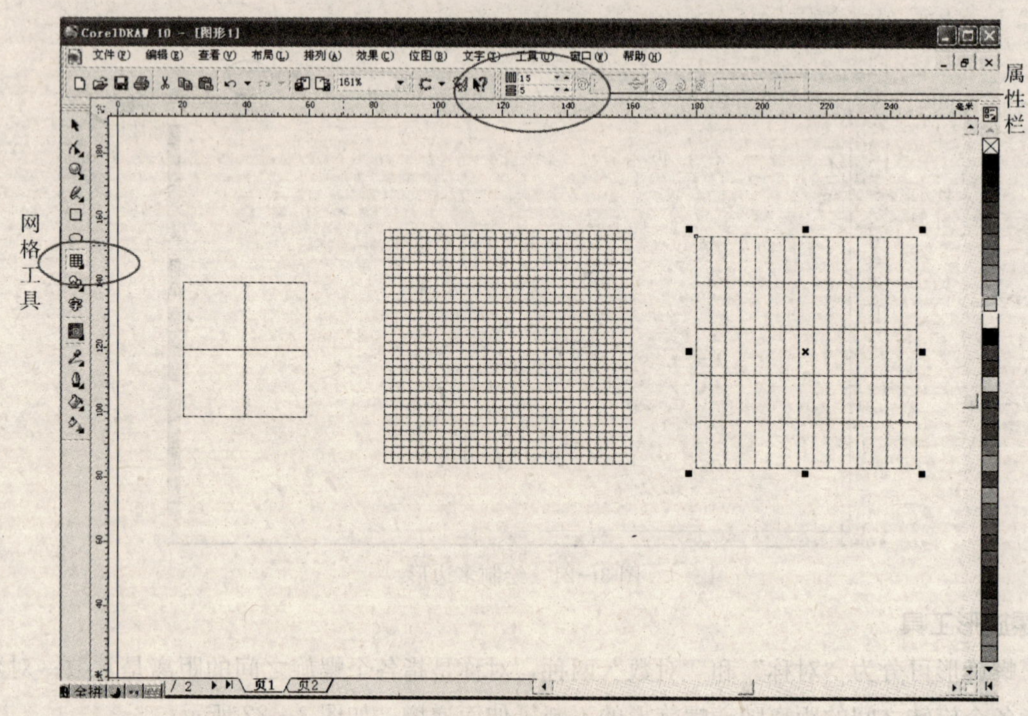

图 3—23 绘制网格

二、线型的绘制工具

工具箱中的基本绘图工具集可以直接在绘图页面绘制各种线型，线型的绘制工具有：手绘工具、贝塞尔工具、自然笔工具、度量工具、连接线工具，如图 3—24 所示。

1. 手绘工具

“手绘工具”提供了最自由、最直接的绘图方法，它在鼠标的任意拖动过程中进行绘制工作，但手绘线条较为粗糙，多用来绘制直线。

（1）绘制直线。选择“手绘工具”，单击确定起点，拖动鼠标至适当位置，再次单击鼠标确定线段的终点位置，两点之间即可连接成一条直线。

（2）绘制曲线。选择“手绘工具”，在绘图区按住并拖动鼠标至适当位置，松开即可。如果要在绘制曲线时进行擦除，可按住“Shift”键并在要擦除的曲线上往后拖动，完成后只需松开“Shift”键。若不松开鼠标左键，就可以继续进行绘制。

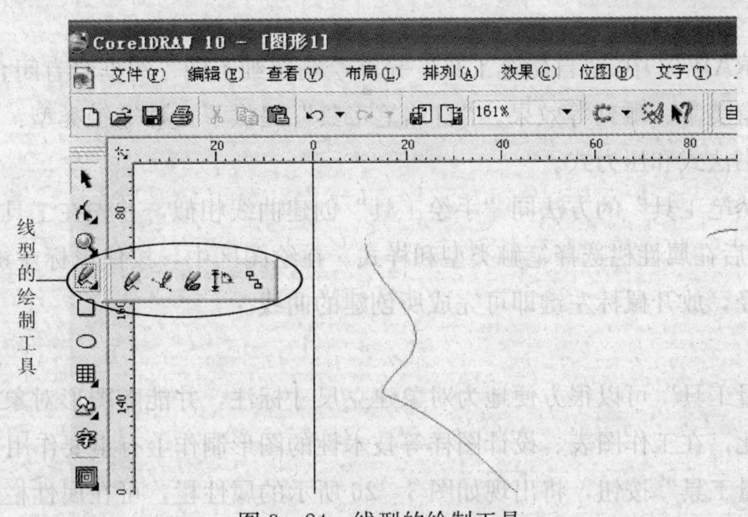

图 3—24　线型的绘制工具

2. 贝塞尔工具

“贝塞尔工具”同“手绘工具”相似，可以绘制直线与曲线。

(1) 绘制直线。单击“手绘工具”右下角的黑色三角，即弹出工具箱，选中“贝塞尔曲线工具”，单击鼠标确定直线起点，页面上即出现一个锚点，再次单击确定下一个锚点的位置，两锚点间即可自动连接。可在绘制线条的同时按住“Ctrl”键，那么就可控制线条的水平度和垂直度。

(2) 绘制曲线。先选择“贝塞尔工具”，在绘图区中单击鼠标，确定一个锚点，然后单击确定第二个锚点，按住鼠标不放再拖动鼠标，将出现一个控制曲线曲率的控制手柄，继续确定下一节点，再调整该控制手柄，即可出现一条曲线，如图 3—25 所示。贝塞尔曲线通过移动控制手柄可以较快调整至所需的图形。

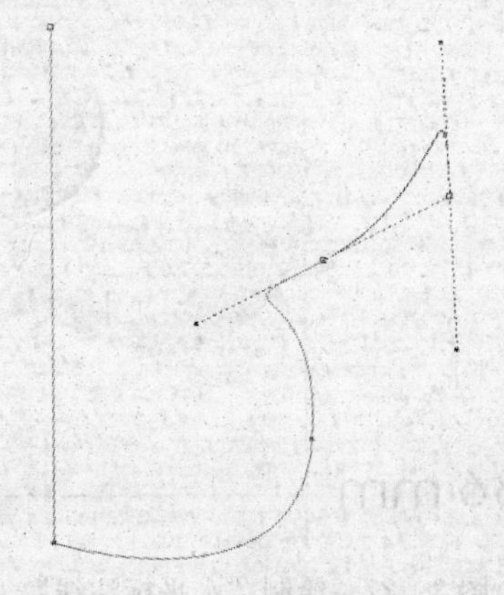

图 3—25　“贝塞尔工具”绘制曲线

3. 自然笔工具

在 CorelDRAW10 中，“自然笔工具”允许绘制粗细不同、边框具有闭合路径的线条，所绘线条可具有美工、雕刻等效果。“自然笔工具”提供了五种笔触类型：预置式、笔刷式、喷雾式、书法式和压力式。

使用“自然笔工具”的方法同“手绘工具”创建曲线相似，首先在工具箱中选择“自然笔工具”，然后在属性栏选择笔触类型和样式。在绘图区中，按住鼠标左键，拖动鼠标，绘制所需的路径，放开鼠标左键即可完成所创建的曲线。

4. 度量工具

使用“度量工具”可以很方便地为对象建立尺寸标注，并能随图形对象的改变而自动发生相应的变化，在工作图表、设计图样等技术性的图形制作上有重要作用。

单击“度量工具”按钮，将出现如图 3—26 所示的属性栏，可在属性栏选择标注类型（如记数法、精度、单位、标注文字位置等）的设置。

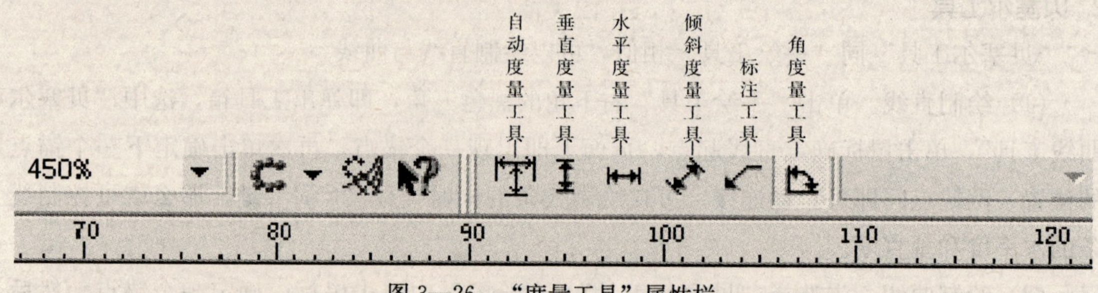

图 3—26 “度量工具”属性栏

以绘制“水平标注线”为例，单击“水平度量工具”，然后在绘制窗口中，单击要开始测量的点，再单击要结束测量的点，然后单击以放置标签，完成水平标准线的绘制，如图 3—27 所示。

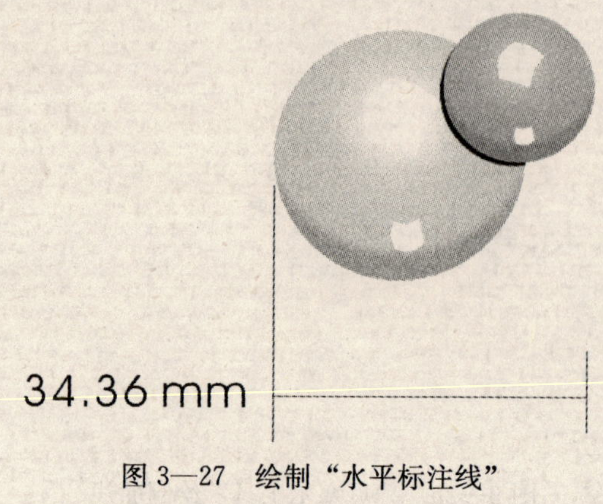

图 3—27 绘制“水平标注线”

5. 连接线工具

“连接线工具”可以用线将两个对象连接起来，有直线连接和对角连接两种。

（1）直线连接。用直线连接对象，首先选择“直线连接工具”，然后单击需要连接的第一个对象，再单击需要连接的另一个对象，连接线则以最短距离绘出，如图 3—28 所示。

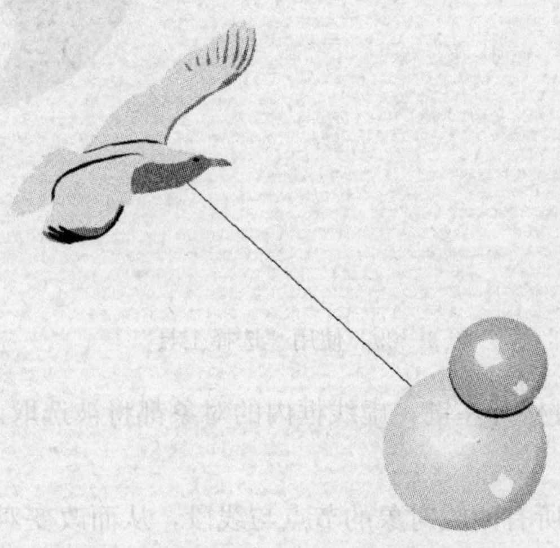

图 3—28　直线连接对象

（2）对角连接。用对角连接对象先选择“折线连接工具”，再单击需要连接的第一个对象，并按住鼠标左键不放，拖动鼠标至另一个需要连接的对象上，松开鼠标左键即可。

三、对象的编辑工具

1. 选择工具

CorelDRAW10 所绘制的图形通常包含许多基本图形对象，对这些对象进行编辑处理，以达到想要的效果。只有被“选择工具”选中的对象，才可对它进行移动、复制、删除和修改各种属性等操作。使用“选择工具”选中图形后，图形的四周出现八个黑色方形，如再次单击被选中的图形，那么它的四周变成带箭头形状的记号，拖动这些箭头可以修改对象的形状或将对象旋转，如图 3—29 所示。

选中“选择工具”按钮，即可使用点选或框选两种方法在绘图区选择图形。

（1）点选对象。单击要选中对象的轮廓或填充部分，即可点选对象。如要点选多个对象，那么在点选对象时按住“Shift”键。如选择被一些对象挡住的目标对象时，需要按下“Alt”键，同时单击覆盖在它上面的对象，直到需选择的对象出现。

（2）框选对象。在页面上单击一点，并按住鼠标左键拖动鼠标，页面上出现一虚线

图 3—29　使用“选择工具”

框，拖动至框住对象后即可松开左键，虚线框内的对象都将被选取。

2. 形状工具

“形状工具”可以编辑所有曲线对象的节点与线段，从而改变对象形状。

曲线对象指用手绘工具、贝塞尔工具、自然笔工具、螺旋形工具创建的所有图形，使用者可用“形状工具”任意改变其形状。而如果是用矩形、椭圆形、多边形或文本对象绘制的图形，则不能随便改变其形状，但可通过“转换为曲线”命令，使对象转换成曲线对象，这样就可对其进行节点编辑了，如图 3—30 所示。

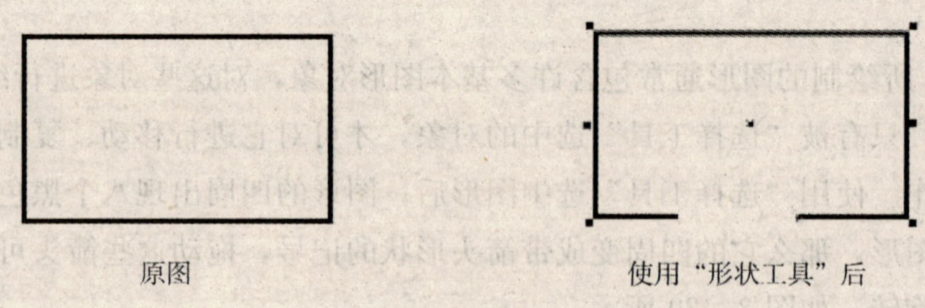

原图　　使用“形状工具”后

图 3—30　使用“形状工具”

3. 刻刀工具

“刻刀工具”可以将对象分割成多个对象。所有的对象在应用刻刀工具后，都将变为曲线对象。

在工具箱中选择“刻刀工具”，把光标放置于需要切割起点的位置，当光标显示为竖直刻刀时，单击鼠标左键并按住不放，拖动鼠标至切割终点位置，松开鼠标即可，如图3—31所示。

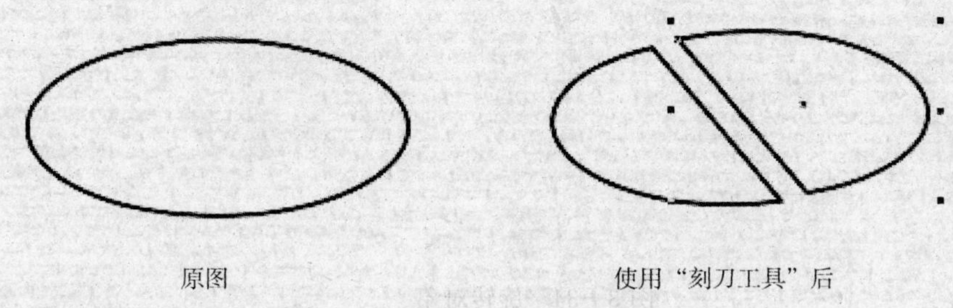

原图　　使用“刻刀工具”后

图3—31　使用“刻刀工具”

4. **橡皮擦工具**

“橡皮擦工具”可以擦除对象中不需要的部分，如图3—32所示。被橡皮擦工具应用后的对象，都将变为曲线对象。

原图　　使用“橡皮擦工具”后

图3—32　使用“橡皮擦工具”

5. **自由变换工具**

“自由变换工具”可以随意旋转、移动、缩放、镜像和倾斜对象，还可以改变对象的形状，其属性栏如图3—33所示。

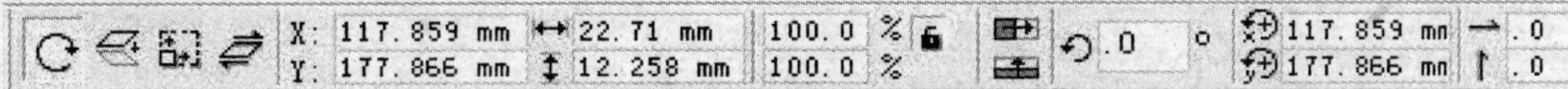

图3—33　“自由变换工具”属性栏

“自由变换工具”的使用比较简单，以旋转对象为例：先选择“自由变换工具”，再单击属性栏中的“旋转”按钮，然后单击需旋转的对象，鼠标左键点下的光标即为旋转的中心位置点。移动鼠标即可看见对象以单击点为中心旋转到另外的位置，如图3—34所示。

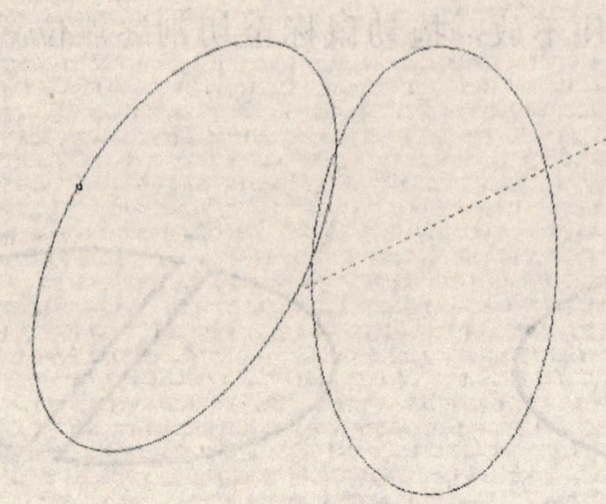

图 3—34 旋转对象

6. 交互式封套工具

“交互式封套工具”为改变对象形状提供了一种简单有效的办法，就像“形状工具”一样，“交互式封套工具”可以通过使用鼠标向任意方向拖动节点的顺序和位置重新改变对象的形状。

“交互式封套工具”位于“交互式效果”展开工具中，先选中对象，再单击该工具，然后用鼠标单击对象，对象的四周将会有带节点的边框出现，如图 3—35 所示；用鼠标拖动节点，可以看见对象的形状发生了相应的改变。如图 3—36 所示。

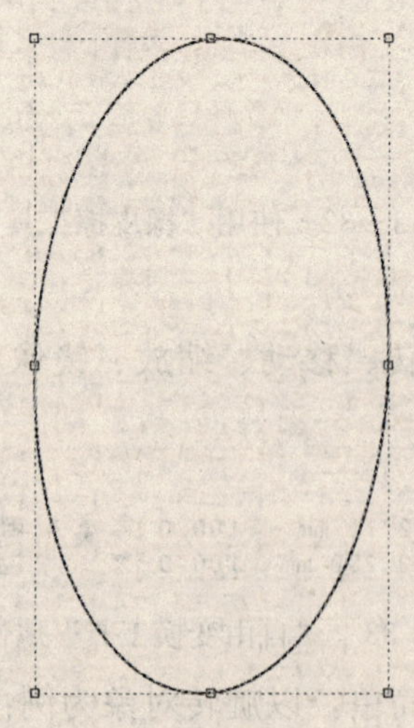

图 3—35 “交互式封套工具”选中对象

7. 轮廓工具

大多数对象的外围都有纯色轮廓，用户除了可以指定轮廓色外，还可以自由改变轮廓

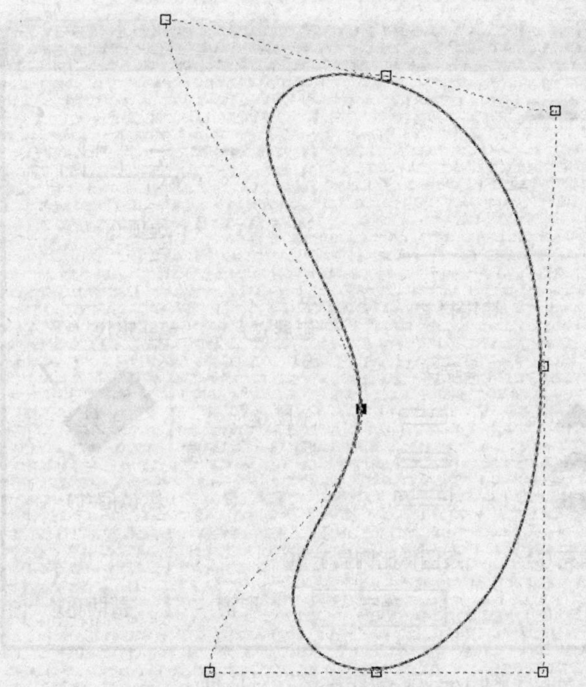

图 3—36　“交互式封套工具”改变对象

宽度和样式，同时还能为外框添加箭头。

使用“轮廓工具”时，先选择对象，再在“轮廓工具”中选中“轮廓笔”，弹出“轮廓笔”对话框（见图 3—37），可以在其中设定轮廓的颜色（“轮廓色”对话框见图 3—38）、宽度、线型样式或设定箭头。

如果没有合适的箭头，可以在选项中自由创建，如图 3—39 所示。

如果图像启用按图像比例显示选项，则轮廓宽度随着对象的增大而变粗，随着对象的减小而变细。

四、对象的着色工具

1. 填充工具

在将图形添加到绘图中去时，该图形会具有默认的边框属性和填充属性，图形的边框就是包围对象的线条，边框的形状构成了具体的对象，填充的是对象的内容，可以是颜色或者图案等。它们可以应用于开放和闭合的任何对象。

在“填充展开工具”中，包括标准填充、渐变填充、图样填充、底纹填充、PostScript 底纹，如图 3—40 所示。

（1）标准填充。标准填充是 CorelDRAW10 最基本的填充方式，同时也是最简单和直

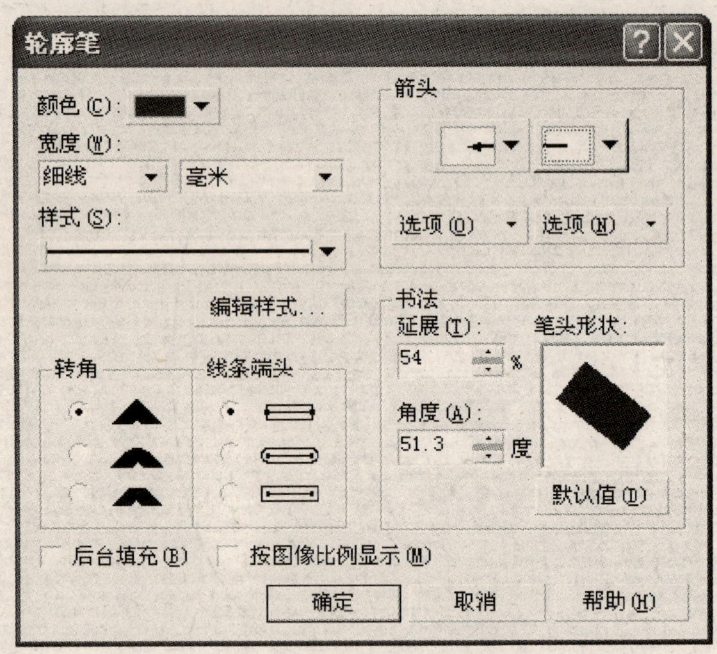

图 3—37　“轮廓笔”对话框

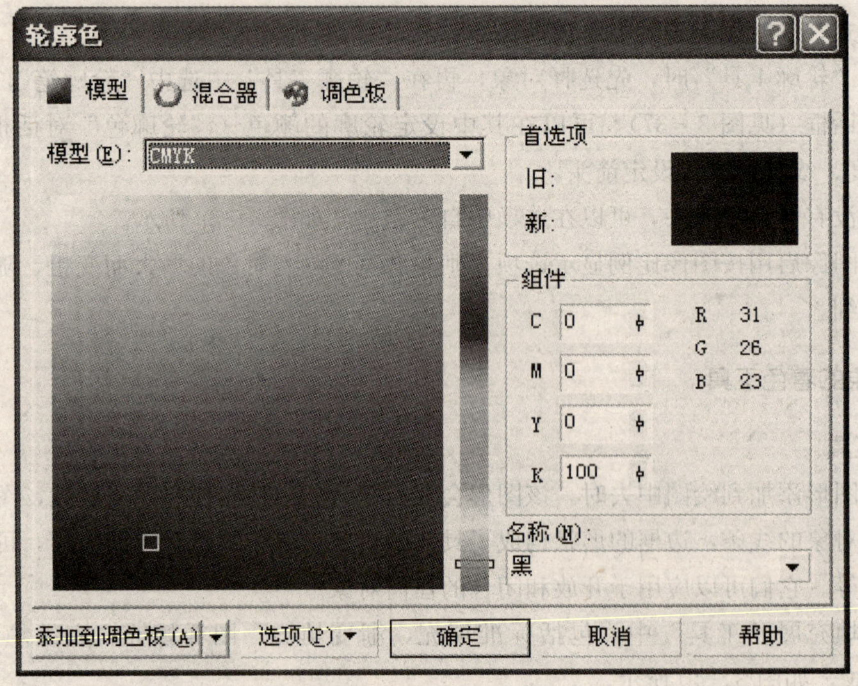

图 3—38　“轮廓色”对话框

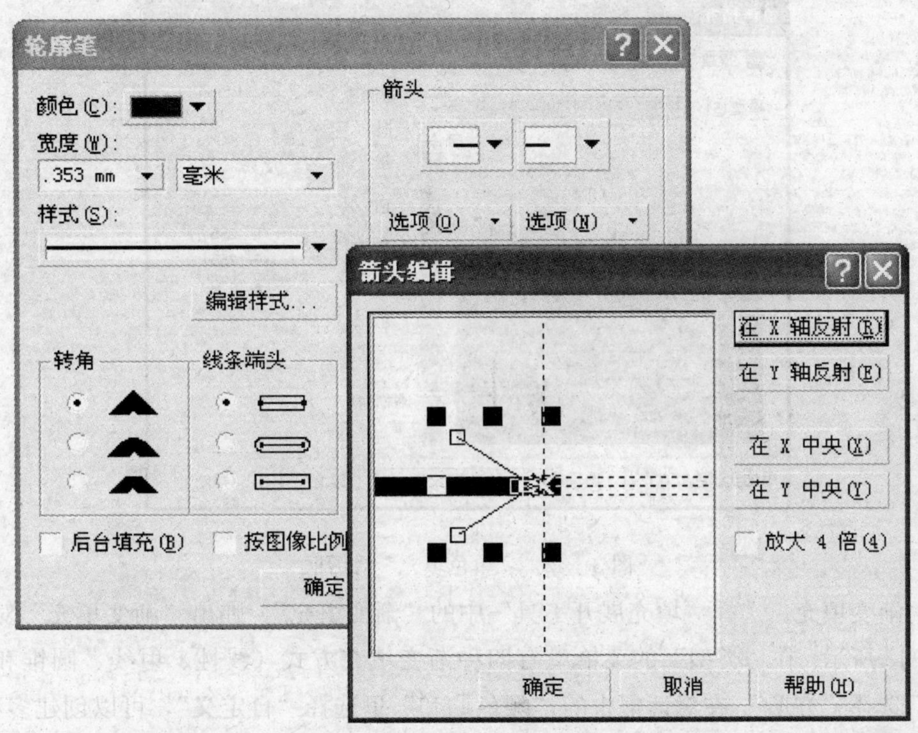

图 3—39　创建轮廓笔箭头

图 3—40　填充展开工具

接的填充方法。可选择“窗口”→“调色板”命令，弹出“调色板”窗口，如图 3—41 所示。然后用选择工具选中对象，再单击调色板中需要的颜色，如果用右键单击颜色，可以给图形的边框加上颜色。如果看不见所要的颜色，可以单击调色板的滚动箭头查看其他颜色。

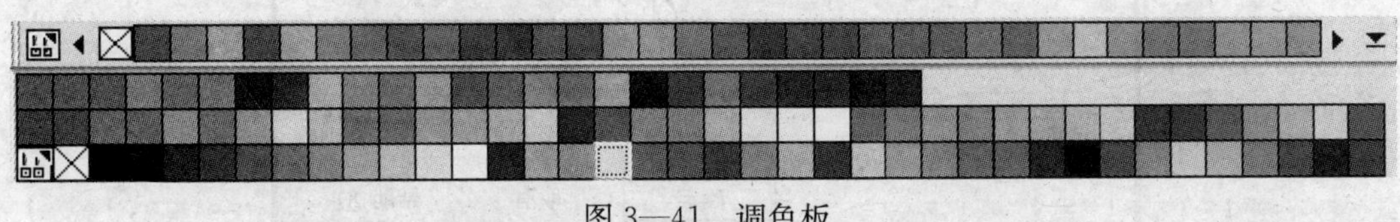

图 3—41　调色板

也可以在“填充展开工具”中，选择“标准填充”，弹出“单色填充”对话框。该对话框类似于 Photoshop 中的 Color Picker（拾色器）对话框，如图 3—42 所示。

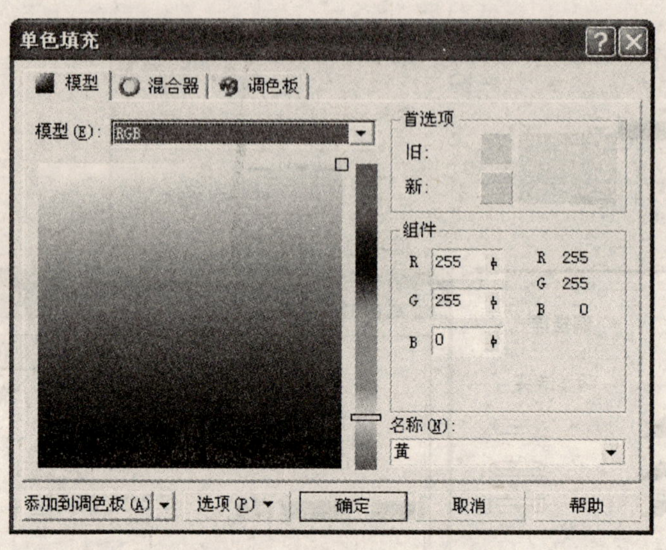

图 3—42　“单色填充”对话框

（2）渐变填充。选择“填充展开工具”中的“渐变填充”，弹出“渐变填充”对话框，如图 3—43 所示。在“类型”的菜单里有四种渐变填充方式（线性、射线、圆锥和方形）供选择，选择“方形”，在对话框中的“颜色调和”里选择“自定义”，可以创建多种颜色层叠的渐变，如图 3—44 所示。

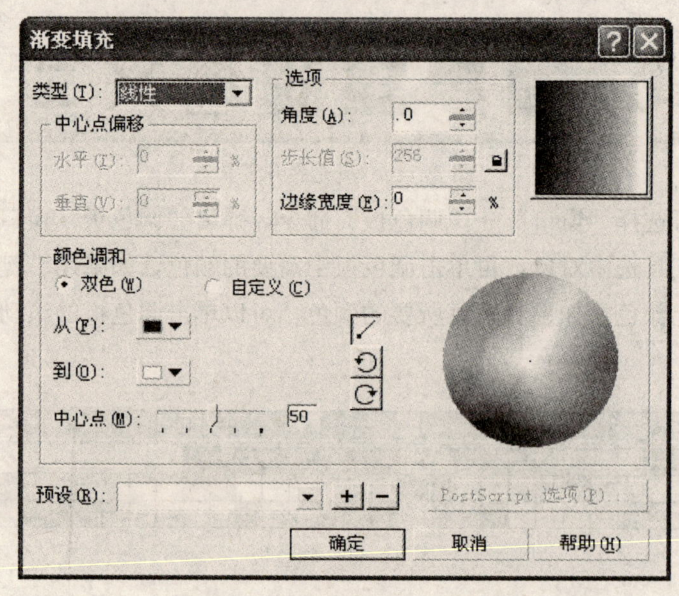

图 3—43　“渐变填充”对话框

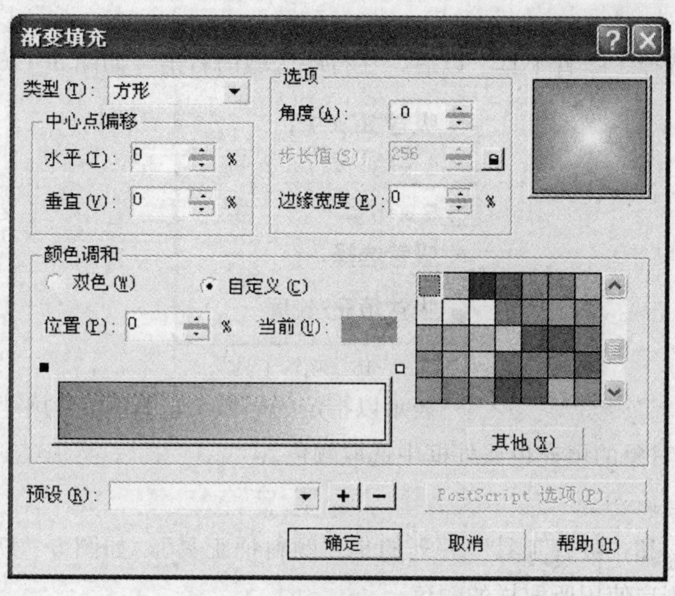

图 3—44 选择填充类型和颜色调和

(3) 图样填充。在“图样填充”中，使用的图样是预先生成的，反复使用的对称图像，适合于创建平铺对象，也可以导入位图或矢量图作为图样填充。

选取要进行填充的对象后，单击“填充展开工具”中的“图样填充”，弹出“图样填充”对话框，如图 3—45 所示。图样填充共分三种：双色、全色、位图。

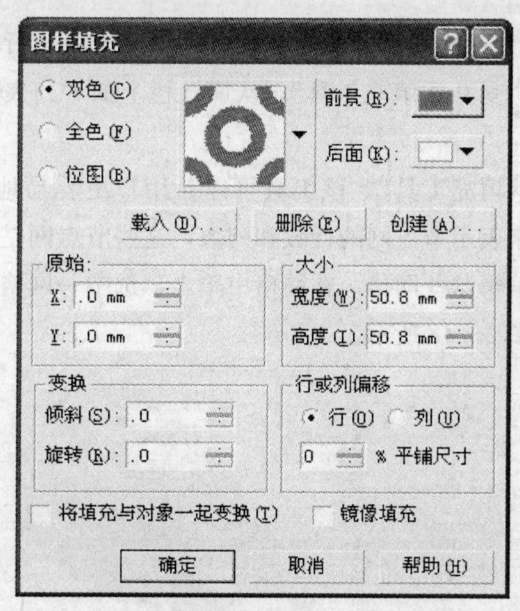

图 3—45 “图样填充”对话框

2. 吸管工具

在工具栏中选择“吸管工具”以后，在打印区域内右击，如图 3—46 所示。

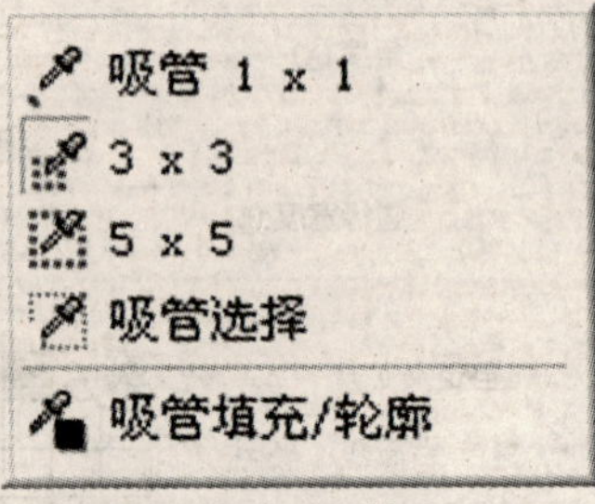

图 3—46　吸管工具

其中“1×1”、“3×3”、“5×5”表示以指定的区域来选择颜色的平均值，而“吸管填充/轮廓”表示从对象的填充色或外框中选取颜色。

3. 颜料桶工具

在工具栏中，和“吸管工具”并列的是“颜料桶工具”，如图 3—47 所示。它的使用比较简单，是让用户使用所取样的颜色。

图 3—47　颜料桶工具

按住“Shift”键可以在“吸管工具”和“颜料桶工具”之间切换，方便取样及填充颜色。

4. 交互式填充工具

“交互式填充工具”允许用户对图像对象的各种填充内容进行修改，先利用“选择工具”选择对象，再单击“交互式填充工具”，从属性栏上的“列表”框里选择需要更改的方式进行编辑。

如选择“交互式网状填充工具”，该工具可以让用户更容易地实现平滑的颜色过渡，其属性栏中可输入的数字表示节点网的行数和列数，这些节点网是由节点联结构成的，和编辑节点相类似，可以编辑这些网格。在网格中单击，选中一网格，在调色板上选取一种颜色填充网格，结果如图 3—48 所示。

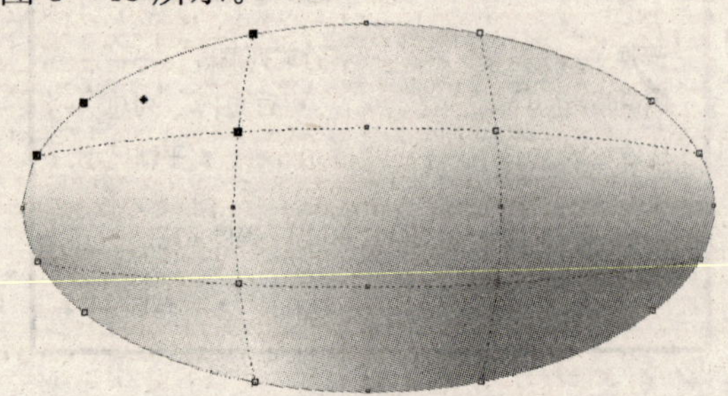

图 3—48　交互式网状填充

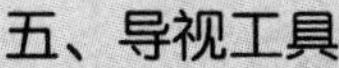

五、导视工具

1. 缩放工具

使用“缩放工具”可以对绘图的页面进行任意的放大和缩小。缩小绘图页面可以让用户得到更全面的浏览，放大绘图页面可以方便用户对绘图进行细部加工。它的使用也非常简单，选中“缩放工具”后，在工作区内单击鼠标，就能将绘图页面放大；如果在单击的同时按住“Shift”键，整个工作页面成比例地缩小；如果双击“缩放工具”，可以查看全部对象。

2. 手形工具

手形工具用于移动整个页面，适用于调整放大后观察的局部。但是不改变图形的大小，其属性栏和缩放工具一致。

3. 标尺、网格与辅助线

标尺、网格与辅助线是用来辅助用户准确地绘制图形和排列对象。标尺是可以调整的，它可帮助用户了解图形在绘图窗口的位置和尺寸。网格隐藏在工作页面中，可帮助准确地绘制和对齐对象。和 Photoshop 一样，辅助线也是从标尺中拖出的，辅助线可以按需添加到绘图窗口中，用来对齐对象，辅助线也是对象，能被挑选、移动和删除。

在工作区中用鼠标双击“标尺”，弹出“标尺”对话框，如图 3—49 所示，可对其属性进行设置。双击“辅助线”，弹出选项对话框，如图 3—50 所示。

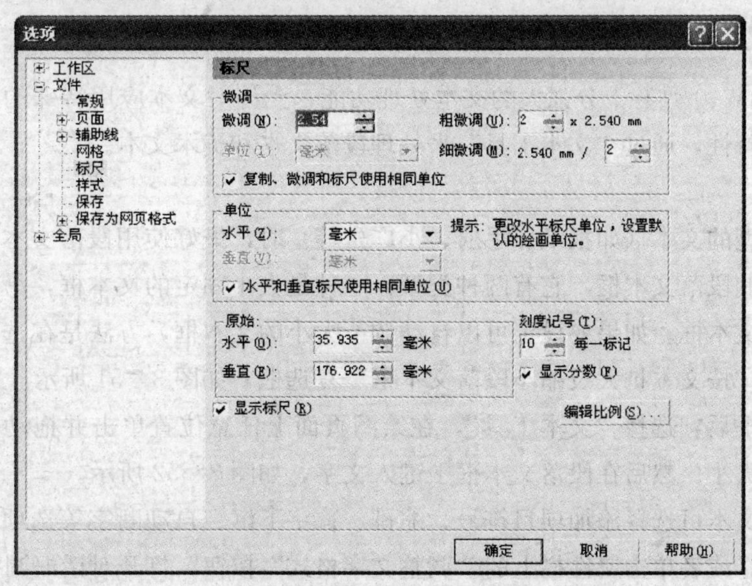

图 3—49 “标尺”对话框

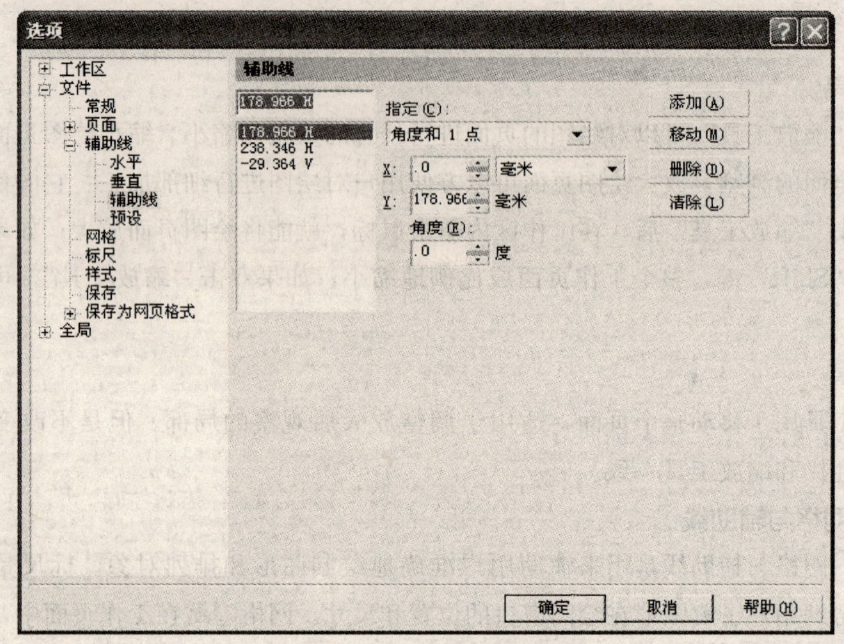

图 3—50 “辅助线”对话框

网格和辅助线都是用来帮助用户设计图形的，它并不属于图形的一部分，打印的时候不会显示出来。

六、文本工具

CorelDRAW10 具有十分强大的文本处理功能，允许对文本应用特殊的文字效果和复杂的文本处理特性，通过“文本工具”来处理段落文本和美术文本。

1. 段落文本

添加较大型的文本（如报纸、手册、小广告等）时，最好使用段落文本。要创建段落文本必须先绘制段落文本框，它有两种类型：一种是大小固定的文本框，另一种是可以自动调节大小的文本框。如果要设定可以自动调节大小的文本框，方法是在选项对话框的段落页面中启用“按文本扩大及缩小段落文本框”复选框，如图 3—51 所示。

选中复选框后，选择“文本工具”，在绘图页面上任意位置单击并拖动鼠标，以调节段落文本框的大小。然后在段落文本框中键入文字，如图 3—52 所示。

对于段落文本可选择添加项目符号、缩排、首字下沉、自动断字等选项，可以直接在属性栏中调整，或者单击属性栏上的“调整文字格式”按钮，打开对话框调整。

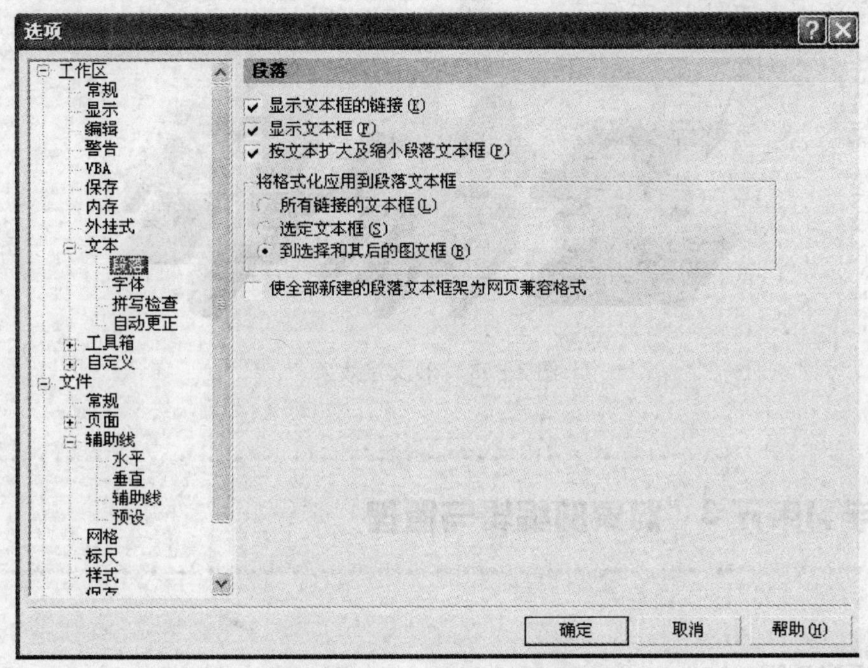

图 3—51 “段落”对话框

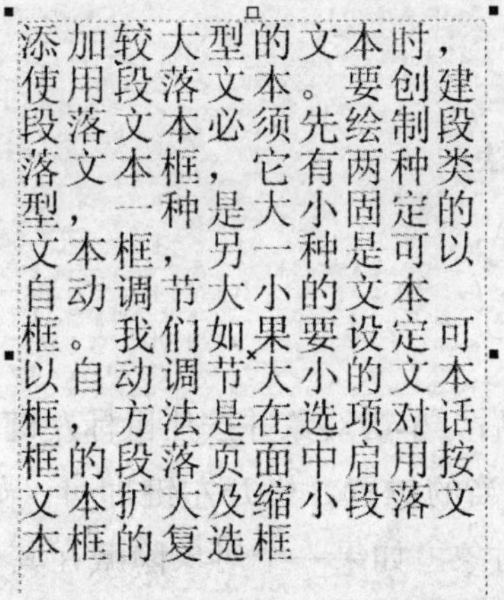

添加较大型的文本时，使用段落文本。要创建段落文本必须先绘制段落文本框，它有两种类型，一种是大小固定的文本框，另一种是可以自动调节大小的文本框。我们如果要设定可以自动调节大小的文本框，方法是在选项对话框的段落页面中启用按文本扩大及缩小段落文本框的复选框

图 3—52 在段落文本框中键入文字

2. 美术文本

选择“文本工具”，在绘图窗口单击并直接键入，创建的是美术文本，用户可以像处理其他图形对象一样对美术字设定特殊效果，例如，立体化、调和、封套、透镜、阴影等。

以创建立体化字体为例，使用“立体化”命令或属性栏上的“立体化文本”可以对美术字应用特殊效果。在创建 3D 文本之前，先根据需要对文本进行一些适当的格式编排。适当调整之后，在属性栏上选择“立体化文本”，可以更改立体化程度的数值，设定 3D 立

体化文本的深度，如图 3—53 所示。

图 3—53　3D 文字效果

学习单元 3　对象的编辑与管理

学习目标

熟悉对象的编辑方法

掌握对象的变换方式

掌握群组和取消群组的方法

一、对象的变换

1. 对象的选择与移动

用“选择工具”选取对象后，单击对象并按住鼠标左键，图形上则出现一个移动符号“+”，拖动鼠标将对象移至适当的位置，松开左键即可。如果要选中多个对象可以按住“Shift”键，同时用鼠标单击对象。如果一个对象隐藏在其他对象后面，选择该对象时按“Alt”键；若隐藏的对象是组合在一起的，可以在单击单个对象的同时按“Alt + Ctrl”键。

2. 对象的旋转

(1) 直接用“选择工具”双击对象，可以看见旋转或倾斜手柄显示为双箭头，中心出现一旋转中心标记，拖动四角的任意一个旋转手柄，依顺时针或逆时针旋转对象，如图 3—54 所示。当对象围绕旋转中心旋转时可以将旋转中心移动到绘图中的任意位置。

(2) 使用属性栏上的“自由旋转工具”，可以很容易地使对象围绕绘图窗口旋转，只

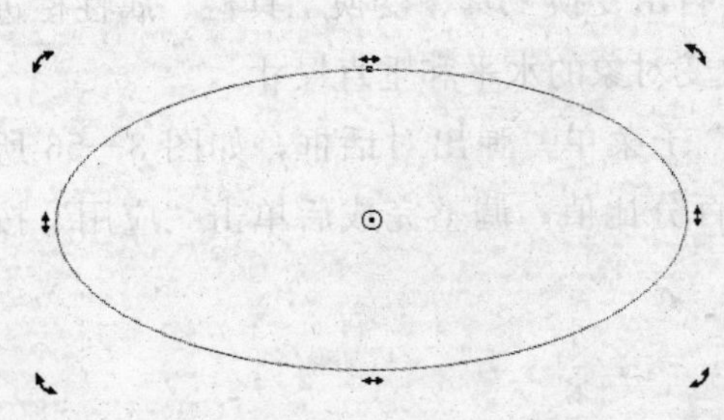

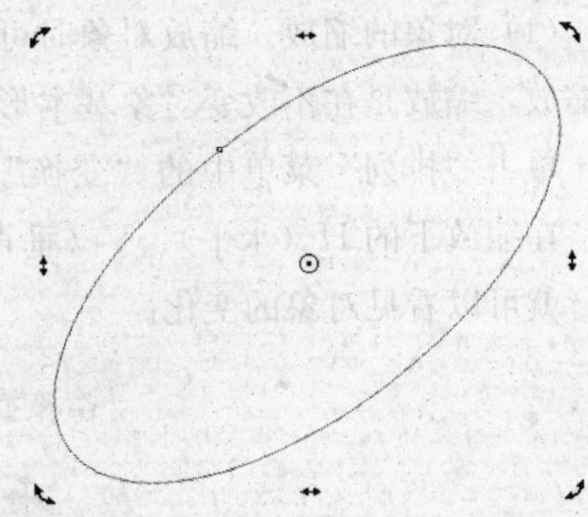

图 3—54　对象的旋转

需单击鼠标就可以设置旋转中心，当开始拖动鼠标时会出现一条旋转线。

（3）单击“排列”菜单中的“变换”，弹出一个子菜单，每一个子菜单命令就代表一种变换类型，如图 3—55 所示。单击其中的“位置”子菜单，弹出对话框，可以在其中输入需要变换的数值来精确地调整对象。

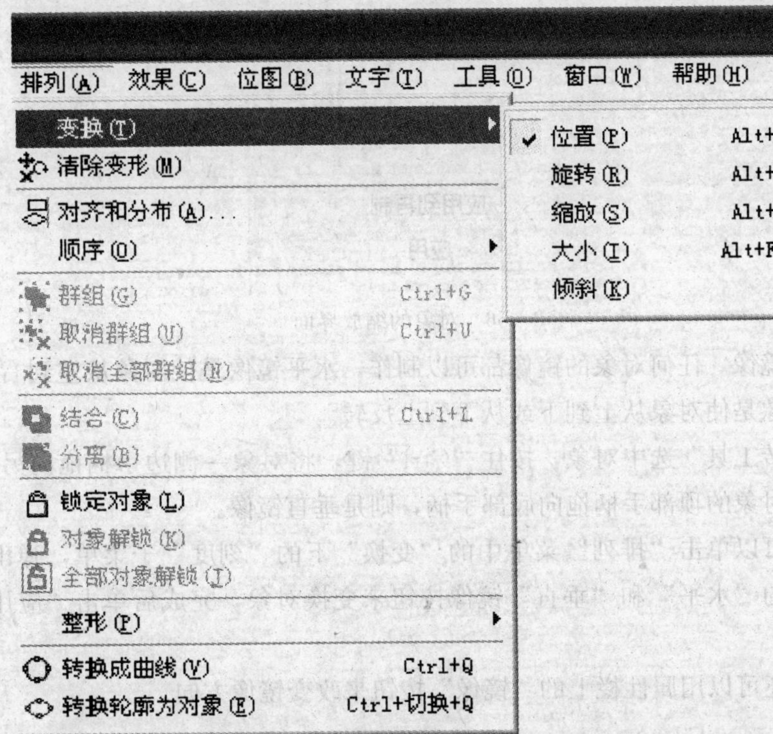

图 3—55　“变换”菜单命令

3. 对象的缩放和镜像

（1）对象的缩放。缩放对象时可以使用鼠标、自由变换工具、变换工具栏、属性栏进行缩放，缩放是在不改变对象基本形状的情况下改变对象的水平和垂直尺寸。

单击“排列”菜单中的“变换”下的“缩放”子菜单，弹出对话框，如图 3—56 所示。在缩放下的 H（水平）、V（垂直）框中键入百分比值。调整完成后单击“应用”按钮，就可以看见对象的变化。

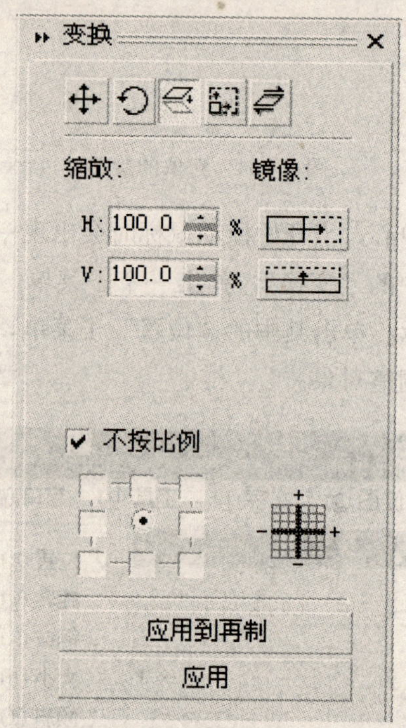

图 3—56　对象的缩放界面

（2）对象的镜像。任何对象的镜像都可以制作，水平镜像是使对象从左到右或从右到左反转；垂直镜像是使对象从上到下或从下到上反转。

首先用“旋转工具”选中对象，按住“Ctrl”键，将对象一侧边手柄拖向另一边，就是水平镜像；将对象的顶部手柄拖向底部手柄，则是垂直镜像。

镜像对象还可以单击“排列”菜单中的“变换”下的“刻度”子菜单，弹出对话框，单击“镜像”下的“水平”和“垂直”镜像按钮来变换对象，完成后单击“应用”按钮，如图 3—57 所示。

除此之外，还可以用属性栏上的“镜像”按钮来改变镜像方向。

4. 对象的倾斜

首先用“选择工具”双击对象，然后拖动位于对象中心点的水平和垂直变换箭头来倾

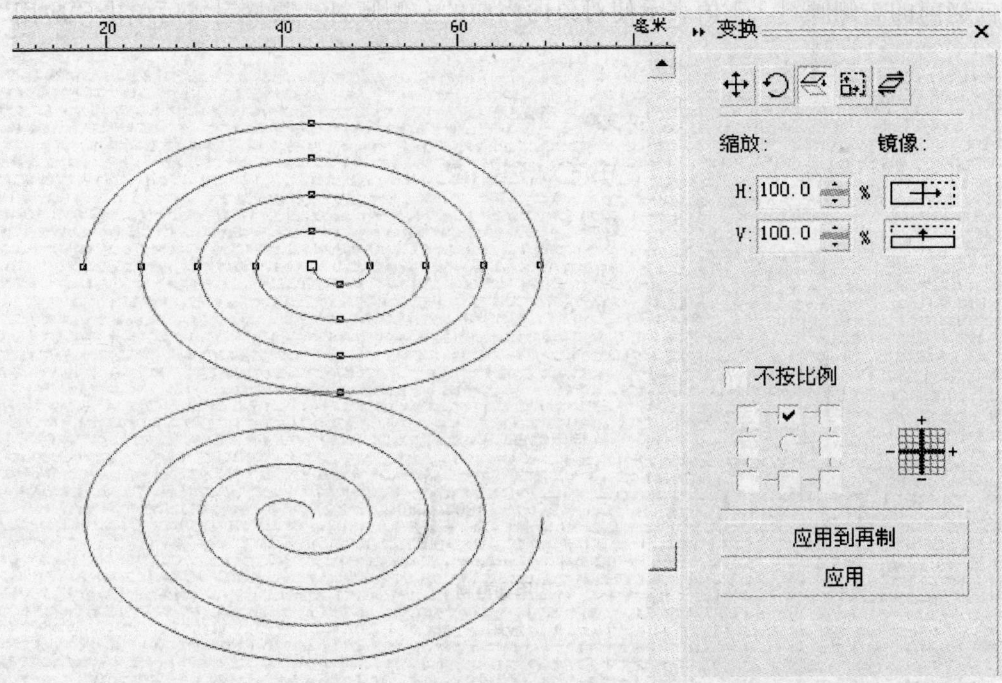

图 3—57　镜像对象

斜对象，如图 3—58 所示。可以在拖动时按住“Alt”键同时沿水平和垂直方向倾斜对象，也可以拖动时按住“Ctrl”键来限制对象的移动。

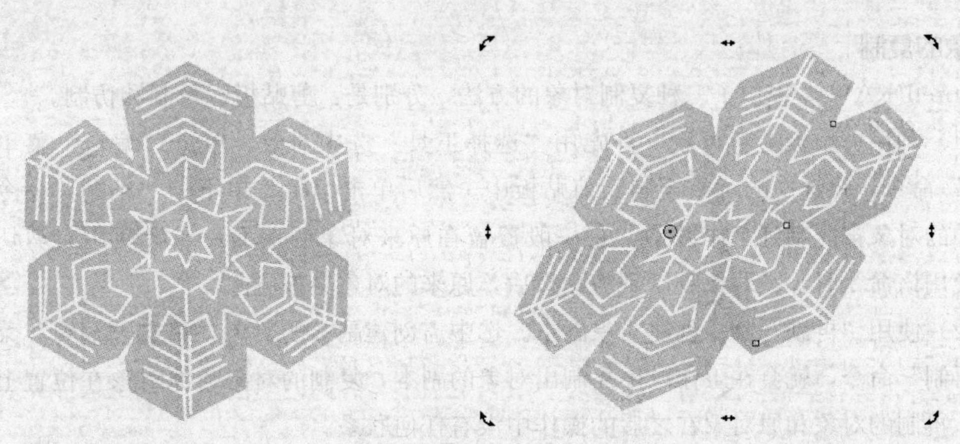

图 3—58　对象的倾斜

或者选中对象以后，单击“排列”菜单下的“倾斜”命令，弹出对话框，如图 3—59 所示。在倾斜下的 H（水平）、V（垂直）框中键入使对象倾斜的角度，输入负值表示使对象向当前的右侧倾斜，正值表示使对象向当前的左侧倾斜。调整完成后单击“应用”按钮。

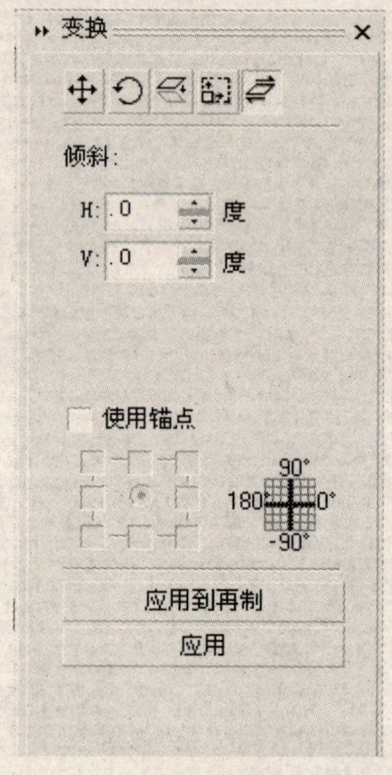

图 3—59 “对象倾斜”界面

二、对象的编辑

1. 对象的复制

CorelDRAW10 提供了三种复制对象的方法，分别是：剪贴板、再制和仿制。

（1）利用剪贴板复制对象。首先用“选择工具”选中对象，单击“编辑”菜单下的“复制”命令，将选中的对象复制到剪贴板中。然后单击编辑菜单下的“粘贴”命令，剪贴板中的对象被复制到工作区中，它一般覆盖在原来对象的上面。或者使用“剪切”命令，使用该命令时，在对象复制到剪贴板后，原来的对象会被删除。

（2）使用“再制”命令创建对象副本。选中需创建副本的对象，单击“编辑”菜单中的“再制”命令，就会在工作区中复制出对象的副本，复制的对象与原对象在位置上有所偏移。再制的对象和原对象在之后的操作中没有任何联系。

（3）使用“仿制”命令创建对象副本。“仿制”也就是平时说的“克隆”，选中需创建副本的对象，单击“编辑”菜单中的“仿制”命令，就可将对象仿制，仿制的对象与原对象在位置上有所偏移，当改变原对象属性时，如大小、形状等，仿制的对象也会跟着一起改变。

2. 对象的对齐与分布

有时为了达到特定的效果，需要精确对齐和分布对象，在很多类型的绘图中也要求对象之间的间距相等。利用 CorelDRAW10 的对齐与分布功能可以很容易做到，它可以把对象对齐和分布到绘图页面的长度或宽度范围内。

(1) 对象的对齐。选取对象时按住“Shift”键，CorelDRAW10 将会以最后选中的对象作为对齐的基准对象，单击“排列”→“对齐与分布”，弹出对话框，如图 3—60 所示。调整对齐的方式，如“左对齐”，然后单击“确定”按钮。

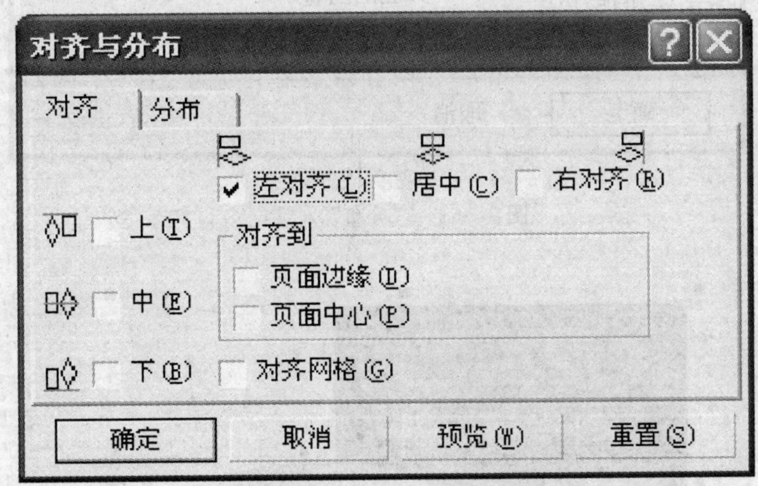

图 3—60 “对齐”对话框

(2) 对象的分布。对象的分布是将选中的几个对象按一定的规则和对齐基准，分散到各个位置上，对话框如图 3—61 所示，它的使用方法与对象的对齐类似。

3. 对象的结合与分离

(1) 对象的结合。结合对象是将两个或两个以上的对象创建成一个单独的对象，当原始对象有重叠的地方时，重叠的地方将被删除，而成为空的区域。使用结合命令可以融合多条曲线、直线和形状，如果在矩形、椭圆形、多边形或文本上使用结合命令，CorelDRAW10 会在把它们转换为单个曲线对象前先将它转换成曲线，但是将文本与其他文本结合时，文本对象将转换成更大的文本块而不是曲线。

例如两个不同颜色的图形，如图 3—62 所示，先选择椭圆形，再按住“Shift”键选中矩形，单击“排列”菜单中的“结合”命令，即可将它们组合成一个新的对象，原始对象重叠的地方被删除，且新建对象以最后选中的图形颜色作为自身的颜色，如图 3—63 所示。

(2) 对象的分离。分离命令和结合命令完全相反，分离命令是把一个组合对象拆分为

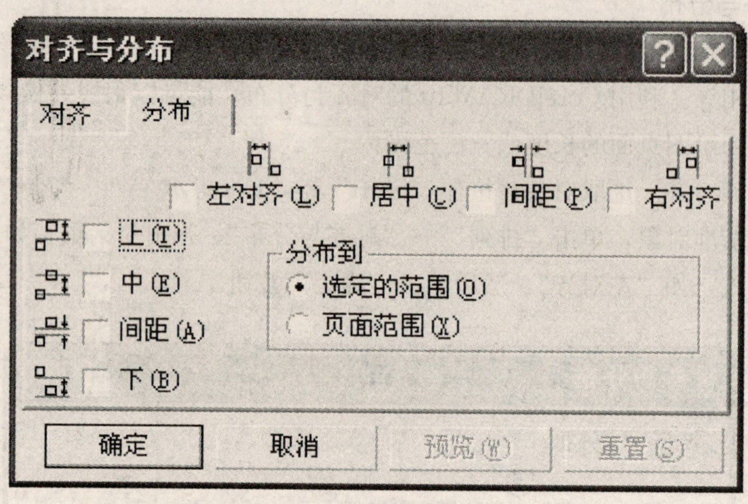

图 3—61 “分布”对话框

图 3—62 供选择的不同颜色的图形

若干组合对象。分离命令在修改剪贴画时很有用，许多剪贴画是通过组合多个对象而创建的，分离这些图形后可以修改特定的对象而不改变其他对象。分离命令还可以用来拆分美术字，但必须先把文本转换为曲线。

当选中一个分离的对象时，单击“排列”→“分离”，可以方便地将结合后的对象拆分开，如图 3—64 所示。

4. 对象的接合、修剪与相交

CorelDRAW10 提供了许多功能强大的工具，以帮助组织绘图中对象的接合、修剪和相交，这些命令可以利用多个对象的形状和位置来创建一个全新的形状。同时，可以利用

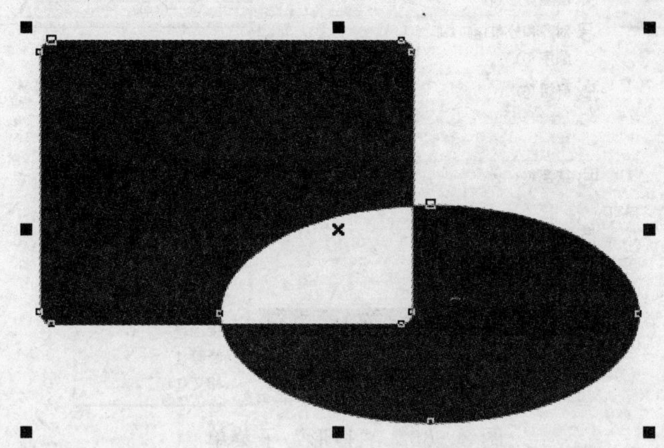

图 3—63　结合后的对象

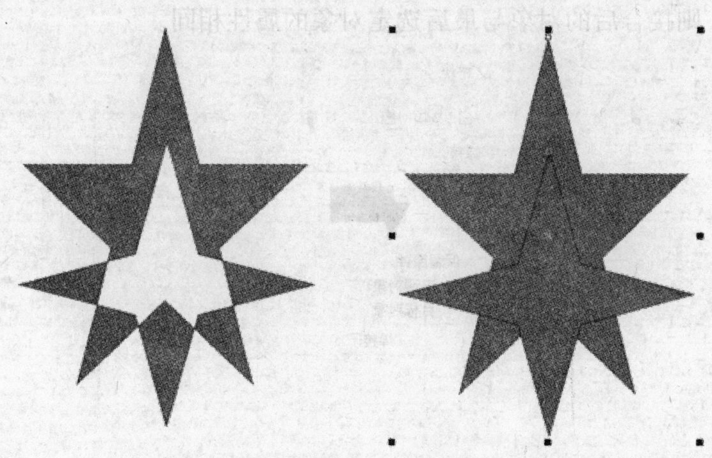

图 3—64　分离对象

两个对象间不同方式的相互作用而创建新对象，选择“排列”菜单下的“整形”命令可以弹出“接合”“修剪”和“相交”子菜单，如图 3—65 所示。

（1）接合。“接合”命令允许把多个对象接合在一起以创建一个单独的对象。如果接合重叠的对象，这些对象将连接起来创建一个只有单一轮廓的对象；如果接合的是不重合的对象，就会形成一个群组，接合后对象将采取目标对象的填充和轮廓属性。

选择“排列”→“整形”→“接合”，弹出如图 3—66 所示对话框。“来源对象”复选框表示保留来源物件，如果想在接合之后保留选定对象副本，可以启用该复选框；“目标对象”复选框表示保留目标物件，如果想在接合之后保留目标对象（将选择的对象接合到

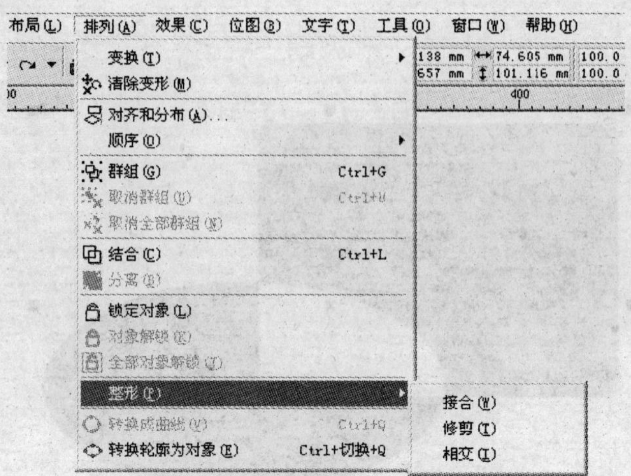

图 3—65 “整形”子菜单

的那个对象）副本，可以启用该复选框。或者可以利用属性栏接合对象：选择对象时，如果使用框选对象，则接合后的对象属性与最底层的对象的边框和填充属性相同；如果使用点选或多选对象，则接合后的对象与最后选定对象的属性相同。

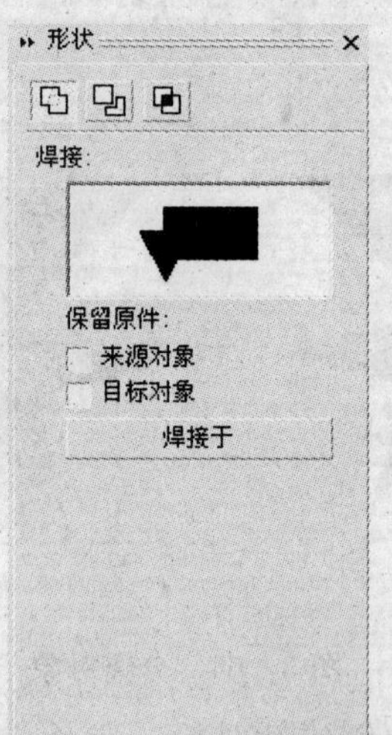

图 3—66 “焊接”对话框

选中一个对象后，单击“焊接于”按钮，并单击另一矩形对象，则两个物体合并成只有一个轮廓的单个对象，如图 3—67 所示。

（2）修剪。“修剪”对象命令通过删除重叠其他对象的区域来改变对象的形状，目标对象也就是所修剪的对象，将保留其填充与轮廓属性。

在使用“修剪”命令之前需要确定修剪的对象，以及用于修剪的对象必须重叠于目标对象。

图 3—67 “焊接于”对象后的效果

操作方法同“接合”命令，“修剪”就是用来源物体的形状来剪裁目标物件，用“挑选工具”选定来源对象后单击“修剪于”按钮，再用鼠标单击目标对象，修剪效果如图 3—68 所示。

图 3—68 “修剪于”对象后的效果

在使用“挑选工具”选定要修剪的对象时，如果使用框选对象，则将修剪最底层的对象；如果使用点选或多选对象，将修剪最后一个选定的对象。

(3) 相交。“相交”命令是使用两个或多个重叠对象的公共区域来创建新的对象，新对象的大小和形状也就是重叠区域的大小和形状，新建对象的填充及属性取决于目标对象。相交只保留对象的公共部分，如图 3—69 所示。

使用“选择工具”选择对象，如果是框选对象，交叉对象将采用最底层选定的对象属性；如果使用点选或多选对象，交叉对象将采用最后一个选定对象的属性。

5. 群组和取消群组

(1) 群组。使用“群组”命令可以将多个对象绑定在一起，当成一个整体来处理，这

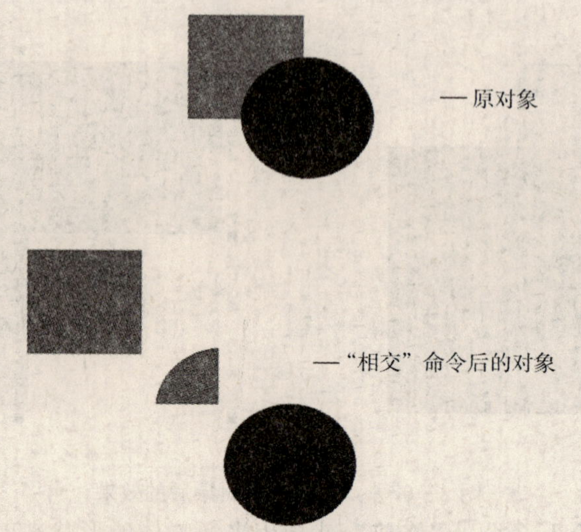

图 3—69 “相交”命令的使用

对保持对象间的位置和空间关系非常有用，“群组”命令还可以创建嵌套的群组。

首先按住“Shift”键，用“挑选工具”选中所有的图形，选择“排列”菜单中的“群组”命令，即将选中的对象组成为一个群组。此时单击群组中任何一个对象，都将选中该群组，即已把它们组合成为一个整体了，如图 3—70 所示。

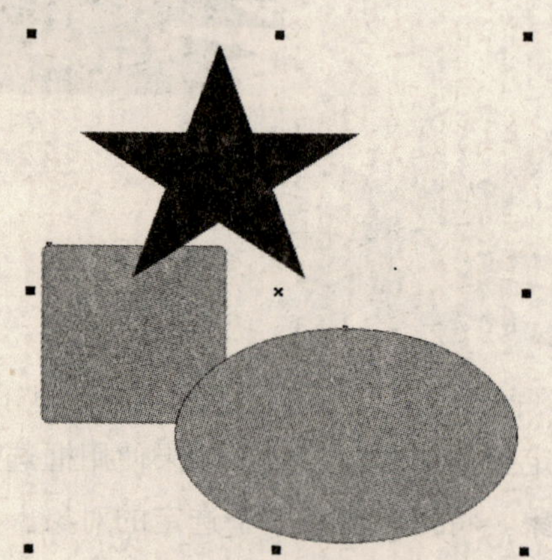

图 3—70 群组对象

也可以用同样的方法，来建立嵌套群组，就是由多个群组构成的群组。

(2) 取消群组。“取消群组”命令是把一个群组对象拆分成其组件对象，如果是嵌套群组，可以重复执行“取消群组”命令，直到全部取消为止。取消群组有两种方法：一是用“选择工具”选中要取消群组的任意对象，单击“排列”菜单中的“取消群组”命令来取消群组；二是用“选择工具”选中要取消群组的对象，单击属性栏上的“取消群组”或“取消全部群组”来实现。

取消群组后单选对象并不方便，可以用“选择工具”，同时按下“Ctrl”键，同时单击群组中的对象，即可在群组对象中选中对象。

学习单元 4　对象的处理

学习目标

了解位图的概念

熟悉位图导入、剪切、转换的方法

掌握位图颜色编辑的方法

能够调节对象的色调

一、位图的使用

1. 位图的概念

CorelDRAW10 虽然是基于矢量图的图形制作软件，但它也提供了强大的位图处理功能。如位图的导入、位图与矢量图像的转换、位图的特殊效果制作等。

2. 位图的导入和剪切

CorelDRAW10 支持许多格式位图的导入，比如 TIF，JPEG，GIF，BMP 等，可以同时导入多个文件，并将它们放在同一个页面中。

（1）导入位图。首先单击“文件”菜单中的“导入”命令，弹出“导入”对话框，然后在“文件类型”的下拉列表中选择文件类型、所支持的格式，如图 3—71 所示。选中要导入的文件，然后单击对话框上的“导入”按钮，鼠标在工作区的形状如图 3—72 所示。

按下鼠标并进行拖动，当拖至合适大小的矩形框时，松开鼠标，位图就导入到工作区中。如果在拖动时按住“Alt”键，可以创建不成比例的位图。

如果需要导入多个位图，可在选择需要的图片时，按住“Ctrl”键或“Shift”键，可以同时选中一个或多个文件对象，再单击“导入”按钮。

（2）裁剪位图。如果图片的尺寸不合适，可在导入之前进行适当的裁剪，可在“导入”对话框中选择“裁剪”，然后选择文件名，单击“导入”按钮，弹出如图 3—73 所示对话框。在对话框中选择合适的位置与大小，然后单击“确定”，就将裁剪后的位图导入到工作区中。

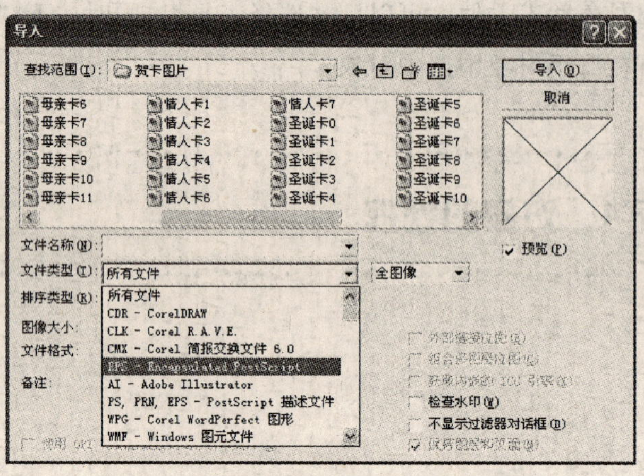

图 3—71　选择文件类型

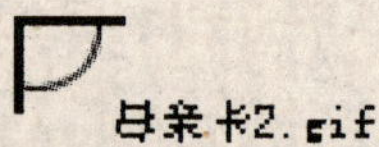

图 3—72　鼠标在工作区的形状

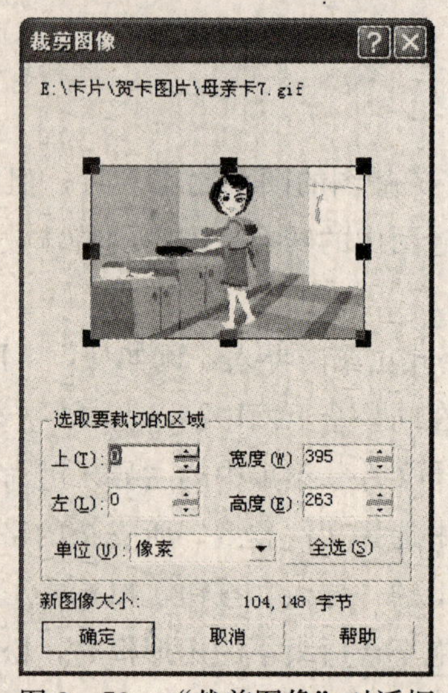

图 3—73　“裁剪图像”对话框

3. 位图的转换

（1）首先选中需要转换的对象，单击“位图”菜单下的“转换到位图”命令，弹出“转换为位图”对话框。

（2）在颜色中设定位图的色彩类型。

（3）分辨率的范围在 60～10 000 dpi。分辨率的增大会让文件大小倍增，在窗口的下方可看到转换后的图形大小。

（4）最后单击“确定”按钮，矢量图就被转换成位图。

二、位图的颜色编辑

1. 位图颜色遮罩

BMP 位图是由像素组成的图像，可以根据需要隐藏位图中的某些颜色，以改善印刷效果。

首先使用“选择工具”选中对象，再单击“位图”菜单下的“位图颜色遮罩”命令，如图 3—74 所示。弹出对话框，如图 3—75 所示。选中“显示颜色”，然后在方框内勾选要修改的颜色。在下方的容限处移动调节点，数值从 0～100 之间变化。数值越大，将显示比选中颜色更宽范围的颜色，如果为 0，表示只选中选定的颜色。设定完成后单击“应用”按钮。

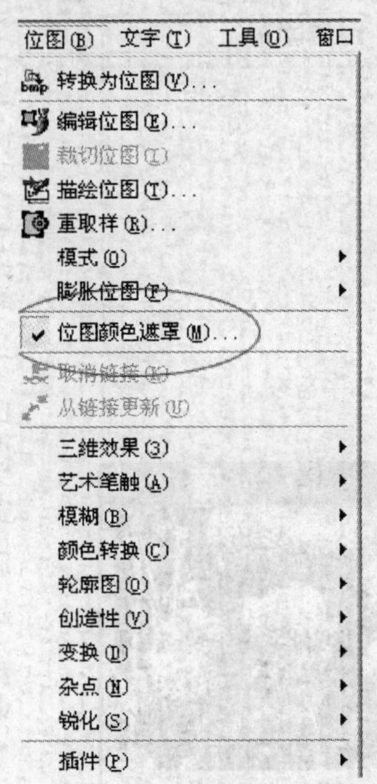

图 3—74 “位图颜色遮罩”命令

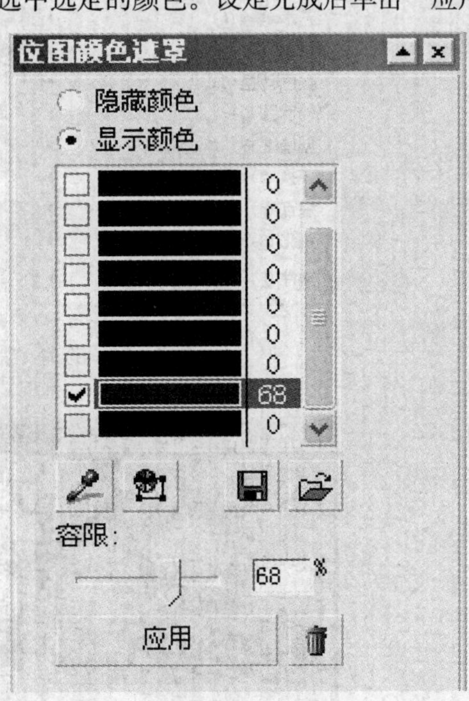

图 3—75 “位图颜色遮罩”对话框

2. 色彩模式

（1）黑白模式。黑白模式是将对象的颜色保存为黑色和白色两种颜色的模式，这种位图也称单色图。

首先在工作区域导入一个位图文件，选择“位图”→“模式”→“黑白”，如图 3—76 所示。弹出“转换为 1 位”对话框，如图 3—77 所示。单击“转换方法”选项的下拉式菜单，从中选择变换方式，在“阈值”选项中设定光线度，设定完成后，单击“确定”按钮。

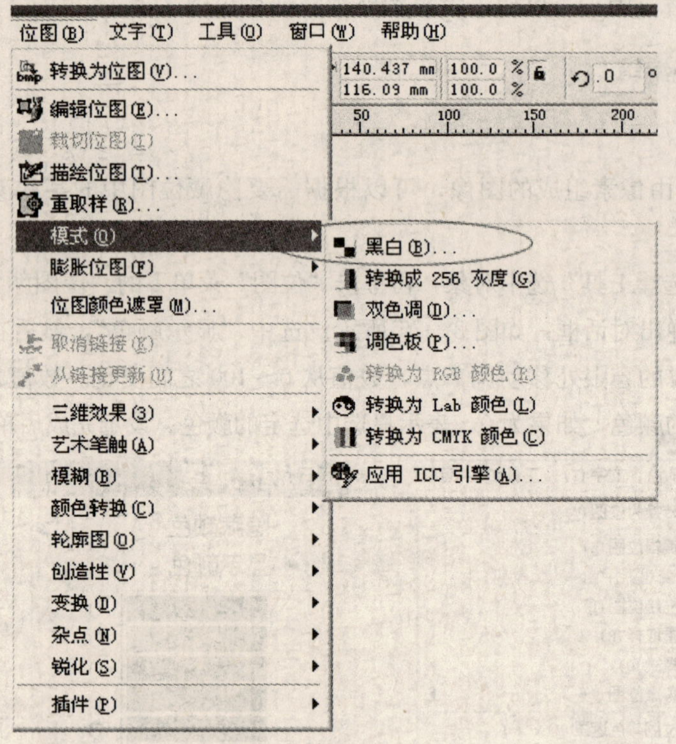

图 3—76　选择“黑白”子命令

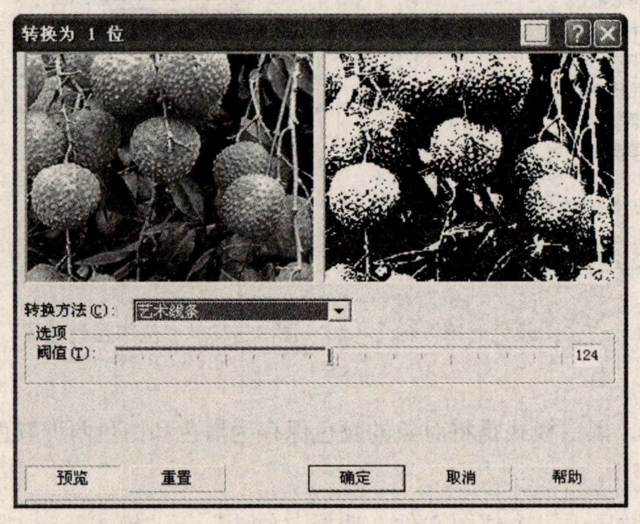

图 3—77　“转换为 1 位”对话框

（2）双色调模式。双色调颜色模式的图像只是另外添加了简单的灰阶图像，可以利用色调曲线设定创建有趣的效果。双色调图像可以是单色调、双色调、三色调或四色调。

首先用“选择工具”选定对象，单击“位图”→“模式”→“双色调”，如图 3—78 所示。

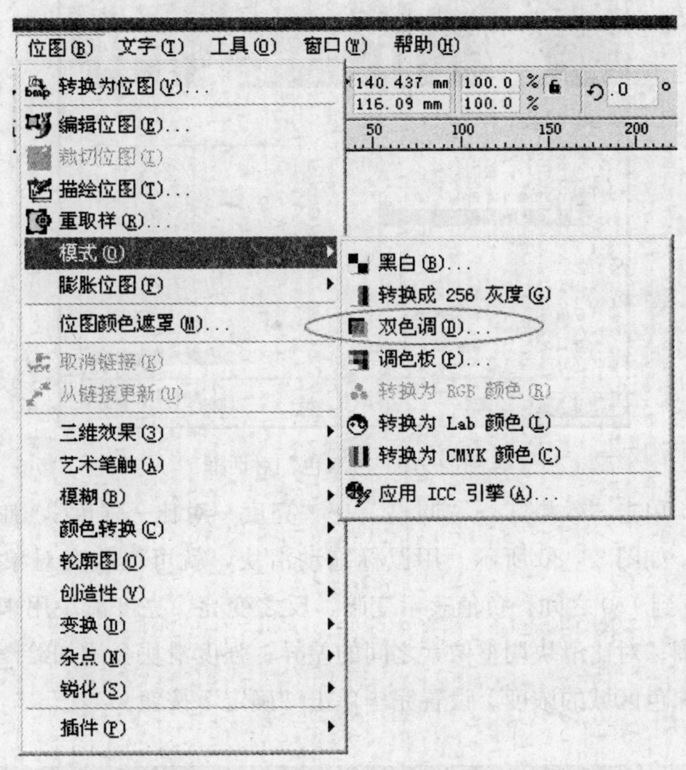

图 3—78　选择显示类型

将灰阶图像转换为双色调颜色模式时，色调曲线网格会显示出在转换过程中使用的动态浓度曲线。在“类型”下拉菜单中选择显示类型，如图 3—79 所示。

三、对象的色调变化

改变对象效果的色调调整工具可以用来控制绘图中对象的阴影，色彩平衡，颜色的亮度、深浅度之间的关系等，还可以利用这些工具恢复阴影或高光中的缺憾、校正曝光不足或曝光过度现象等，从而提高图像的质量。

1. 亮度、对比度和强度

亮度、对比度和强度选项通过改变“BCI”的值，从而调整图像的亮度、对比度和强度。

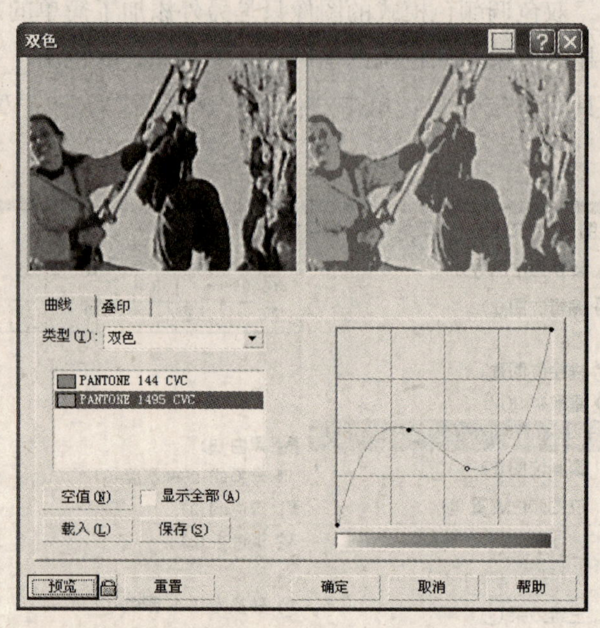

图 3—79 “双色”对话框

选中对象后，单击“效果”→“调整”→“亮度—对比—强度”，弹出“亮度—对比—强度”对话框，如图 3—80 所示。用鼠标拖动滑块，就可以改变对象的“BCI”的值，取值范围在－100 到 100 之间，负值表示变暗，反之变亮。亮度滑块用来增加或减少所有像素值的色调范围；对比滑块调整像素之间的差异；强度滑块会增加绘图中浅色区域的亮度，但它不降低深色区域的浓度。设置完毕单击“确定”按钮。

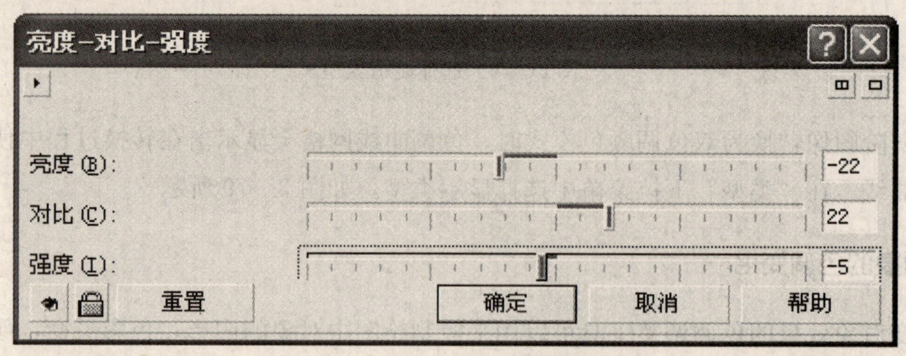

图 3—80 “亮度—对比—强度”对话框

2. 色调、饱和度和亮度

色调、饱和度和亮度选项通过改变“HSL”的值调整绘图中的颜色和浓度。选中对象后，单击主菜单“效果”→“调整”→“色调/饱和度/亮度”子菜单，弹出“色调/饱和度/亮度”对话框，如图 3—81 所示。在通道区域内可以设定颜色，分别可以调整的颜色有：红色、黄色、绿色、青色、蓝色、品红和灰度。然后用鼠标拖动滑块，左右移动以改变对象的色调、饱和度还有亮度。

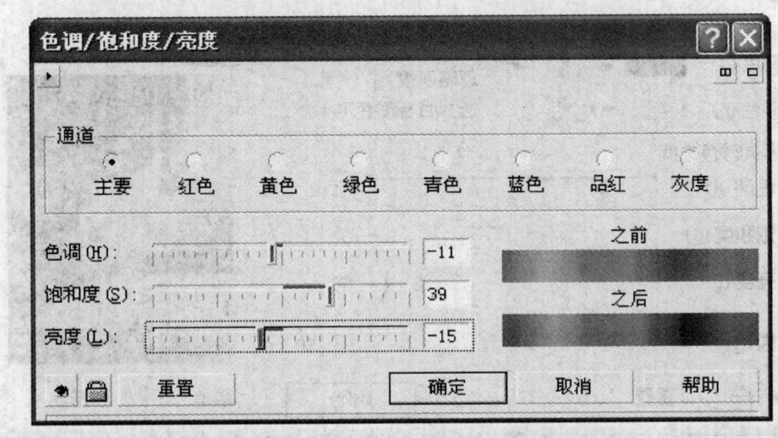

图 3—81　“色调/饱和度/亮度”对话框

3. 伽玛值

伽玛值是调整色调的方法之一，相邻区域的色值不同而产生不同的视觉印象。伽玛值允许用户在对阴影或高光没有显著影响的情况下，改进绘图效果。

选中图形后单击“效果”→“调整”→“伽玛值”，弹出“伽玛值”对话框，如图 3—82 所示。

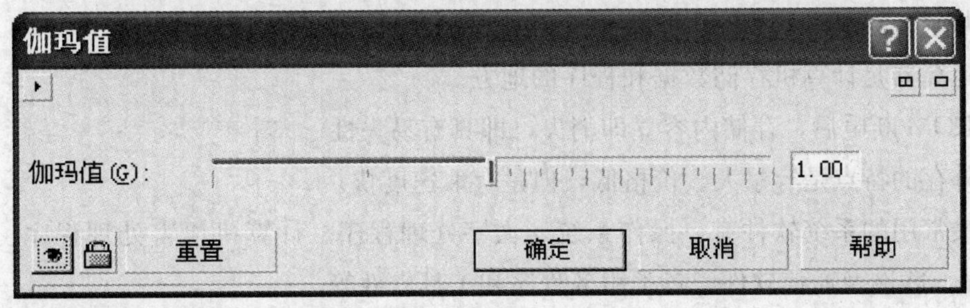

图 3—82　“伽玛值”对话框

移动伽玛值滑块来设置伽玛曲线值，值越大，中间的色调越浅；值越小，中间色调越深。

4. 替换颜色

选定对象后单击“效果”→“调整”→“替换颜色”，弹出对话框，如图 3—83 所示。在对话框中的“原颜色”选项处选择需替换的颜色，在“新颜色”选项处选择替换的颜色。在“不同颜色之间”选项处设定色调、饱和度、亮度的数值。

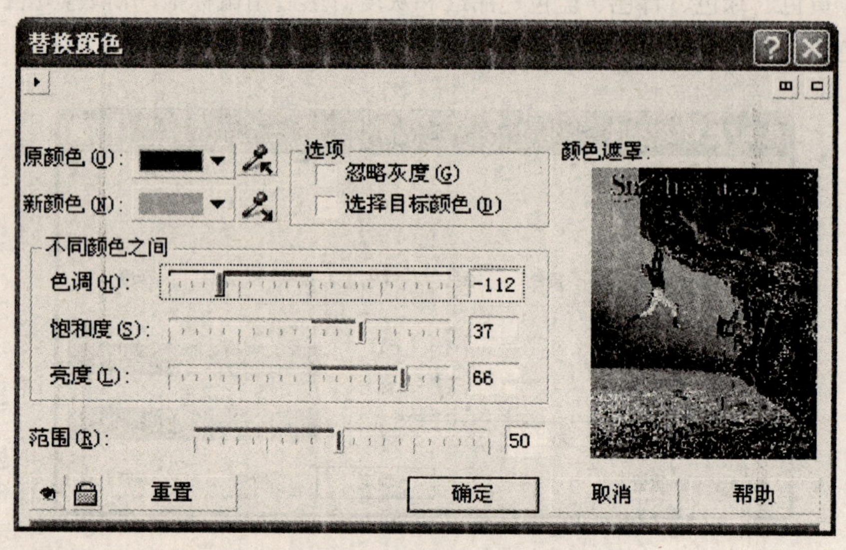

图 3—83 “替换颜色”对话框

测试题

一、判断题（将判断结果填入括号中。正确的填“√”，错误的填“×”）

1. 运算器用于控制计算机各个部件有条不紊地协同工作，基本功能就是从存储器取指令和执行指令。（ ）

2. 运算器是计算机存储数据和程序的地方。（ ）

3. ROM 断电后，存储内容立即消失，即具有易失性。（ ）

4. 外存的特点是容量大、价格低，但是存取速度快。（ ）

5. 最常用的系统软件有：操作系统、文字处理程序、计算机语言处理程序、数据库管理程序、联网及通信软件、各类服务程序和工具软件等。（ ）

6. 图像处理软件（如 CorelDRAW）是系统软件。（ ）

7. 字长是 CPU 进行运算和数据处理的最基本、最有效的信息位长度。（ ）

8. 内存容量的加大，对于运行大型软件十分必要。（ ）

9. 计算机操作系统控制和管理着计算机硬件和软件资源。（ ）

10. 在 CorelDRAW 中，单击“Open Graphic”（打开图形）会建立一个空白的绘图页面。（ ）

11. 在 CorelDRAW 中，选取不同的物件或使用不同的工具，属性栏不会跟着变化。 （ ）

12. CorelDRAW 提供了基本外形工具、剪外形工具、完成式外形工具、星外形工具和插图外形工具。 （ ）

13. CorelDRAW 不支持多种数码相机。 （ ）

14. CorelDRAW 提供的擦除工具仅适应于位图而不适应于矢量图。 （ ）

15. 使用 CorelDRAW 绘图要有复杂和高深的绘图基础。 （ ）

16. 在 CorelDRAW 中，任何复杂的图形都是由简单的基本构图元素组成的。 （ ）

17. 在 CorelDRAW 中，选取矩形工具，在拖动鼠标的同时，按住“Ctrl”键，从矩形中心开始绘制。 （ ）

18. 在 CorelDRAW 中，绘图工具可以绘制出直线、曲线、量度线等各种线条。 （ ）

19. 在 CorelDRAW 中，连线工具不允许将许多相关的对象连接到一起。 （ ）

20. 在 CorelDRAW 中，度量工具允许绘制度量线显示图形对象的大小、间距和角度。 （ ）

21. 在 CorelDRAW 中，若撤销后想回到刚才修改的文档可用“重复”命令。 （ ）

22. 在 CorelDRAW 中，使用“文档”（File）下的“退出”（Exit）按钮可以退出操作界面。 （ ）

23. 在 CorelDRAW 中，模板是不可以进行编辑的。 （ ）

24. 在 CorelDRAW 中，网格、标尺和辅助线是帮助准确地绘制和排列对象。 （ ）

25. 在 CorelDRAW 中，网格和辅助线在打印时会被打印出来。 （ ）

26. 在 CorelDRAW 中，对象的属性是指对象的大小、形状、填充和轮廓等。 （ ）

27. 在 CorelDRAW 中，当原对象的属性发生变化时，克隆对象会随之变化；当克隆对象的属性发生变化时，原对象也会随之变化。 （ ）

28. 在 CorelDRAW 中，将对象群组后，不可以单独选出其中的某个对象。 （ ）

29. 在 CorelDRAW 中，修剪就是把多个物体组合成为一个。 （ ）

30. 在 CorelDRAW 中，使用透视点效果可以使创作的图像在二维平面上产生三维的效果。 （ ）

31. 在 CorelDRAW 中，选择两个以上的物体时，可以在单击要选择对象的同时，按下“Ctrl”键，直到选择完毕为止。 （ ）

32. 在 CorelDRAW 中，只有选择对象后，才能对其进行操作。 （ ）

33. 在 CorelDRAW 中，形状工具对对象形态的改变，是通过对所有曲线对象的结点和线段的编辑实现的。（　）

34. 印刷品上看到的颜色是由青色、品红色、蓝色和黑色四种颜色的油墨组成的。（　）

35. 理论上 100C，100M，100Y 可以合成黑色，但由于一般油墨的纯度不统一，因此要加上黑色 K，才可以得到纯黑色。（　）

36. 在 CorelDRAW 中，外框工具用于边框的大小、形状和颜色的修改。（　）

37. 在 CorelDRAW 中，缩放工具可以对绘图的页面及大小进行无限地放大、缩小和移动。（　）

38. 在 CorelDRAW 中，选中文本对象后，用鼠标拖动对象不可以改变它的大小。（　）

39. 在 CorelDRAW 中，选中文本对象后，按“Ctrl＋L”，文本右对齐。（　）

40. 在 CorelDRAW 中，当段落文本包含大量的文档时，可以对段落式文本使用分栏格式。（　）

41. CorelDRAW 中，借助图形对象的路径，可以随意地排列文本的形状。（　）

42. 在 CorelDRAW 中，“透镜”特性允许对象模拟相机镜头创建的效果。（　）

43. CorelDRAW 是一种基于位图的图形制作软件。（　）

44. 在 CorelDRAW 中，矢量图在改变大小时会有失真现象。（　）

二、单项选择题（选择一个正确的答案，将相应的字母填入题内的括号中）

1. （　）合在一起称为中央处理器，即 CPU（Central Processing Unit），它是计算机的核心部件。

A. 主机和外部设备　　B. 运算器和储存器

C. 运算器与控制器　　D. 控制器和储存器

2. 硬件是指组成计算机的各种物理设备，它包括计算机的（　）。

A. 中央处理器和存储器　　B. 运算器和控制器

C. 中央处理器和控制器　　D. 主机和外部设备

3. 存储器分为（　）。

A. RUM 和 RAM　　B. 内存储器与外存储器

C. ROM 和 RAM　　D. 随机存储器和只读存储器

4. 内存储器从使用功能上可以分为（　）两种形式。

A. ROM 和 REM　B. REM 和 RAM　C. RUM 和 RAM　D. ROM 和 RAM

5. （　）一般用来存放专用的固定的程序和数据，不会因断电而丢失。

A. ROM　　B. RAM　　C. 内存储器　　D. 外存储器

6.（　　）读出时并不损坏原来存储的内容，只有写入时才修改原来所存储的内容。

A. ROM　　B. RAM　　C. 内存储器　　D. 外存储器

7. 通常所说的内存主要是指（　　）。

A. ROM　　B. RAM　　C. 内存储器　　D. 外存储器

8. 外存是计算机用来（　　）存放程序和数据的地方。

A. 定期　　B. 短期　　C. 暂时　　D. 长期

9. 外存上的信息主要由操作系统来管理，一般只和（　　）进行信息交换。

A. 存储器　　B. 主板　　C. CPU　　D. 程序

10. 计算机输入设备用于接收用户输入的数据和程序，并将它们转换成计算机能接收的形式（　　）存放到存储器中。

A. 十进制数　　B. 二进制数　　C. 十二进制数　　D. 十六进制数

11.（　　）是输出计算机处理结果的设备，它将结果转换成便于人们识别的形式。

A. 数码相机　　B. 复印机　　C. 打印机　　D. 扫描仪

12.（　　）的目的是最大限度地发挥计算机的作用，充分利用计算机资源，便于用户使用和维护计算机。

A. 操作系统　　B. 计算机语言处理程序

C. 联网及通信软件　　D. 系统软件

13.（　　）是用户在各自的应用领域中为解决各种实际问题而开发编制的程序。

A. 操作系统　　B. 应用软件　　C. 联网及通信软件　　D. 系统软件

14. 文字处理软件包（如 WPS、Word）是（　　）。

A. 操作系统　　B. 应用软件　　C. 联网及通信软件　　D. 系统软件

15. 计算机的（　　）是指计算机每秒钟执行的指令数。

A. 存取速度　　B. 显示速度　　C. 运算速度　　D. 时钟频率

16. 连续两次读或写所需的最短时间称为（　　）。

A. 存储周期　　B. 显示速度　　C. 运算速度　　D. 时钟频率

17.（　　）一般用字节（Byte）数来度量。

A. 存储容量　　B. 存储周期　　C. 运算速度　　D. 时钟频率

18. 为了方便地使用计算机，人们发明了一种替用户管理计算机的软件，这就是（　　）。

A. 操作系统　　B. 应用软件　　C. 联网及通信软件　　D. 系统软件

19.（　　）是一种大型复杂的系统软件。

A. 操作系统　B. 应用软件　C. 联网及通信软件　D. 专业软件

20. 在 CorelDRAW 中，利用(　　)可以很快建立统一样式的绘图，减少重复的制作过程。

A. 菜单　B. 快捷键　C. 样本　D. 命令

21. 在 CorelDRAW 中，常用的菜单命令以按钮的方式放置在(　　)中。

A. 编辑栏　B. 工具栏　C. 菜单栏　D. 标准栏

22. 在 CorelDRAW 中，通过单击(　　)的小按钮，可以看到它所包含的下拉式菜单。

A. 编辑栏　B. 工具栏　C. 菜单栏　D. 标准栏

23. 在 CorelDRAW 中，绘图工作区设定多个(　　)同时显示，可以提高绘图的速度和灵活性。

A. 色盘　B. 工具　C. 菜单　D. 标准

24. 使用数码相机可以将(　　)输入到 CorelDRAW 中。

A. 矢量　B. 图形　C. 曲线　D. 图片

25. CorelDRAW 可以制作(　　)格式的文件。

A. Web　B. Word　C. JPG　D. PSD

26. CorelDRAW 中创建的(　　)文档与创建标准的打印类档稍有不同。

A. Web　B. Word　C. JPG　D. PSD

27. CorelDRAW 中创建新绘图档有(　　)种方法。

A. 1　B. 2　C. 3　D. 4

28. CorelDRAW 中使用上的“(　　)”命令可以进入新的界面。

A. 打开　B. 新建　C. 保存　D. 编辑

29. 在 CorelDRAW 中，对称螺旋是指各个螺旋之间的距离是(　　)。

A. 变数　B. 常数　C. 不相等的　D. 渐变的

30. 在 CorelDRAW 中，选取矩形工具，在拖动鼠标的同时，按住(　　)键，可以绘制正方形。

A. Alt　B. Ctrl　C. Shift　D. Ctrl+Alt

31. 在 CorelDRAW 中，选取椭圆形工具，在拖动鼠标的同时，按住(　　)键，从椭圆形中心点开始绘制。

A. Alt　B. Ctrl　C. Shift　D. Ctrl+Alt

32. 在 CorelDRAW 中，(　　)允许在鼠标拖动过程中进行绘制。

A. 手绘工具　B. 贝塞尔工具　C. 自然笔工具　D. 度量工具

33. 在 CorelDRAW 中，利用(　　)可以接着原有的直线或曲线继续画下去。

A. 手绘工具　　B. 贝塞尔工具　　C. 自然笔工具　　D. 度量工具

34. 在 CorelDRAW 中，(　　)允许按结点依次绘制曲线。

A. 手绘工具　　B. 贝塞尔工具　　C. 自然笔工具　　D. 度量工具

35. 在 CorelDRAW 中，利用(　　)绘制曲线，曲线的变形可通过鼠标的移动来实现。

A. 手绘工具　　B. 贝塞尔工具　　C. 自然笔工具　　D. 度量工具

36. 在 CorelDRAW 中，(　　)连接的对象能随着对象的移动做自动的调整变化。

A. 连线工具　　B. 贝塞尔工具　　C. 自然笔工具　　D. 度量工具

37. 在 CorelDRAW 中，(　　)允许绘制粗细不同，且边框具有闭合路径的线条。

A. 手绘工具　　B. 贝塞尔工具　　C. 自然笔工具　　D. 度量工具

38. 在 CorelDRAW 中，(　　)会随着图形对象的改变而自动发生相应的变化。

A. 手绘工具　　B. 贝塞尔工具　　C. 自然笔工具　　D. 度量工具

39. 在 CorelDRAW 中，(　　)允许为绘制对象添加标注。

A. 手绘工具　　B. 贝塞尔工具　　C. 标注工具　　D. 度量工具

40. 在 CorelDRAW 中，绘图比例代表了绘图与实际的(　　)。

A. 缩放　　B. 对比　　C. 大小　　D. 比率

41. 在 CorelDRAW 中，显示绘图页全屏预览的快捷键是(　　)。

A. F9　　B. F8　　C. F5　　D. F4

42. 在 CorelDRAW 中，(　　)命令的快捷键是“Ctrl+Z”。

A. 撤销　　B. 查找　　C. 复制　　D. 保存

43. 在 CorelDRAW 中，(　　)向导将指导如何一步步查找满足条件的对象，搜索完毕后可以保存搜索条件。

A. 替换　　B. 查找　　C. 复制　　D. 保存

44. 在 CorelDRAW 中，(　　)命令的快捷键是“Ctrl+S”。

A. 撤销　　B. 查找　　C. 复制　　D. 保存

45. CorelDRAW 默认的保存类型是(　　)。

A. CDR　　B. AI　　C. JPG　　D. PSD

46. CorelDRAW 提供了(　　)种标签格式。

A. 1　　B. 2　　C. 3　　D. 多

47. CorelDRAW 中，可设计将(　　)个页面打印在一张纸上。

A. 1　　B. 3　　C. 2　　D. 4

48. 在 CorelDRAW 中，模板样式可以控制特定对象的(　　)。

A. 大小　　B. 色彩　　C. 外观　　D. 属性

49. 在 CorelDRAW 中，通过模板可以控制每个对象的(　　)。

A. 大小　　B. 色彩　　C. 外观　　D. 属性

50. CorelDRAW 中，(　　)可以确定对象的大小和位置。

A. 网格　　B. 标尺　　C. 辅助线　　D. 坐标

51. 在 CorelDRAW 中，删除多条辅助线可用(　　)键。

A. Alt　　B. Ctrl　　C. Shift　　D. Shift＋Delete

52. 在 CorelDRAW 中，辅助线是跨越绘图窗口的一系列(　　)，可以放在绘图窗口中任何位置。

A. 虚线　　B. 点画线　　C. 细实线　　D. 中实线

53. 在 CorelDRAW 中，(　　)是指在绘图中创建或放置的任何项目。

A. 工具　　B. 对象　　C. 属性　　D. 作品

54. 在 CorelDRAW 中，多个图形组合在一起也可称为一个(　　)。

A. 工具　　B. 对象　　C. 属性　　D. 作品

55. 在 CorelDRAW 中，快捷键(　　)可以创建对象的副本。

A. Ctrl＋Z　　B. Ctrl＋S　　C. Ctrl＋D　　D. Ctrl＋V

56. 在 CorelDRAW 中，(　　)就是在当前的绘图窗口中创建对象的副本。

A. 复制　　B. 新建　　C. 保存　　D. 再制

57. 在 CorelDRAW 中，快捷键(　　)是将剪贴板中的对象复制到工作区。

A. Ctrl＋Z　　B. Ctrl＋S　　C. Ctrl＋D　　D. Ctrl＋V

58. 在 CorelDRAW 中，快捷键(　　)是将选中对象复制到剪贴板中。

A. Ctrl＋Z　　B. Ctrl＋C　　C. Ctrl＋D　　D. Ctrl＋V

59. 在 CorelDRAW 中，使用(　　)可以将多个对象绑定到一起。

A. Ctrl＋Z　　B. Ctrl＋C　　C. Ctrl＋G　　D. Ctrl＋V

60. 在 CorelDRAW 中，(　　)是一种利用两个对象间不同方式的相互作用而创建新对象的方法。

A. 焊接　　B. 修剪　　C. 造型　　D. 相交

61. 在 CorelDRAW 中，使用透视点效果时，(　　)可产生单点透视的效果。

A. 按下“Ctrl”键　　B. 按下“F5”键

C. 按下“Alt”键　　D. 按下“Shift”键

62. 在 CorelDRAW 中，使用透视点效果时，(　　)可产生两点透视的效果。

A. 按下“Ctrl”键　　B. 按下“F5”键

C. 按下“Alt”键　　D. 按下“Shift”键

63. 在 CorelDRAW 中，运用选择工具可以改变对象的（　　）。

A. 形状　　B. 肌理　　C. 色相　　D. 色彩

64. 在 CorelDRAW 中，运用选择工具可以使对象（　　）。

A. 连接　　B. 旋转　　C. 分开　　D. 变色

65. 在 CorelDRAW 中，当选择好一个对象后，对象中心会出现一个（　　）符号。

A. O　　B. ＋　　C. Y　　D. X

66. 在 CorelDRAW 中，形状工具可以更改所有（　　）对象的形状。

A. 曲线　　B. 虚线　　C. 点画线　　D. 弧线

67. 在 CorelDRAW 中，线段是指存在于两个结点之间的（　　）部分。

A. 曲线　　B. 虚线　　C. 点画线　　D. 弧线

68. RGB 的值越大，产生的颜色越（　　）。

A. 黑　　B. 深　　C. 淡　　D. 白

69. BCI 色彩模型中，B 是指亮度，数值为（　　）。

A. 0～36　　B. －100～100　　C. 0～255　　D. 0～360

70. HLS 色彩模型中，S 是指饱和度，数值为（　　）。

A. 0～36　　B. －100～100　　C. 0～144　　D. 0～255

71. 在 CorelDRAW 中，渐变填色，可使对象在不同（　　）之间产生变化。

A. 颜色　　B. 明度　　C. 色系　　D. 灰度

72. 在 CorelDRAW 中，图案填充可以对图形填充一些（　　）。

A. 肌理　　B. 花纹　　C. 色彩　　D. 线条

73. 在 CorelDRAW 中，滴管选择表示按照图的选择区域选取颜色的（　　）。

A. 瞬间值　　B. 最小值　　C. 最大值　　D. 平均值

74. 在 CorelDRAW 中，（　　）可以使对象在水平方向和垂直方向对称旋转。

A. 滴管工具　　B. 镜像按钮　　C. 缩放工具　　D. 外框工具

75. 在 CorelDRAW 中，使用缩放工具时，如果按住（　　）键同时单击图形，整个图形和工作页面同时都成比例地缩放。

A. Tab　　B. Alt　　C. Ctrl　　D. Shift

76. 在 CorelDRAW 中，文字对象分为（　　）两种。

A. 美工文字和段落文字　　B. 艺术文字和段落文字

C. 图形文字和美工文字　　D. 艺术文字和图形文字

77. 在 CorelDRAW 中，对文字使用特殊的图形效果后也可成为（　　）。

A. 段落文字　　B. 图形文字　　C. 艺术文字　　D. 美术文字

78. 在 CorelDRAW 中，选中文本对象后，按“Ctrl＋数字小键盘上的(　　)”，每次减少 2 pt 的字体大小。

A. 2　　B. 4　　C. 6　　D. 8

79. 在 CorelDRAW 中，选中文本对象后，按“Ctrl＋数字小键盘上的(　　)”，按照字体每次减少一级。

A. 2　　B. 4　　C. 6　　D. 8

80. 在 CorelDRAW 中，选中文本对象后，按“Ctrl＋(　　)”，文本中间对齐。

A. L　　B. R　　C. J　　D. E

81. 在 CorelDRAW 中，选中文本对象后，按“Ctrl＋(　　)”，文本两边完全对齐。

A. L　　B. R　　C. J　　D. E

82. 在 CorelDRAW 中，要使文字产生立体效果，应选择(　　)。

A. 美术文字　　B. 美工文字　　C. 段落文字　　D. 艺术文字

83. 在 CorelDRAW 中，要编排大量的文字，应选择(　　)。

A. 美术文字　　B. 美工文字　　C. 段落文字　　D. 艺术文字

84. 在 CorelDRAW 中，曲线是(　　)的路径。

A. 开放　　B. 闭合　　C. 半开放　　D. 半闭合

85. 在 CorelDRAW 中，椭圆是(　　)的路径。

A. 开放　　B. 闭合　　C. 半开放　　D. 半闭合

86. 在 CorelDRAW 中，鱼眼的透镜效果可以令中间的物像(　　)。

A. 变大　　B. 变小　　C. 不变　　D. 删除

87. 在 CorelDRAW 中，对象可以通过(　　)来改变它的外观。

A. 鱼眼　　B. 渐变　　C. 滤镜　　D. 透镜

88. 在 CorelDRAW 中，位图由许多(　　)组成，有固定的分辨率。

A. 像素点　　B. 基点　　C. 视点　　D. 焦点

89. 在 CorelDRAW 中，放大位图会使图像质量(　　)。

A. 变好　　B. 变差　　C. 不变　　D. 不确定

90. 在 CorelDRAW 中，位图必须调入(　　)才能对它进行操作使用。

A. 显示区域　　B. 打印区域　　C. 执行区域　　D. 工作区域

91. 在 CorelDRAW 中，自动跟踪功能可以将位图转化为矢量图，但只是(　　)的位图建立矢量图形状。

A. 部分　　B. 全部　　C. 彩色部分　　D. 灰色部分

92. 在 CorelDRAW 中，(　　)是一种将对象的颜色保存为只有黑色和白色两种颜色的模式。

A. 浮雕模式　　B. 黑白模式　　C. 底片模式　　D. 复古模式

93. 在 CorelDRAW 中，根据图像中颜色的深浅，通过处理对象的边界可以产生（　　）。

A. 彩色效果　　B. 灰色效果　　C. 黑白效果　　D. 浮雕效果

三、练习题

1. 运用 CorelDraw10 进行简单的矢量绘图和文本输入。
2. 运用 CorelDraw10 进行简单的位图编辑操作。
3. 运用 CorelDRAW10 进行计算机辅助版面设计。

测试题答案

一、判断题

1.×　2.×　3.×　4.×　5.√　6.×　7.√　8.√　9.√　10.×　11.×　12.√　13.×　14.×　15.×　16.√　17.√　18.√　19.×　20.√　21.√　22.√　23.×　24.√　25.×　26.√　27.×　28.√　29.×　30.√　31.×　32.√　33.√　34.×　35.√　36.√　37.×　38.×　39.×　40.√　41.√　42.√　43.√　44.×

二、单项选择题

1. C　2. D　3. B　4. D　5. A　6. B　7. B　8. D　9. A　10. B　11. C　12. D　13. B　14. B　15. C　16. A　17. A　18. A　19. A　20. C　21. D　22. C　23. A　24. D　25. A　26. A　27. C　28. B　29. B　30. B　31. C　32. A　33. A　34. B　35. B　36. A　37. C　38. D　39. C　40. D　41. A　42. A　43. B　44. D　45. A　46. D　47. C　48. C　49. D　50. B　51. D　52. A　53. B　54. B　55. C　56. D　57. D　58. B　59. C　60. C　61. A　62. B　63. A　64. B　65. D　66. A　67. A　68. C　69. B　70. B　71. A　72. B　73. D　74. B　75. D　76. A　77. D　78. A　79. B　80. D　81. C　82. B　83. C　84. A　85. B　86. B　87. D　88. A　89. B　90. D　91. A　92. B　93. D

三、练习题

答案略。

第 4 章

装饰美术设计工艺与材料

第 1 节　计算机辅助制作

学习单元 1　刻字机刻字

学习目标

了解刻字机的工作原理

掌握刻字制作工艺

一、刻字机的操作

计算机刻字机实际上是一台小型数控设备，它能以很快的速度和很高的精度，将计算机辅助设计绘制的文字和图形直接刻到即时贴上。

计算机刻字机拥有精准定位系统，利用该系统可在已输出数码影像上侦测到标记点，实现轮廓切割。它配置有高速精密伺服马达系统，能实现精准、平滑、高速切割，切割速度可达 5～30 in/s。

计算机刻字机的切割刀压可选范围在 1～600 g，切割材料广泛，从轻且薄的材质到重且厚的反光膜都可完成切割。切割刀架的感应器可以自动侦测刀尖与材质之间的距离，进而调整刀片到对应的位置进行切割，避免了刀片弯曲、破刀或挑角的问题。由液晶显示器和控制按键组成操作面板，提供简单明了的操作显示。计算机刻字机还具有可调节的承纸系统，使切割材料稳定供给，不会位移或偏斜，以维持良好的走纸性能。手动安全裁刀可直线切割已完工的纸材，不浪费材料。

计算机刻字机设有 Windows 界面的驱动程序，可直接利用 AutoCAD，CorelDRAW 等软件输出文档进行刻字，也可利用专门刻字软件进行直接刻字。

计算机刻字机能平滑地切割小字体或复杂的图形（如标志），既规范、精美、方便，又省时省力，如图 4—1 所示。

二、制作工艺

1. 设计

设计就是将展板需要的文字、图形输入计算机，合理编排文字与图形，恰当处理图文

图 4—1　计算机刻字机

关系，创作新颖独特的版面。设计完成后，将文字和图形输出到刻字机，图像输出到彩色打印机或彩色扩印机。

2. 刻字

正确安装刻字机，利用 AutoCAD，CorelDRAW 或专门刻字软件进行刻字，将输入的图文通过刻字机刻在即时贴上，要求刻边光挺不毛糙，图形清晰，即时贴表层刻开而衬纸不断。

3. 揭字

揭字就是将文字、图形多余部分的即时贴揭去，剥离时注意不要伤及文字、图形的形状，边角处不出现翘角现象，拼贴完整，不破不损，字形保持与设计时一致。

4. 转移

转移就是用转移膜（一种黏性小于即时贴的透明黏胶膜）粘住文字、图形的正面，将它们从即时贴的衬纸上揭下，并注意保持图文之间的相互位置。

5. 上板

上板就是将文字、图形仔细对准展板的相应位置贴上去，揭去转移膜，完成即时贴制作工艺，再将彩色打印机或彩色扩印机制作的图片或照片用薄型双面胶或喷胶等方法贴至相应位置。

当即时贴制作的文字、图形等尺寸大于 40 cm 时，可采用湿法转移，即在展板表面洒上洗涤剂，再将文字、图形对准展板的相应位置贴上去，揭去转移膜，用刮板刮去水分即可。这种方法的优点是粘贴方便、调整容易。

学习单元 2　喷绘写真

学习目标

熟悉喷绘写真设备

掌握喷绘写真制作工艺

喷绘写真是当前展板制作中应用最为广泛的一种制作工艺，它采用先进的计算机图形图像处理和全彩色喷绘技术，被广泛用于制作装饰、布置展板、展墙的大幅画面、海报、易拉宝、户内外写真等，能在不同的材质上印制精美的图像和文字。

一、喷绘写真设备

喷绘写真设备采用简洁的中英文操作界面，具有以下功能：显示喷绘文件的实际彩色图像并以游标显示实时喷绘进度；软件的色彩管理及内部分色功能可自动控制偏色；通过调整图像的分辨率，可喷绘写真出大小不同的图样；利用新颖的喷墨技术，既能快速喷绘又能保证图像质量，产生意想不到的效果。

1. 喷绘机

喷绘机（见图 4—2）是一种大型打印机，它利用喷头在材料上喷出墨水，喷头越多，喷得就越快。它输出的画面很大，幅宽可达 3.2 m，如展览会上大型背景墙的画面就是喷绘机输出的产品。喷绘机使用的介质一般都是喷绘布（俗称灯箱布），墨水使用油性墨水，为了保证画面的持久性，画面色彩要比显示器上的颜色深一点。它输出的图像分辨率只有 10～45 dpi（按照印刷要求对比），没有印刷机、写真机清晰度高。

2. 写真机

写真机（见图 4—3）也是一种大幅面的打印机，它输出的画面有几个平米大小，如在展览会上使用的展板，最大幅宽为 1.5 m。写真机使用的介质是写真纸，如背胶防水纸、户外涂层背胶胶片等，墨水使用水性墨水，在图像打印完后还要覆膜、裱板才算成品。写真机输出图像的分辨率为 72～300 dpi，最高可达 1 200 dpi，它的色彩比较饱和、清晰。

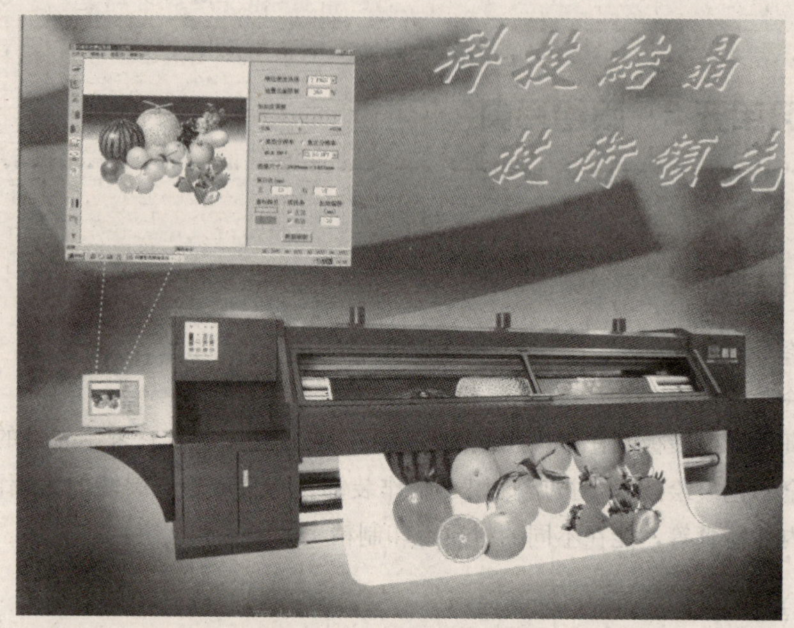

图 4—2　喷绘机

图 4—3　写真机

二、喷绘写真制作工艺

1. 样稿设计

先用手工打字、扫描仪、数码相机等方法将版面所需文字、照片等输入计算机，然后采用计算机图文、图像处理技术，将输入的文字、照片以较低的像素、较小的画面进行设计与编排，借助小型彩色打印机以 A3、A4 的幅面打印样稿，经客户认可后，再制作完稿。

2. 完稿制作

（1）尺寸大小。喷绘写真的图像在设计中要求与实际尺寸相一致，它和印刷不同，不需要留出出血部分。在喷绘过程中，输出画面都留有白边，比净画面边缘多出 10 cm，还可根据安装要求，留出白边用来打扣眼。

（2）图像分辨率。喷绘写真图像使用 Photoshop 软件制作，图像文件的大小与图像像素、图像尺寸有关。

喷绘的图像往往是很大的，如果很大的画面还用印刷的分辨率，那么文件就会很大，计算机根本无法处理。喷绘机多以 11.25 dpi、22.5 dpi、45 dpi 为输出时的图像分辨率：图像面积为 1～30 m^2 时，分辨率为 45 dpi；图像面积为 30～180 m^2 时，分辨率为 22.5 dpi；图像面积在 180 m^2 以上时，分辨率为 11.25 dpi。合理使用图像分辨率可以加快做图速度。

写真输出图像的分辨率为 72～300 dpi，如果在 Photoshop 新建图像显示实际尺寸时文件大小超过 400M，可以适当降低分辨率，控制文件在 400 M 以内即可。

（3）图像模式。喷绘统一使用 CMYK 模式，禁止使用 RGB 模式。现在的喷绘机都是四色喷绘的，它的颜色与印刷色有所不同，即使做完稿时按照印刷色标准，喷绘时也应调整画面颜色，使之与小样接近。

写真可以使用 CMYK 模式，也可以使用 RGB 模式。注意在 RGB 中大红的值用 CMYK 定义，即 M＝100，Y＝100。

（4）图像黑色部分。喷绘和写真图像都不能使用单一黑色值，必须填加 C，M，Y 色，组成混合黑。如大黑可以做成：C＝50，M＝50，Y＝50，K＝100。特别在 Photoshop 中，必须把黑色部分改为四色黑，否则画面黑色部分会出现横道，影响整体效果。

（5）图像储存。喷绘和写真的图像最好储存为 TIF 格式，尽量避免用压缩的格式。

3. 校色

校色就是校正喷绘写真与打印样稿之间的色彩偏差，它是喷绘工序中最重要的一道工序。操作人员必须根据设备的性能、按成品的精度打印一份幅面宽度与成品相同、长度为 10 cm 左右的校色稿，根据校色稿进行计算机修正，以确定最终的颜色效果。

4. 上机

上机喷绘写真，应保证墨水、喷绘布或写真纸供应正常，设备运作正常，场地清洁、恒温。

5. 覆膜裁切

喷绘写真画面经晾干、覆膜、裁切、装裱等工艺后制成成品。

第 2 节　装饰美术材料

材料是装饰美术制作的重要组成部分，也是表现装饰设计效果的物质基础。装饰美工应该对各种材料的品种、规格、性能、用途有所认识。只有充分了解并掌握材料的性能特点，才能在设计制作中正确地识别材料、选择材料、使用材料。

装饰美术材料门类、品种众多，常见的有几十个门类几千个品种，按用途可分为结构材料、表面装饰材料、广告材料、其他装饰材料四大类别。

学习单元 1　结构材料

学习目标

了解铝及铝合金的特点

熟悉木材的种类及特点

熟悉碳素钢和不锈钢的特性

结构材料主要用于地台、货柜、展墙、造型、道具的骨架，起固定、支撑和承重的作用。主要结构材料有木材、钢材、铝材等。

一、木材

木材一般是指以树木的躯干为原料经过加工的一种材料，它既可用作结构材料，又可用于装饰。木材分为天然木材和人造板两大类。

1. 天然木材

天然木材是性能优良、用途广泛的材料，它材质轻、强度高、弹性好、韧性强，能抗冲击、抗震动，对电、热有较强的绝缘性，具有隔声、吸音效果好，易于加工和涂装等性能。它色泽悦目，纹理美观，给人以柔和温暖的视觉和触觉感受。

木结构材料是指木材通过加工而成的截面为方形或长方形的条状材料，是地台、展架、展墙、造型、道具的内结构所用骨架材料，一般选用材质较松、材色和纹理不甚显著、不开裂、不易变形的树种，常用树种的性能见表4—1。

表4—1　　常用树种的性能

树种	材质性能	加工性能
红松	材质轻软，纹理直，力学强度适中，干燥性能良好，耐水、耐磨，不易龟裂变形	切削面光滑，易于胶合，用于展台的木结构骨架
白松	材质轻软，力学强度较低，弹性好，变形量较小	易于胶合，但不易刨光，用于一般道具的木结构骨架
落叶松	材质较重，硬度中等，力学强度高，抗弯力大，耐磨、耐水性强，干缩性大，易开裂、翘曲变形	着钉时易开裂，不易胶合，用于一般道具的木结构骨架
马尾松	材质硬度中等，力学强度较高，易翘曲变形	钉着力较强，胶合性能不良，用于低级展台的木结构骨架
花旗松	材质略重，硬度中等，干燥性能良好，不易龟裂变形	易于胶合，着钉性能较强，用于中、高级展台的木结构骨架
杉木	材质轻，力学强度适中，耐腐朽，不易变形，干燥性能良好	钉着力较强，胶合性能一般，多用于展墙、地台、展架造型的木结构骨架
椴木	材质较轻软，变形量较小，不易开裂，耐水性较差，不耐腐朽	胶合性能良好，多用于展柜、展台造型的木结构骨架

除以上常用树种外，还有柞木、东北榆、桦木等树种，但由于它们价格较贵，较少采用。

2. 人造板

天然木材由于生长条件和加工过程等方面的原因，常不能达到现代装饰美术材料所要求的性能、工艺与造型效果。因此人们发明了人造板，即利用原木、木质纤维、木质边角碎料或其他植物纤维（稻草或麦秸）等为原料，加黏合剂和其他添加剂，经过机械加工或化学处理而制成的板材。人造板的使用，不仅可以减少嵌缝，提高木质表面的平整度、装饰性和锯切、弯曲、组接等加工性能，而且提高了木材的利用率，对于节约资源、保护生态环境有着重要的意义。

人造板可以分为胶合板、细木工板、刨花板、纤维板、刨切薄木贴面板（以胶合板为基材）、浸渍纸贴面板、水泥刨花板等。

（1）胶合板。胶合板也称夹板，行内俗称细芯板，是将原木经蒸煮软化后沿年轮旋切成 1 mm 厚的大张薄片，经干燥、整理、涂胶、组坯、热压、锯边后纵横黏压而成，是目前展台制作中最为常用的材料。

胶合板一般分为 3 厘板、5 厘板、9 厘板、12 厘板、15 厘板和 18 厘板等多种规格（1 厘即 1 mm）。胶合板幅面大而平整光滑，木纹美丽，不易变形，锯切容易，使用方便。

（2）细木工板。细木工板俗称大芯板，是将木材的边角小料刨光、拼接后制成芯板，再在两侧粘贴胶合板制成的实心板材。由于芯材中间有空隙，可耐热胀冷缩，不仅材质轻，而且具有较大的硬度和强度。它集木板与胶合板的优点于一身，幅面平整，易加工，钉着力和螺钉连接力强。

（3）刨花板。刨花板又称碎料板，是用木质碎料为主要原料，施加胶合材料、添加剂，经热压而成的薄型板材，其特点是板面平、结构均匀密实、无节疤和木纹、不变形、加工性能良好，但钉着力和螺钉连接力较差。

（4）纤维板。纤维板是用木材、竹材或其他农作物茎秆等植物纤维，经破碎浸泡，研磨成木浆，使其植物纤维重新交织，再经热压成型、干燥加工而成的人造板。纤维板按性能不同分为硬质纤维板、半硬质纤维板和软质纤维板三种。

二、钢材

钢材具有质地坚硬、强度高、韧性好、传热导电快、防水、防腐等优良性能，通过机械加工方式和现代科技手段，可以用钢材制造各种形式的桁架和道具。在现代装饰美术设计中，钢材既可独立使用，也可以和其他材料结合使用，其所具有的独特性能和审美价值是其他材料不可替代的。在装饰美术制作中常用的钢材有碳素钢和不锈钢两大类。

1. 碳素钢

碳素钢又称碳钢，是含碳量低于 2.11% 的铁碳合金，除铁、碳及少量的硅、锰、磷、硫、氧等杂质外，不含其他元素。碳含量对钢的组织结构和性能起着决定性影响，碳素钢根据碳含量的不同可分为低碳钢、中碳钢和高碳钢，根据用途的不同可加工成型钢、钢板、钢管、钢丝四类。

（1）型钢。型钢是具有一定几何形状截面，且长度和截面周长之比相当大的直条钢材。型钢按生成方法可分为热轧型钢、弯曲型钢、挤压型钢、拔制型钢和焊接型钢等，按截面形状可分为圆钢、方钢、扁钢、六角钢、角钢、工字钢、槽钢和异形钢等。型钢的规格常以反映截面形状的主要轮廓尺寸来表示。

（2）钢板。钢板是用钢坯或钢锭轧制而成，且宽厚比很大的矩形板材。钢板按生成方法可分为热轧钢板和冷轧钢板，按质量可分为普通钢板、优质钢板和复合钢板，按表面处理方式可分为镀层钢板和涂层钢板，按厚度可分为薄钢板（厚度小于 4 mm）、厚钢板（厚度为 4～60 mm）和特厚钢板（厚度大于 60 mm）。

钢板通过剪裁、弯曲、冲压和焊接等工艺制成各种构件和产品。常见的钢板品种有：

1）钢带。钢带又称带钢，是长度很长、大多成卷供应的钢板，宽度在 600 mm 以下的称为窄带钢，超过 600 mm 的称为宽带钢。钢带又可分为热轧钢带和冷轧钢带：热轧钢带在热轧机上轧制，厚度为 1～6 mm，主要作为冷轧钢带以及焊缝钢管、冷弯和焊接型钢的原料；冷轧钢带用热轧钢带再冷轧而成，厚度为 0.1～3 mm，具有表面光洁、平整，尺寸精度高，机械加工性能好等优点。

2）覆层钢板。覆层钢板是指在低碳钢板表面镀覆锡、锌、铝、铬等金属保护层或涂覆有机涂层、塑料等非金属保护层的制品，包括镀锌钢板、镀锡钢板、无锡钢板、镀铝钢板及有机涂层钢板等，具有良好的抗腐蚀性和外观装饰性，详见表 4—2。

表 4—2　　覆层钢板的种类和性能

钢板	性能
镀锌钢板	即表面镀锌的低碳钢板。镀锌能有效地防止钢材腐蚀，延长使用寿命。镀锌方法有热镀法和电镀法。镀锌薄钢板（厚度为 0.4～1.2 mm）又称镀锌铁皮，俗称白铁皮
镀锡钢板	即表面镀有纯锡层的低碳钢薄板，俗称马口铁。镀锡方法有热镀法和电镀法。镀锡钢板表面金属光泽强，具有良好的耐腐蚀性、焊接性，并能进行彩色印刷
无锡钢板	即不镀锡却可替代镀锡钢板使用的薄钢板。一般采用电解铬酸法处理钢板表面：先在低碳钢板表面镀一层金属铬，然后再镀铬的水合氧化物。无锡钢板生产成本低，可代替镀锡钢板
镀铝钢板	即表面镀有纯铝或含硅量为 5%～10%的铝合金的覆层钢板，多用热镀法、电泳法和真空蒸镀法生产。镀铝钢板具有良好的抗高温氧化性、热反射性和优异的耐大气腐蚀性，能部分代替镀锡钢板
有机涂层钢板	覆层钢板的一种，通常在冷轧钢板、镀锌钢板或镀铝钢板表面涂覆有机涂料或薄膜，一般采用辊涂法或层压法生产。有机涂层钢板既有钢板的强度，又有良好的耐腐蚀性、耐久性和耐擦洗性。表面可制成不同色彩和花纹图案，装饰性极强，有彩色钢板之称

（3）钢管。钢管是中空的棒状钢材，截面多为圆形，也有方形、矩形和异形的，按生产方法分为无缝钢管和焊缝钢管：无缝钢管采用热轧、冷轧、挤压、冷拔等方法生产，由于截面封闭无焊缝，具有较高的承载压力，适合作高强度钢管、特殊钢管和厚壁钢管；焊缝钢管用钢板或钢带卷曲成筒状焊接而成，表面质量好，尺寸精度高，生产效率高，成本低。焊缝钢管按焊缝形状又可分为直缝焊管和螺旋缝焊管。生产薄壁管和大直径管采用焊接方法比较方便。钢管广泛用于制作桁架构件。

（4）钢丝。钢丝是用不同质量的热轧盘条冷拔拉制而成的线状钢材，按截面形状可分为圆形、椭圆形、三角形和异形钢丝，按尺寸可分为特细（直径小于 0.1 mm）、较细（直径为 0.1～0.5 mm)、细（直径为 0.5～1.5 mm)、中等（直径为 1.5～3 mm)、粗（直径为 3～6 mm)、较粗（直径为 6～8 mm)、特粗（直径大于 8 mm）钢丝，按化学成分可分为低碳、中碳、高碳钢丝和低合金、中合金、高合金钢丝，按表面状态可分为抛光、磨光、酸洗、氧化处理和镀层钢丝等，按用途可分为普通钢丝、结构钢丝、弹簧钢丝、不锈钢丝、电工钢丝、钢绳钢丝等。

2. 不锈钢

不锈钢是指以铬元素为主加元素的合金钢，铬含量越高，钢对大气、水、酸、碱、盐溶液或其他腐蚀介质的抗腐蚀性越好。

不锈钢之所以耐腐，是因为铬的性质比较活泼，在自然环境里，钢中铬首先与氧化合，生成一层与钢基体牢固结合的致密氧化膜层（称作钝化膜)，有效保护钢基体不受腐蚀。

不锈钢材可由钢坯或钢锭加工制成型钢、钢板、钢管、钢丝四类材料。不锈钢表面经精饰加工后，可获得镜面般光亮平滑的效果，光反射比可达 90%以上，具有良好的装饰性。

三、铝材

铝及铝合金是工业用量最大的有色金属，是一种常用的装饰材料。

铝具有较优良的特性。纯铝密度小，约为 2.7 g/cm^3，相当于铜的三分之一，属于轻金属，熔点为 660℃。铝的导电、导热性优良，仅次于铜，其导电率约为铜的 64%。铝在结晶后具有面心立方晶格，具有很高的可塑性，可进行各种塑性加工。纯铝为银白色，在大气中铝与氧的亲和力很大，能形成一层致密的三氧化二铝氧化膜，隔绝空气，防止进一步氧化，因此在大气中有良好的抗氧化性，但氯离子和碱能破坏铝的氧化膜，因此铝不耐酸、碱、盐的腐蚀。

铝合金是以铝为基础加入其他合金元素（铜、硅、镁、锌、锰、镍等）而组成的合金。铝合金材质轻、强度高（接近或超过钢)，具有优良的导电、导热性和抗腐蚀性，易加工，并且可阳极氧化成各种颜色。

1. 铝合金的分类

铝合金通常分为变形铝合金和铸造铝合金。

(1) 变形铝合金。变形铝合金又称可压力加工铝合金，塑性良好，可通过轧制、挤压、拔制、锻造等冷、热加工制成板、棒、管和型材等产品，是优良的轻型材料。变形铝合金按性能和使用特点，可分为防锈铝合金、硬铝合金、超硬铝合金。

(2) 铸造铝合金。铸造铝合金按主要合金元素可分为铝—硅系、铝—铜系、铝—镁系和铝—锌系合金，具有良好的铸造性能和一定的力学性能，但塑性差，不能进行塑性加工，多采用砂型、金属型、熔模壳型等铸造方法，生产各种形状复杂、承载不大、重量较轻且有一定耐蚀、耐热要求的铸件。

2. 常见铝合金品种

（1）铝合金型材。常利用塑性加工将铝合金坯锭加工成不同断面形状及尺寸规格的铝材，如图 4—4 所示。铝合金型材按断面形状可分为角、槽、丁字、工字、Z 字等几大类别，而每一类别又有若干品种，如角型材分为直角、锐角、钝角、带圆头、异形等。铝合金型材具有质轻、强度高、耐蚀、耐磨等特点，表面经阳极氧化或喷涂处理后可更具装饰性，常用作标准展位的搭建材料。

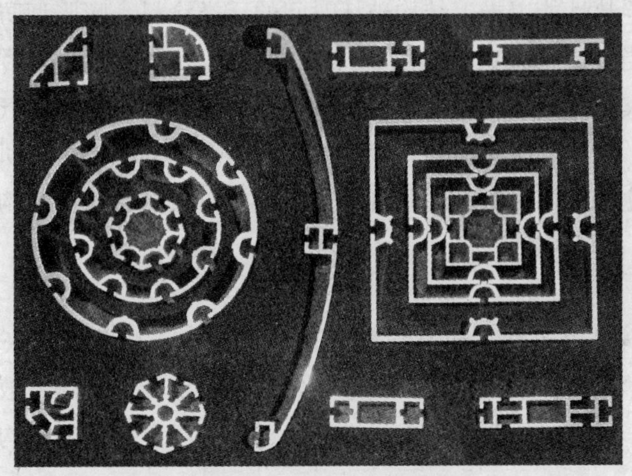

图 4—4　各种铝合金型材

（2）铝合金装饰板。铝合金板材经辊压、冷弯等工艺可制成具有一定形状的装饰板，其表面经阳极氧化、喷漆、覆膜或精加工等处理可获得各种色彩或肌理。铝合金装饰板质轻，耐久性和耐腐蚀性好，不易磨损，造型优美，安装方便，品种有铝合金花纹板、波纹板和压型板等。

学习单元 2　表面装饰材料

熟悉常见表面装饰材料

了解常见表面装饰材料的类别及特点

常见表面装饰材料主要有涂料、防火板、波音软片、人造饰面板、宝丽板、铝塑板等。

一、涂料

涂料是指可涂于物体表面的一种具保护性、装饰性或其他特殊功能的涂层物质，是装饰美术制作中最常用、最传统的装饰材料，装饰材料中使用的涂料必须具备防火性能。

防火涂料是指涂装在物体表面后可防止火灾发生、阻止火势蔓延或隔离火源、延长基材着火时间或增加绝热性能以推迟结构破坏时间的一类涂料。膨胀型防火涂料是防火涂料中最常用的一类，当遭受到火灾、温度骤然升高时防火涂层能迅速膨胀，起到吸热、耐热、隔热、延缓火灾蔓延的作用；或者是防火涂层受热分解出阻燃性气体，形成无氧不燃烧层，使火焰减小。膨胀型防火涂料一般由基料、阻燃剂、颜填料、助剂等组成。

防火涂料按用途和使用对象的不同可分为钢结构防火涂料、木结构防火涂料、饰面型防火涂料等。

1. 钢结构防火涂料

钢结构防火涂料是以改性无机高温黏结剂，配以空心微珠、膨胀珍珠岩等吸热、隔热、增强材料和化学助剂合成的一种新型涂料，具有容重轻、导热系数小、防火隔热性能优良、附着力强、干燥固化快、无毒无污染等特点，广泛应用于钢结构展台、桁架的表面装饰。

（1）厚涂型钢结构防火涂料。厚涂型钢结构防火涂料是指涂层厚度在 8～50 mm 的涂料。这类防火涂料在火灾中涂层不膨胀，依靠材料的不可燃性、低导热性或涂层中材料的吸热性，延缓钢材的升温，保护钢件。这类钢结构防火涂料采用合适的黏结剂，再配以无机轻质材料、增强材料。由于它从基料到大多数添加剂都是无机物，因此与其他类型的钢结构防火涂料相比，不仅具有水溶性防火涂料的优点，而且成本低廉。该类钢结构防火涂料施工一般采用喷涂，多应用在耐火极限要求 2 h 以上的钢结构上。但这类产品由于涂层厚，外观装饰性相对较差。

（2）薄涂型钢结构防火涂料。涂层厚度在 3～7 mm 的钢结构防火涂料称为薄涂型钢结构防火涂料，该类涂料受火时能膨胀发泡，以膨胀发泡所形成的耐火隔热层延缓钢材的升温，保护钢构件。这类钢结构涂料是用乳液聚合物作基料，再配以阻燃剂、添加剂等组成。对这类防火涂料，要求选用的乳液聚合物必须对钢基材具有良好附着力，耐久性和耐水性强，常用的乳液聚合物有苯乙烯改性的丙烯酸乳液、醋酸乙烯乳液、偏氯乙烯乳液等。对于用水性乳液作基料的防火涂料，阻燃添加剂、颜料及填料是分散到水中的，因而水实际上起分散载体的作用，为了使粒状的各种添加剂能更好地分散，还加入分散剂，如常用的六偏磷酸钠等。薄涂型钢结构防火涂料一般分为底层（隔热层）和面层（装饰层），其装饰性比厚涂型好，施工采用喷涂，一般使用在耐火极限要求不超过 2 h 的建筑钢结构上。

(3) 超薄型钢结构防火涂料。超薄型钢结构防火涂料是指涂层厚度不超过 3 mm 的钢结构防火涂料，这类防火涂料受火时膨胀发泡，形成致密的防火隔热层，是近几年发展起来的新品种。施工时可采用喷涂、刷涂或辊涂，一般使用在耐火极限要求不超过 2 h 的建筑钢结构上。与厚涂型和薄涂型钢结构防火涂料相比，超薄型膨胀钢结构防火涂料黏度更小、涂层更薄、施工方便、装饰性更好，在满足防火要求的同时又能满足高装饰性要求。

2. 木结构防火涂料

木结构防火涂料是以丙烯酸乳液为黏合剂，与多种防火添加剂配合，以水为介质，加上颜料和助剂配制而成的涂料，其颜色可根据需要调配成黄、红、蓝、绿等色彩。该类涂料遇火膨胀，产生蜂窝状碳化发泡层，隔火隔热效果显著，常用于涂饰展墙背面、展柜和灯箱的内部等易燃部分，起保护及装饰作用。

3. 饰面型防火涂料

饰面型防火涂料是喷涂于可燃基材（如木材、塑料、纸板、纤维板等）表面，作装饰和阻燃用的防火涂料，这种涂料的漆膜厚度一般在 1 mm 以下，通常为 0.2～0.4 mm。当火灾发生时，涂料自身不燃烧，遇火时能形成空芯泡层，具有阻止火势蔓延，保护可燃基材的功能。这类涂料有一定的保质期，在规定存放期内，应是均匀液态或黏稠、浆状流体，没有硬化、结皮或明显的颜料、填料沉淀，允许轻微分层，但经搅拌后应变成均匀的悬浮体。

饰面型防火涂料可以采用辊涂、刷涂、喷涂等施工方法，能常温干燥，涂膜表面无明显的凹凸或刷痕，无脱粉、针孔、浮色、龟裂等现象，能形成平整的涂层，涂膜彻底干燥后无刺激性气味，但其缺点是隔热性能和耐候性能较差。

过去一般认为涂料是水性的漆，而且是低档的，油漆是高档的，其实这是一种错误的概念。涂料包含了油漆，它可以分为水性漆和溶剂（油性）型漆。随着石油化学工业的发展，化工产品的层出不穷，大部分现代涂料已经脱离了用油生产漆的传统，而是精选优质原材料，采用先进的加工工艺，如以合成树脂代替油脂，以水代替有机溶剂，采用无溶剂型粉末涂料和无毒颜料等，从而生产出既具有防震、防潮、抗酸、抗碱、抗菌、坚固耐久等优良性能，又无毒、无味、无刺激、不易燃、保证安全、符合生态环境标准的高品质涂料产品。

二、防火板

防火板又名耐火板，原名为热固性树脂浸渍纸高压装饰层积板，面层为三聚氰胺甲醛树脂浸渍过的印有各种色彩、图案的纸，里面各层都是酚醛树脂浸渍过的牛皮纸，经干燥后叠合在一起，在热压机中热压而成，有丰富的表面色彩、花纹以及特殊的物理性能及方便加工性，是应用广泛的表面装饰材料。三聚氰胺甲醛树脂热固成型后光泽好，透明度高，表面硬度高，耐磨，耐高温，耐撞击，表面毛细孔小不易被污染，具有耐腐蚀性、耐水性、耐焰性，机械强度高，电绝缘性佳，耐电弧性好，并且不易老化。

防火板规格为2.44 m×1.22 m，工艺操作简便，用锯子、裁切机、美工刀把防火板切割成型并涂上黏结剂，待胶面半干时，粘在木质板面上压紧即可，装饰效果华丽。

根据使用场合不同，防火板可分为弯曲板与普通板，它们在外观上一样，只不过普通板不可以弯曲，弯曲板则可在适当的加热条件下，加压弯曲成圆弧形。弯曲板与普通板除了原料、配方不同外，制造过程也不一样。在热压过程中，弯曲板热压的温度比普通板低，加压时间较短，俗称硬化不足或未煮熟，待再加工弯曲成型时，加温使板内树脂软化，冷却后热固成型。正因为制造过程的不同，两种板的物理特性也略有不同，基本上硬化程度越低（越不煮熟），弯曲板越好弯曲，但物理特性也会降低。

理论上弯曲板的弯曲性能是有时效性的，即弯曲板成品存放一段时间后，其弯曲性会与最初性能有差异。另外，存放的环境对其性能也会产生影响，如弯曲板存放在高温的地方，其弯曲性可能很快变差。

三、波音软片

波音软片（又称家具贴）是采用耐磨性油墨印刷的PVC（聚氯乙烯）装饰膜，由高档耐晒油墨、优质的印刷底膜和透明复合面膜复合而成。它根据印刷花纹的不同，可分为木纹、素色、珠光、大理石、金银拉丝、PVC印花贴等。波音软片有背胶和不背胶两种，其宽度为1.22 m，厚度为0.08～0.6 mm，长度不限，使用中的损耗较低。

波音软片的优点是耐磨、耐热、阻燃、耐酸碱、防油、防火、易于清洗、价格便宜，它和自然材料（如木材、大理石、不锈钢）相比，具有无色差、施工简单、可自带背胶的特点。波音软片表面覆有保护膜，不会褪色，不会被刮掉，因此在制作过程中贴好波音软片后，可以刨、修边，也可以锯，波音软片都完好无损。用波音软片处理的实物表面，可长期擦洗，保持表面干净，因而波音软片是最理想的表面装饰材料。经过波音软片装饰后的板材可制作道具、展柜、展台、展架等。

木纹波音软片是一种新型的环保产品，其特点是木纹清晰美观、仿木质感很强，贴合后不用上漆，避免了传统装饰给人们带来的种种不适和装修后带来的各种异味，使人们远离污染，成为可替代优质原木的最佳产品。把它覆盖在夹板、中纤板、刨花板、纤维板等人工板材上后，能有效抑制板材内的有害物质挥发，同时遮盖住板材表面的粗糙感，显得整洁光滑。

四、人造饰面板

人造饰面板包括装饰微薄木贴面板和大漆建筑装饰板等。

1. 装饰微薄木贴面板

装饰微薄木贴面板是一种新型高级装饰材料，它利用珍贵树种，如柚木、水曲柳、柳桉木等通过精密刨切，制成厚度为 0.2～0.5 mm 的薄木贴面，以胶合板为基材，采用先进的胶黏剂及胶黏工艺制作而成。微薄木贴面板具有花纹美丽、真实感和立体感强等自然美的特点，主要用于高级展台的内部装修和道具、展柜的表面装饰。

装饰微薄木贴面板在运输过程中应避免风吹雨淋和对板面的磨损碰伤，在储存中应注意防潮，堆放时码放应平整。微薄木的胶层耐潮、耐水，但若长期在潮湿环境中使用，应加强表面的涂饰处理。贴面板表面经砂光处理，使用时可根据涂料质量要求再做适当处理。手工拼缝处如遇大量水分时，可能因膨胀而在局部地方有轻微凸起，可用砂纸磨平。在装饰展台立面时，应按花纹区分树根和树梢，使用时树根方向应朝下。

2. 大漆建筑装饰板

大漆建筑装饰板是我国特有的装饰板材之一，它以我国独特的大漆技术，将中国大漆漆于各种木质基材上制成。大漆建筑装饰板具有漆膜明亮、花色繁多、美观大方等特点，而且不怕水烫、火烫，在油漆中掺以各种宝砂而制成的装饰板更是花色奇异、美丽别致。

大漆建筑装饰板在运输过程中应妥善保护漆面，防止磨损划伤，存放时应注意防潮，堆放时码放应平整。展台装修时，应注意装饰板的花色要与展示环境的色调相协调。

五、宝丽板

宝丽板又称印花板，是将已涂有氨基树脂的花色装饰纸贴于胶合板基材上，或先将花色装饰纸贴于胶合板上再涂布氨基树脂制成。该板材表面光亮，色泽绚丽，花色繁多，耐酸防潮，不足之处是表面不耐磨。

六、铝塑板

铝塑板（又称复合铝板）是一种绿色复合装饰材料，采用高纯度铝合金与优质、低密度的聚乙烯或聚氯乙烯连续高温热复合而成，其正面粘贴一层保护膜。铝塑板以其平整无瑕的板面、优良无比的成型性、华丽美观的表面涂层、简便快捷的加工安装、卓越的防火性能（防火程度达到 B1 级）及高贵的品质，迅速成为装饰材料中的新秀。铝塑板的结构如图 4—5 所示。

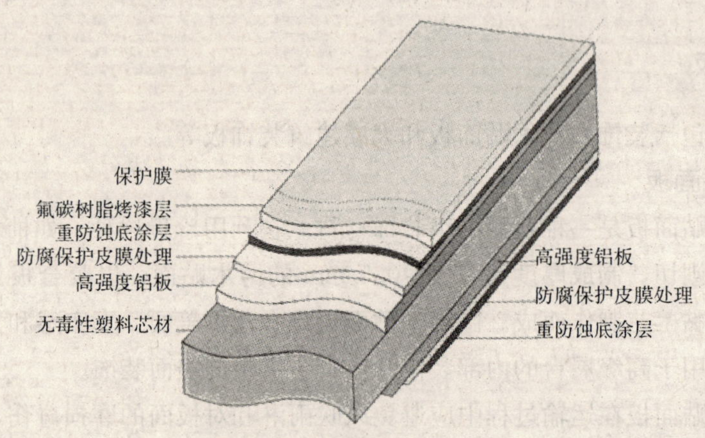

图 4—5 铝塑板的结构

铝塑板按用途可分为内墙板和外墙板。外墙铝塑板正面涂覆氟碳树脂涂层，内墙铝塑板正面可采用非氟碳树脂涂层。铝塑板有单面和双面两种，单面板折边时易断裂，双面板则强度较好。

铝塑板是易于加工、成型的好材料，可适应装饰工程要求高效率、短时间的制作特点。铝塑板可用锯子、裁切机、美工刀、电钻进行切割、裁切、开槽、钻孔，也可以冷弯、冷折、冷轧，还可以铆接、螺钉连接或胶合粘接等。胶合粘接时，在铝塑板背面及需装饰面均匀涂上强力胶，待胶面稍干再施压，直至两者紧密结合。

铝塑板所用铝材最好是防锈铝（内墙板也可使用纯铝）。外墙板所用铝板厚度不小于 0.5 mm，内墙板所用铝板厚度不小于 0.2 mm。外墙板涂层应采用 70%的氟碳树脂。至于板材厚度，外墙板应不小于 25 mm，内墙板应不小于 16 mm。内墙板的规格为 3 mm×1 220 mm×2 440 mm，外墙板的规格为 4 mm×1 220 mm×2 440 mm。

最新的绿色复合装饰材料是把两种或以上的材料，合理地进行复合而制成的具有综合性能的环保材料。复合材料可以通过不同质的组成、不同相的结构、不同含量以及不同方式的复合，保持原组成材料各自的主要特征，通过复合效应使各组材料的性能互相补充，从而获得原来单一材料不具备的多种优良性能。

学习单元3　广告材料

学习目标

熟悉常见广告材料

掌握常见广告材料的大小、种类及特点

装饰美术常用的广告材料主要有即时贴、KT板、有机玻璃、喷绘布、写真纸、彩色墨水等。

一、即时贴

即时贴是一种带有背胶的PVC塑料薄膜，底纸厚度为0.25 mm，底纸重量为120 g，其规格有0.45 m×11.8 m、0.6 m×9.14 m、1.06 m×41.1 m等。

即时贴有几百种颜色和花纹，按使用场合可分为室内和室外，按透光程度可分为全透、半透、不透，按反光程度还可分为光膜和亚光膜。即时贴可以裱制在平整光洁的亚克力板、灯箱布、玻璃、各种展板等材料上，具有良好的抗收缩性、良好的胶性和一定的抗紫外线能力。它色彩鲜艳丰富，可在－30～70℃范围内使用，被广泛应用于展板、背景墙、广告牌、灯箱等文字、标志、图案的制作。

粘贴即时贴时应在15℃左右的室内操作。储存即时贴时，应将即时贴竖立，储存在低温干燥的环境中。

二、KT板

KT板是一种PS（聚苯乙烯）发泡板材，中间用发泡塑料，两面用塑料薄膜粘贴而成。KT板的颜色有红、白、黄、绿、灰、蓝、黑等，规格为0.9 m×2.4 m、1.2 m×2.4 m，是最为常用的装饰广告材料。它板体挺括、轻盈，不易变质，易于加工，方便携带，并可直接在板上做丝网印刷、油漆（需要检测油漆适应性）及喷绘，被广泛用于产品展示、信息发布的展板、背景墙及广告板。

KT板根据目前比较成熟的生产工艺可分为热复合与冷复合，这两种不同工艺生产出来的产品分别称为热板（热复合板）和冷板（冷复合板）。热板生产期短、用料少、价格低、生产量大，而冷板恰恰相反。

1. 热板的生产工艺

（1）发泡。通过设备把 PS 颗粒一次发泡成厚 2.5～3 mm 的板芯，此时的板芯是卷材，一般长度为 500 m，要在常温下存放（熟化）半个月，使板芯中的一些废气排放出去。

（2）贴面。在设备上同时放两大卷已拉伸好的 PS 面皮和两大卷熟化好的板芯，通过设备的模具使它们相互融合贴在一起，形成整板。面皮的厚度大约在 0.01 m。

（3）整包。把贴好面皮的板在设备上裁成 2.4 m 长，裁下后再进行修边，整成 0.9 m×2.4 m 或 1.2 m×2.4 m 的整板打包出厂。

2. 冷板的生产工艺

（1）板芯发泡。原材料是 PS 颗粒，但是由于冷板大都是单层板芯，所以要进行双次发泡，第一次发泡厚度一般为 3.5 mm 左右，熟化半个月后，再进行第二次发泡，把芯放到设备上发泡到 5～5.2 mm，第二次发泡后就可以直接涂胶贴合。

（2）粘贴面皮。冷板面皮的基材是 PVC，0.9 m×2.4 m 的小板大多用厚度为 0.08～0.1 mm 的面皮，1.2 m×2.4 m 的大板一般用厚 0.16 mm 的面皮来加强板的挺度，由于面是 PVC，芯是 PS 材料，所以要选用中性胶水，在面皮和板芯上同时涂胶，相互粘贴，粘贴要经平板液压机（10t 以上）挤压 24 h 以上，方可取出，经切边、修整、包装出货。

KT 板常见的质量问题是起泡，即面皮与板芯之间形成水泡状拱起。气泡的形成原因主要有：板芯的熟化期短；表面的 PS 面皮太薄；画面背胶的胶水与 PS 面皮有反应；成板后受到太阳直射或紫外线光照射等。

目前 KT 板面皮除了 PS 和 PVC 还有其他种类，如纸面、背胶面甚至布面，特别是纸面、布面由于透气性好，可以使 KT 板不起泡。

三、有机玻璃

有机玻璃（见图 4—6）的化学名称是甲基丙烯酸甲酯，俗称亚克力，按制造工艺可分为挤出模压和浇铸成型两类。有机玻璃是最容易加工的热塑性塑料，使用简单的工具即可热成型，成型温度为 150～180℃，变形温度为 95℃，软化点为 120℃，可以用氯仿作黏合剂。

有机玻璃板材的规格有 1 m×1.5 m、1.25 m×1.85 m、1.25 m×2.45 m、1.5 m×2.1 m、2 m×3 m，厚度为 1～19 mm。

有机玻璃透明度高，透光率达 92%，有“塑胶水晶”之美誉，它可以自由着色，制成种类繁多、色彩丰富（含半透明）的色板，即使是厚板仍能维持高透明度。

有机玻璃还具有良好的表面硬度与光泽，耐候性极佳，应用于室外时能经受高气温、

图 4—6　有机玻璃

强太阳光照射，耐腐蚀，易清洁，对人体无毒性，可以完全回收再用。有机玻璃的缺点是抗冲击性能差，但经过改良的有机玻璃板材能满足大多数场合对冲击性能的要求。

有机玻璃在装饰美术制作中是玻璃替代材料，其透明度与玻璃接近，比重不到普通玻璃的一半，抗碎裂能力却高出几倍。它有良好的绝缘性和机械强度，耐老化性突出，对酸、碱、盐有较强的耐腐蚀性能。对有机玻璃进行黏结、锯、刨、钻、刻、磨、丝网印刷、喷沙等手工和机械加工，加热后可弯曲压模成各种所需要的形状与产品。

四、喷绘布（灯箱布）

喷绘布是一种由两层 PVC 和一层高强度的网格布组成的面料，其特点为表面光滑（适合贴膜）、颜色超白（符合喷绘的本色要求）、吸墨性好、色彩还原性强、能延缓因紫外线照射而引起的褪色、日夜颜色变化小，而且其表面经特殊的涂层处理，能抗菌抗霉、耐候性强、阻燃性好。

喷绘布具有抗拉强度高、有一定的延展性、不脱落、易粘贴、易剥离、不残留、抗油污等优越的使用性能，被广泛应用于路牌、主席台背景墙、广告灯箱等。

制作喷绘布画面可采用喷画写真、辊筒涂层（移印）、丝网印刷等工艺，操作温度应在 7～24℃，最好为 10～20℃。带胶贴膜裱制时还要求在平坦、洁净、无杂物的场地内进行。

喷绘布可分为内打光和外打光两种，内打光喷绘布要求透光性强，而外打光喷绘布要求隔光效果好，不能搞错。

储存喷绘布时，要求干燥、低温、避免阳光直射和其他化学药品的影响。

五、写真材料

写真材料是指承印写真墨水的纸基材料，有带背胶纸和不带背胶纸两类，可覆布纹膜、亚光膜、亮膜，可粘于木质夹板、金属平板、玻璃平板、KT 板、万通板、纺织品面料、塑料薄膜、铝塑板、防火板、有机玻璃板、塑料板等各种板材上。写真材料主要有以下几种：

1. 户外涂层背胶胶片

广泛用于室外灯箱、车身贴、背景墙、广告牌等场合，抗日晒，不退色，并有一定的透光性，可直接粘贴于灯布、有机板、车身等处，内外打光效果皆佳。

2. 背胶防水纸

自带背胶，是室内展板的主要用材，具有制作方便、便于携带的特点，可制成展板、画轴、海报等形式。若在材料表面覆上塑料光膜，可保护画面；覆上亚光膜，则可防止眩光和光幕反射。

3. 背喷灯片

主要用于灯箱展示，具有色彩明亮、图案逼真的效果。

4. 高光像纸

主要用于室内海报、大幅照片、设计效果图的制作。

5. 背胶灯片

半透明，可粘贴在灯布、透明有机玻璃表面，在内打光的情况下可取得较好效果。

六、彩色墨水

彩色墨水即用于喷绘写真的四色墨水，分为油性和水性两类。喷绘写真的质量与墨水有密切的关系。一般来说，露天室外的版面对墨水的耐候性、颜色持久性要求较高，应选用抗紫外、防晒的油性墨水，以防掉色。

彩色墨水的储存要求是：应存放于阴凉、通风处，环境温度为 22～28℃，相对湿度为 40％～60％，避免阳光直射，储存期小于三个月。

学习单元4 其他装饰材料

学习目标

了解其他常见装饰材料

掌握其他常见装饰材料的规格和特点

装饰材料除结构材料、表面装饰材料、广告材料外，还有PVC发泡板、PC（聚碳酸酯）板、PS板、芙蓉板、玻璃等其他材料。

一、PVC发泡板

PVC发泡板又称雪弗板，是将聚氯乙烯添加助剂再经高温发泡挤压而成，材质较松，但有一定硬度，规格为1.22 m×2.44 m，厚度为0.1～2 cm不等，有白、蓝、红、黄、绿、灰、黑等多种颜色。

PVC发泡板分为两种：一种是结皮发泡，表面结一层硬皮，光滑平整；另一种是自由发泡，表面没有结皮，呈细密凹凸状（麻面）。

PVC发泡板具有防水、防腐、阻燃、隔音、防蛀、无毒、耐酸、耐碱、绝缘、易洗等特点，板材表面无色差、无污点、无明显凹陷。用钢尺立放表面时接触紧密无缝隙，厚度均匀，侧边孔隙细密，无粗大孔眼、裂缝。

PVC发泡板用雕刻机或钢丝锯进行切割加工后，用于制作展台立体字、标志等。

二、PC板

PC板是聚碳酸酯结构板的简称（又称实心耐力板、中空阳光板、不碎玻璃），属于硬质塑料覆盖材料，透明度高，重量轻，便于搬运、钻孔，不易断裂，加工性能良好，使用寿命长。它是一种新型的高强度、隔热、透光材料，耐冲击性能比玻璃强250倍，由于厚度与颜色的不同，透光率在44%～82%。国际市场上开发生产的PC板有平板、波浪板和多层中空板等类型。

PC板的自燃温度为630℃，据国家标准GB 8624—97测试属于难燃B1级，无火滴、无毒气，在极高温度下，PC只熔化而不扩展，属自熄性树脂，因此PC板是一种无毒无味的安全覆盖材料。PC板还具有保温节能的功能，夏天保凉，冬天保暖，与单层玻璃覆盖相比，节能50%。此外，PC板可在－60～120℃下长期使用，耐候性好，还具有良好的弯曲性，既可热弯也可冷弯，适用于不同展台结构的弧形曲面。

实心耐力板的规格是：厚度为2～8 mm，长度为18 m或30 m，宽度为1.22 m、1.56 m、1.82 m、2.10 m，具有透明、宝蓝、乳白、湖绿、翠绿、草绿色、茶色等多种颜色。

中空阳光板的规格是：厚度为4～10 mm，长度为6 m，宽度为2.1 m，同样具有多种颜色。

三、PS板

PS板是聚苯乙烯板的简称，具有透明度高、强度大、易印刷、便于二次加工、耐腐蚀性强等特点。它分为单面和双面，规格有1.22 m×1.83 m、1.22 m×2.44 m，厚度为1～10 mm，有透明、红、蓝、黄、绿、乳白等颜色，广泛用于展台装饰、灯箱制作等。

PS板不能与有机溶剂和强腐蚀物品堆放在一起，应储存在通风、干燥的库房内，避免日晒雨淋，远离热源。

四、芙蓉板

芙蓉板是一种新型的化工材料，是以聚乙烯为主要原料，添加各种助剂，经化学架桥、发泡而成，可单面复合PVC面、ABS面，规格为1.2 m×2.42 m，厚度为10～50 mm。

芙蓉板的特点为：不吸水，不分解，不腐烂，不受雨水和潮湿影响；抗老化，抗紫外线照射；耐油、酸、碱和其他有机化学成分腐蚀；吸音，隔音，隔热，保温；质地轻，易储运、加工、切割、雕刻等。

芙蓉板主要用于通过计算机雕刻和丝网印刷制作广告标牌、展板、标志等，能体现立体效果，雕刻后的图案喷上彩色油漆后效果很好，且芙蓉板的价格较普通的PVC板便宜得多。

五、玻璃

玻璃通常是指硅酸盐玻璃，它由石英砂、纯碱、长石及石灰石等原料经混合，并在1 550～1 600℃高温下熔融后，拉制或压制加工成型，再退火而成。玻璃熔体在冷却过程中黏度逐渐增大，形成不结晶的固体材料，其性脆而透明。如在玻璃中加入某些金属氧化物、化合物，或经过特殊工艺处理，还可制得具有各种不同特殊性能的特种玻璃。

随着现代装饰设计的发展，为提高装饰的艺术设计效果，玻璃已逐渐成为一种重要的

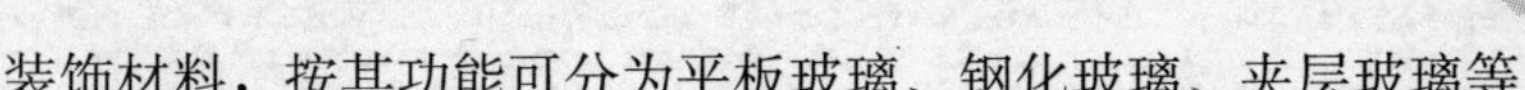

装饰材料，按其功能可分为平板玻璃、钢化玻璃、夹层玻璃等。

1. 平板玻璃

平板玻璃是装饰材料中用量最大的一种，主要分为引上法平板玻璃（分有槽/无槽两种）、平拉法平板玻璃和浮法玻璃，其中浮法玻璃最为重要。

所谓浮法玻璃，是使熔融的玻璃液流入锡槽，在干净的锡液面上自由摊平，逐渐降温退火加工而成，具有厚度均匀、上下表面平整平行、光洁等优点。用浮法已经生产出 2～30 mm 厚的各种不同规格的玻璃，由于其劳动生产率高、利于管理，浮法玻璃正成为玻璃制造的方式主流。

在玻璃行业中用“厘”代表 mm，如 3 厘玻璃就是指厚度 3 mm 的玻璃，这种规格的玻璃主要用于画框表面，5～6 厘玻璃主要用于展柜、小型橱窗等，7～9 厘玻璃主要用于框架保护的造型（如玻璃幕墙），9～10 厘玻璃可用于展台内大面积隔断、护栏等，11～12 厘玻璃可用于承受较大重量的玻璃地台等。

2. 钢化玻璃

（1）钢化玻璃的特点。钢化玻璃是普通平板玻璃经过再加工处理而成的一种预应力玻璃。钢化玻璃相对于普通平板玻璃来说，具有两大特点：

1）强度高。钢化玻璃与同等厚度的普通玻璃相比，抗弯曲强度高 3 倍以上，耐冲击强度高 5 倍以上。钢化玻璃还具有很好的抵抗温度急剧变化的性能（抗热冲击性），与同等厚度的普通玻璃相比，耐热冲击强度高 3 倍。

2）安全。钢化玻璃产生了均匀的内应力，从而在玻璃表面产生了预加压应力的效果。它不容易破碎，即使破碎，先出现网状裂纹，破碎后形成不具有锐利棱角的碎块，对人体伤害大大降低。

（2）钢化玻璃的制造方法。钢化玻璃的制造方法可分为物理钢化法和化学钢化法两种。

1）物理钢化法。物理钢化法，即将玻璃加热到一定温度后迅速冷却，按玻璃钢化炉输送玻璃的方式不同，又分为垂直法和水平法两种。垂直钢化法具有生产简单灵活、产品规格多样等优点，但缺点是效率低、质量差、耗能高、幅面小，其生产的玻璃规格为 50 mm×200 mm～900 mm×800 mm。水平钢化法又分为气垫钢化法和水平辊道输送钢化法：气垫刚化法的优点是产品质量好，成品率高，可达 90%～98%，最大规格可达 1 520 mm×2 440 mm；水平辊道输送钢化法生产效率高，产品质量好，玻璃最大尺寸为 2 440 mm×3 660 mm。

2）化学钢化法。化学钢化法又称离子交换法，其最大特点是可以把玻璃强度提高到普通玻璃的 10 倍。

3. 夹层玻璃

夹层玻璃是安全玻璃的一种，是在两片或多片平板玻璃之间嵌夹透明塑料薄片，经热压粘合而成的平面或弯曲的复合玻璃制品。夹层玻璃品种很多，有减薄夹层玻璃、遮阳夹层玻璃、电热夹层玻璃、防弹夹层玻璃、玻璃纤维增强夹层玻璃、防紫外线夹层玻璃、隔音夹层玻璃等。

夹层玻璃的特点为：

（1）安全性好。由于中间有塑料衬片的粘合作用，所以夹层玻璃不易破碎，即使破碎，碎片也不能飞散，只能产生辐射状裂纹，不至于伤人。

（2）抗冲击强度高。夹层玻璃抗冲击强度比普通玻璃高出几倍。

使用不同玻璃原片和中间夹层材料制成不同的夹层玻璃，还可获得其他性能，如耐光、耐热、耐湿、耐寒等。夹层玻璃可用于安全性要求高的橱窗玻璃，如贵重展品的陈列箱、橱窗等。

4. 其他玻璃

除上述装饰中常用玻璃之外，有时也会用到下列玻璃：

（1）磨砂玻璃。磨砂玻璃是在普通平板玻璃上面再磨砂加工而成，一般厚度多在 9 厘以下，以 5、6 厘居多。

（2）喷砂玻璃。喷砂玻璃的性能基本与磨砂玻璃相似，不同的是将磨砂改为喷砂。

（3）压花玻璃。压花玻璃是采用压延方法制造的一种平板玻璃，其最大的特点是透光不透明，多使用于洽谈室等区域。

（4）中空玻璃。中空玻璃是采用胶接法使两块玻璃保持一定间隔，在间隔中抽出空气，保持一定的真空度，周边再用密封材料密封而制成，主要用于有隔音要求的区域。

（5）玻璃砖。玻璃砖的制作工艺基本和平板玻璃一样，不同的是成型方法，其中间为干燥的空气，多用于透光隔断造型中。

5. 玻璃在使用过程中的注意事项

（1）在运输过程中，要注意固定、加护垫，可采用竖立的方法运输，车辆行驶过程中保持稳定的中慢速。

（2）玻璃在封闭安装时，要注意清洁好封闭面，最好使用专用的玻璃清洁剂，并且要待其干透后方可安装，操作时使用干净的手套。

（3）安装玻璃时，要使用硅酮密封胶进行固定，在安装橱窗玻璃时，还需要与橡胶密封条等配合使用。

（4）安装完毕后要注意加贴防撞警示标志，可以用不干贴、彩色电工胶布等。

六、化纤地毯

化纤地毯是用簇绒法或机织法加工成化学纤维面层，以麻布为基底而制成的合成地毯。化纤地毯又叫合成纤维地毯，按其纤维原料的不同，可分为腈纶、涤纶、丙纶、尼纶、锦纶等品种，按其织法不同可分为簇绒地毯、针刺地毯、机织地毯、黏结地毯、静电植绒地毯等。

化纤地毯与传统的手工羊毛地毯相比，具有质轻耐磨、富有弹性、色彩鲜艳、脚感舒适、铺设简便、价格便宜等优点，并具有防燃、防腐、防潮、防静电、吸尘、吸音、保温等性能。

化纤地毯作为地面覆盖材料，给人以温暖、舒服、愉快和华丽的感觉。地毯具有绝缘、隔热和保温的性能，可以降低空调的费用；地毯本身固有的缓冲作用，可以防止观众滑倒或减轻碰撞；其具备的吸声性能，还有助于降低现场的噪声。

化纤地毯的铺法有整块满铺和小块拼铺两种：整块满铺可一次成型，固定于展台地面，用布基双面胶与地面粘贴；小块拼铺是采用一种专用的毯块，只是平摆浮搁于地面，因此对地面的平整度要求较高。整块满铺适合于一般的铺设，小块拼铺适合于需要特殊装饰的区域。

测试题

一、判断题（将判断结果填入括号中。正确的填“√”，错误的填“×”）

1. 计算机刻字机实际上是一台小型数控设备。（　）

2. 计算机刻字机能以很快的速度和很高的精度，将计算机辅助设计绘制的文字和图形直接刻到 KT 板上。（　）

3. 即时贴有几百种颜色和花纹，按使用场合可分为室内和室外。（　）

4. KT 板的颜色有红、白、黄、绿、灰、蓝、黑等，规格为 0.9 m×2.4 m、1.2 m×2.4 m，是最为常用的装饰美术材料。（　）

5. 喷绘布可分为内打光和外打光两种，内打光喷绘布要求隔光效果好，而外打光喷绘布要求透光性强，不能搞错。（　）

6. 木材一般是指以树木的躯干为原料经过加工的一种天然无机材料。（　）

7. 在现代装饰美术设计中，钢材既可独立使用，也可以和其他材料结合使用，其所具有的独特性能和审美价值是其他材料不可替代的。（　）

8. 铝合金是以铁为基础加入其他合金元素（铜、硅、镁、锌、锰、镍等）而组成的

合金。（ ）

9. 木纹波音软片是一种新型的环保产品，其特点是木纹清晰美观、仿木质感很强，贴合后不用上漆，避免了传统装饰给人们带来的种种不适和装修后带来的各种异味，使人们远离污染，成为可替代优质原木的最佳产品。（ ）

10. 绿色复合装饰材料是把两种或以上的材料，合理地进行复合而制成的具有综合性能的环保材料。（ ）

二、单项选择题（选择一个正确的答案，将相应的字母填入题内的括号中）

1. 计算机刻字机的切割速度可达（ ）in/s。

A. 0～10 B. 5～30 C. 10～120 D. 1～600

2. 计算机刻字机的切割刀压可选范围在（ ）g。

A. 0～10 B. 10～60 C. 10～120 D. 1～600

3. 计算机刻字机将输入的图文通过刻字机刻在（ ）上。

A. 即时贴 B. KT 板 C. 木板 D. 阳光板

4. 计算机刻字要求刻边光挺不毛糙，图形清晰，即时贴表层刻开而衬纸（ ）。

A. 刻断 B. 不断 C. 刻透 D. 无痕

5. 即时贴是一种带有背胶的（ ）塑料薄膜。

A. PVC B. ABS C. 亚克力 D. PS

6. 即时贴按反光程度还可分为（ ）。

A. 全透膜和亚光膜 B. 光膜和亚光膜 C. 光膜和半透膜 D. 光膜和不透膜

7. KT 板（ ）的形成原因主要有：板芯的熟化期短；表面的 PS 面皮太薄；画面背胶的胶水与 PS 面皮有反应；成板后受到太阳直射或紫外线光照射等。

A. 气泡 B. 发脆 C. 断裂 D. 脱皮

8. KT 板是一种（ ）发泡板材，中间用发泡塑料，两面用塑料薄膜粘贴而成。

A. PVC B. ABS C. 亚克力 D. PS

9. 有机玻璃可以用（ ）作黏合剂。

A. 氯仿 B. 甲基丙烯酸甲酯 C. 丙烯 D. 聚氯乙烯

10. 制作喷绘布画面可采用喷画写真、辊筒涂层（移印）、丝网印刷等工艺，操作温度应在（ ），带胶贴膜裱制时还要求在平坦、洁净、无杂物的场地内进行。

A. 0～10℃ B. 7～24℃ C. 25～30℃ D. 30～35℃

11. 喷绘布是一种由两层（ ）和一层高强度的网格布组成的面料。

A. PVC B. 甲基丙烯酸甲酯 C. 聚丙烯 D. 聚苯乙烯

12. 用于喷绘的图像模式有（ ）。

A. RGB　　B. CMYK　　C. HSB　　D. CMY

13. 写真材料是指承印写真墨水的(　　)材料。

A. 木基　　B. 塑基　　C. 纸基　　D. 布基

14. 利用原木、木质纤维、木质边角碎料或其他植物纤维等为原料，加黏合剂和其他添加剂，经过机械加工或化学处理而制成的板材，称为(　　)。

A. 塑料板　　B. 人造板　　C. 合成板　　D. 复合板

15. 木材色泽悦目，纹理美观，给人以柔和温暖的(　　)感受。

A. 自然和原始　　B. 心理和生理　　C. 视觉和触觉　　D. 艺术和技术

16. (　　)对钢的组织结构和性能起着决定性影响。

A. 碳含量　　B. 铁含量　　C. 硅含量　　D. 氧含量

17. 纯铝密度小，约为(　　)g/cm^3，相当于铜的三分之一。

A. 2.7　　B. 3.7　　C. 4.7　　D. 5.7

18. (　　)是指可涂于物体表面的一种具保护性、装饰性或其他特殊功能的涂层物质。

A. 涂料　　B. 颜料　　C. 木料　　D. 乳剂

19. 弯曲板的弯曲性能是有时效性的，成品存放一段时间后，其弯曲性会与最初性能有差异。另外，存放的环境对其性能也会产生影响，如存放在(　　)的地方，其弯曲性能可能很快变差。

A. 干燥　　B. 潮湿　　C. 高温　　D. 低温

20. 防火板在制造过程中热压的(　　)不同，其物理特性也略有不同，基本上硬化程度越低（越不煮熟），弯曲板越好弯曲，但物理特性也会降低。

A. 压力与时间　　B. 湿度与时间　　C. 温度与湿度　　D. 温度与时间

21. 波音软片（又称家具贴）是采用耐磨性油墨印刷的(　　)装饰膜，由高档耐晒油墨、优质的印刷底膜和透明复合面膜复合而成。

A. PVC　　B. 甲基丙烯酸甲酯　　C. 聚丙烯　　D. 聚苯乙烯

22. 铝塑板防火程度达到(　　)级。

A. B1　　B. B2　　C. B3　　D. B4

三、练习题

1. 运用刻字机进行一次简单的刻字操作。
2. 运用喷绘机进行一次简单的喷绘操作。
3. 选取一种结构材料进行一次全面的市场调研，并完成一份调研报告。
4. 选取一种广告材料进行一次全面的市场调研，并完成一份调研报告。

测试题答案

一、判断题

1. √　2. ×　3. √　4. √　5. ×　6. ×　7. √　8. ×　9. √　10. √

二、单项选择题

1. B　2. D　3. A　4. B　5. A　6. B　7. A　8. D　9. A　10. B　11. A　12. B　13. C　14. B　15. C　16. A　17. A　18. A　19. C　20. D　21. A　22. A

三、练习题

答案略。

理论知识模拟试卷及答案

注 意 事 项

1. 考试时间：90 min。

2. 请首先按要求在试卷的标封处填写您的姓名、准考证号和所在单位的名称。

3. 请仔细阅读各种题目的回答要求，在规定的位置填写您的答案。

4. 不要在试卷上乱写乱画，不要在标封区填写无关的内容。

	一	二	总 分
得分			

得分	
评分人	

一、判断题（第 1 题～第 60 题。将判断结果填入括号中。正确的填“√”，错误的填“×”。每题 0.5 分，满分 30 分）

1. 用一种颜色画的单色画也是素描。（ ）

2. 线不仅出现在客观物体的轮廓上，而且还出现在客观物体的几个或几个以上的块面体积构成的交界、交接之处上，也就是它的内在结构上。（ ）

3. 物体受光后，不同部位受光量不同，从而形成了不同的明暗层次。（ ）

4. 素描绘画最好使用硬度在 3～6H 之间的铅笔。（ ）

5. 素描作画时一般选用较硬性的铅笔为好。（ ）

6. 素描写生首先要学会从局部去观察物象的方法。（ ）

7. 写生的步骤可分为构图定位、勾画轮廓、上大体明暗、具体深入刻画，最后是调整完成。（ ）

8. 看范本临摹是一种不好的学习方法。（ ）

9. 西方风景素描画早期以严谨的透视几何学原理控制着画面的构图。（ ）

10. 甲、由、申、田、用、国、目、凤这八个象形字形象地概括了人物头部基本形的差异。（ ）

11. 出现褶皱的部位是和人体的部位紧贴的。（ ）

12. 速写讲究的是“速”，作画时不需要考虑比例和构图。（　）

13. 在素描写生中，只要基本形大体画得像，比例并不显得十分重要。（　）

14. 色彩的三要素是饱和度、彩度和纯度。（　）

15. 同一色相加白明度降低、加黑明度提高。（　）

16. 颜料的三原色是红、绿、蓝。（　）

17. 光是一种电磁波、辐射能。（　）

18. 物体色是指物体在阳光照射下所呈现出的颜色。（　）

19. 水彩画的调色盒越黑越好，其性能以不受渗透性颜料污染为最好。（　）

20. 水彩画和水粉画的静物选择有本质上的差异。（　）

21. 调配水粉颜料时，过分使用白色会使色彩的鲜明度减弱并起粉。（　）

22. 中国的字体设计与书法没有紧密的关系。（　）

23. 矢量图形由数学公式表达，它的显示与分辨率有关。（　）

24. 宋体字横笔画收笔处有顿角，顿角的高一般与竖宽相等。（　）

25. 汉字是一种表音文字。（　）

26. 老罗马体的特点是粗细线条相差不大，字脚呈圆弧形，圆形字的轴线是倾斜的。（　）

27. 字体设计的创意可与文字传达内容不相一致。（　）

28. 美术字的创新和变化，要以时尚、奇异为首要原则。（　）

29. 字体的变化不是只局限于字形、笔画和形体结构，更主要还是强调字义的内涵，使外形和内涵得到统一。（　）

30. 文字结构的改变，包括改变整体笔画的位置、部分结构错位、平面和立体混合等多种方法，不一定要确保文字可以识别，但必须美观。（　）

31. 手写字体不一定要符合字体设计的造型法则和视觉规律。（　）

32. 字体组合不一定要符合人们的视觉阅读习惯。（　）

33. 在画面中存在一个不绘制作品的空间称为出血。（　）

34. 字体是指文字的风格款式，不同的字体传达出不同的性格特征。（　）

35. 拉丁文行距通常大于中文行距。（　）

36. 招贴在国内也叫“海报”。（　）

37. 汉字具有三个要素：形——可视性、义——可解性、音——可读性。（　）

38. 色彩的冷暖、胀缩实际上是一种心理感觉，客观上并不存在。（　）

39. 敦煌壁画中最具特色的图案之一是飞天。（　）

40. 变化是一种协调关系，统一是一种对比关系。（　）

41. 在动物图案设计中经常使用拟人的设计方法。 ( )

42. 世博会吉祥物“海宝”不是一种拟人化的图案设计。 ( )

43. 制作人员如发现图样有不合理的地方是不可以提出修改意见的。 ( )

44. 为了使建筑物和环境不走样地再现在图样上，必须采用按比例放大和缩小方法，将实物绘制在图样上。 ( )

45. 所有投射线相互平行，所产生的投影称为中心投影法。 ( )

46. 三视图的投影规律，可以归纳为“长对正、高平齐、宽相等”。 ( )

47. ROM 既可以读取信息，也能写入信息。 ( )

48. 常见的输出设备有键盘、鼠标、扫描仪、光笔等。 ( )

49. 在 CorelDRAW 中，利用贝塞尔工具绘制曲线，结点与鼠标之间会出现一条实线，它是用来表明曲线的弯曲程度的。 ( )

50. 在 CorelDRAW 中，“视图”菜单提供了显示绘图页全屏预览的命令。 ( )

51. 在 CorelDRAW 中，可以自己设定满意的页面大小。 ( )

52. 在 CorelDRAW 中，对象不可以是位图。 ( )

53. 在 CorelDRAW 中，对象轮廓线的颜色是能渐变的。 ( )

54. 在 CorelDRAW 中，处理段落文字时，不可以使文本围绕在对象的周围。 ( )

55. 在 CorelDRAW 中，任何矢量图在打印的时候都会被转为位图。 ( )

56. 计算机刻字机能平滑地切割小字体或复杂的图形。 ( )

57. 有机玻璃是最容易加工的热塑性塑料，使用简单的工具即可热成型。 ( )

58. 喷绘写真的质量与墨水没有密切的关系。 ( )

59. 防火涂料是指涂装在物体表面后可防止火灾发生、阻止火势蔓延或隔离火源、延长基材着火时间或增加绝热性能以推迟结构破坏时间的一类涂料。 ( )

60. 防火板的面层为三聚氰胺甲醛树脂浸渍过的印有各种色彩、图案的纸，里面各层都是酚醛树脂浸渍过的牛皮纸，经干燥后叠合在一起，在热压机中热压而成，有丰富的表面色彩、花纹以及特殊的物理性能及方便加工性。 ( )

得分	
评分人	

二、单项选择题（第 1 题～第 70 题。选择一个正确的答案，将相应的字母填入题内的括号中。每题 1 分，满分 70 分）

1. 中国画传统技法中(　　)运用较多。

A. 点　　B. 线条　　C. 块面　　D. 空间

2. 西方人体素描比较重视（　　）。

A. 人体解剖　　B. 透视比例

C. 人体解剖和透视比例关系　　D. 技法

3. 素描基础性训练的一个基本原则，就是要真实地表现（　　）。

A. 主观感觉　　B. 绘画技巧　　C. 客观对象　　D. 绘画效果

4. 高光的面积很小，但它是画面中（　　）的部分。

A. 最亮　　B. 较亮　　C. 较暗　　D. 最暗

5. （　　）指与视点等高，向前平视的一条假设的水平线。

A. 视中线　　B. 视圈线　　C. 地平线　　D. 视平线

6. （　　）是视觉素材的收集，是创作的灵感。

A. 素描　　B. 白描　　C. 速写　　D. 水彩

7. 石膏几何体固有色是（　　）。

A. 黑色　　B. 白色　　C. 灰色　　D. 彩色

8. 石膏像素描被称为（　　）基础中的基础。

A. 国画　　B. 油画　　C. 素描　　D. 水彩

9. 风景素描相比静物素描显得较为（　　），其蕴涵的是灵动的自然之美。

A. 动态　　B. 静态　　C. 平面　　D. 立体

10. 风景素描构图时需首先确立（　　）的位置。

A. 中心线　　B. 对称线　　C. 点画线　　D. 地平线

11. “（　　）”是正面头部垂直三等分。

A. 横五眼　　B. 横三眼　　C. 竖五庭　　D. 竖三庭

12. 人体美感完全是建立在人体各部分之间（　　）上。

A. 和谐关系　　B. 比例关系　　C. 对比关系　　D. 相互关系

13. 着衣人物素描是用素描的方法描绘出（　　）的不同特点和表现手法。

A. 皮肤　　B. 衣纹　　C. 骨骼　　D. 躯体

14. 设计素描是艺术设计构思过程中视觉化的（　　）。

A. 设计稿　　B. 草稿　　C. 完成稿　　D. 提案稿

15. 设计素描是伴随（　　）设计学院的创立而确立的。

A. 美国耶鲁　　B. 中国清华　　C. 英国剑桥　　D. 德国包豪斯

16. 中国古代名画《清明上河图》采用的是（　　）透视方法。

A. 一点　　B. 二点　　C. 三点　　D. 散点

17. 黄金分割比例是（　　）。

A. 1∶0.618　　B. 1∶0.5　　C. 1∶0.6　　D. 1∶0.8

18. (　)是指有规律的变化。

A. 对比　　B. 节奏　　C. 重复　　D. 突变

19. 下列色彩中明度最亮的颜色是(　)。

A. 淡黄　　B. 柠檬黄　　C. 银色　　D. 白色

20. 橙、绿、紫是(　)。

A. 原色　　B. 间色　　C. 复色　　D. 补色

21. 从光的物理性质来看，波长的差别就是(　)的区别。

A. 明度　　B. 纯度　　C. 色相　　D. 形态

22. 构图的(　)往往不是指画面的中心点，而是指作品主题的中心。

A. 视点　　B. 视线　　C. 中心点　　D. 重心

23. 水彩画的风景写生要将主体景色置于适当的角度，以(　)透视角度的受光为宜。

A. 二分之一　　B. 四分之一　　C. 三分之二　　D. 四分之三

24. 学习水彩画的人物写生，一开始以(　)为写生的对象较适宜。

A. 中年女子　　B. 中年男子　　C. 青年男子　　D. 青年女子

25. 水粉画颜料是用颜料粉和(　)按照一定的比例调制而成，属水溶性颜料。

A. 水分　　B. 立德粉　　C. 黏合剂　　D. 松节油

26. 水粉画起稿，可以用铅笔打底，也可以运用(　)直接勾画。

A. 鲜艳的颜色　　B. 物象的固有色　　C. 较淡薄的颜色　　D. 较深暗的颜色

27. 初学水粉写生，画面很容易出现“火”的现象，其原因是因为(　)。

A. 纯色太多　　B. 复色太多　　C. 水分太多　　D. 粉色太多

28. 西方文字的起源和汉字一样，是从(　)演变而来。

A. 符号　　B. 绘画图案　　C. 拼音　　D. 图腾

29. 字体设计的学习来源于(　)的熏陶。

A. 视觉符号　　B. 图形结构　　C. 绘画艺术　　D. 书法艺术

30. 合体字的结构有好几种，如“吕、早、背、罗”等是一种(　)。

A. 上下结构　　B. 左右结构　　C. 内外结构　　D. 上中下结构

31. 汉字美术字的主笔画是(　)。

A. 横、竖　　B. 撇、捺　　C. 点、挑　　D. 折、钩

32. “横细竖粗撇如刀，点如瓜子捺如扫”所形容的是(　)。

A. 老宋体　　B. 仿宋体　　C. 黑体　　D. 综艺体

33. 同样大小字号的文字，（　　）显得比其他字体要大一些。

A. 黑体　　B. 仿宋体　　C. 楷体　　D. 隶书

34. 变体美术字的设计原则主要是艺术性和（　　）。

A. 统一性　　B. 可变性　　C. 可读性　　D. 稳定性

35. 拉丁字母起源于图画，它的祖先是（　　）的象形文字。

A. 古印度　　B. 古希腊　　C. 古罗马　　D. 古埃及

36. 拉丁字母的结构有单结构和双结构之分，下列字母中（　　）为单结构。

A. B　　B. S　　C. Y　　D. R

37. 无字脚体最早出现在 19 世纪初英国的（　　）上。

A. 书刊杂志　　B. 食品包装　　C. 街道路名　　D. 招贴广告

38. 字体的（　　）形态决定了字体的形式和风格。

A. 空间　　B. 笔画　　C. 结构　　D. 颜色

39. 肌理有（　　）两类。

A. 纵向和横向　　B. 触觉和视觉　　C. 粗糙和平滑　　D. 自然和人工

40. 任何语言都具有（　　）两种表达元素。

A. 表象和表音　　B. 表形和表音　　C. 表意和表形　　D. 表意和表音

41. （　　）比文字具有更强的视觉冲击力。

A. 图片　　B. 色彩　　C. 肌理　　D. 形状

42. 远在新石器时代晚期，彩陶及印文陶上就出现了绳纹、网状纹、米字纹和（　　）等造型非常优美的图案。

A. 回形纹　　B. 编织纹　　C. 龙凤纹　　D. 饕餮纹

43. 适合纹样创作的关键是（　　）。

A. 适形造型　　B. 结构　　C. 连续纹样　　D. 轮廓

44. （　　）是图案构成原理中的核心，是图案形式美的法则。

A. 对称与均衡　　B. 条理与反复　　C. 变化与统一　　D. 节奏与韵律

45. 图案写生要进行（　　）和概括，否则画面就会显得没有主次。

A. 夸张　　B. 美化　　C. 取舍　　D. 变化

46. （　　）是日本的国花，常常作为日本图案的主题。

A. 樱花　　B. 百合　　C. 郁金香　　D. 白玉兰

47. 敦煌里的飞天带有（　　）的痕迹。

A. 南方人　　B. 西方人　　C. 中国人　　D. 印度人

48. 制作人员通过（　　）可以领会设计人员的要求，而且它也是制作时的依据。

A. 学习　　B. 施工　　C. 讲解　　D. 图样

49. 工程图样常需用汉字，推荐使用(　　)，并采用国家正式公布推行的简化字。

A. 黑体　　B. 长仿宋体　　C. 宋体　　D. 楷体

50. 直径数字前加字母(　　)。

A. D　　B. S　　C. R　　D. Φ

51. 掌握三视图的(　　)规律，是绘图和看图的关键。

A. 投影　　B. 成像　　C. 视觉　　D. 透视

52. 在计算机系统中，(　　)和存储器构成主机。

A. 电源　　B. 主板　　C. CPU　　D. 程序

53. (　　)是指控制和协调计算机及其外部设备，支持应用软件的开发和运行的软件。

A. 操作系统　　B. 计算机语言处理程序

C. 联网及通信软件　　D. 系统软件

54. CPU 的主频是指计算机的(　　)。

A. 存取速度　　B. 显示速度　　C. 运算速度　　D. 时钟频率

55. CorelDRAW 是一种(　　)软件。

A. 排版设计　　B. 图形设计　　C. 位图设计　　D. 图片编辑

56. CorelDRAW 自带有(　　)，可从网上直接下载最新插件。

A. 修复软件　　B. 下载软件　　C. 更新软件　　D. 网络软件

57. CorelDRAW 运用中，字体不兼容的问题可以通过将所有的字体转换成(　　)来解决。

A. 矢量　　B. 图形　　C. 曲线　　D. 位图

58. 在 CorelDRAW 中，执行(　　)命令可以打开已保存过的绘图。

A. 打开　　B. 新建　　C. 保存　　D. 编辑

59. CorelDRAW 中，网格的(　　)是可以调整的。

A. 疏密　　B. 大小　　C. 位置　　D. 方向

60. CorelDRAW 中，以(　　)选中的对象作为对齐的基准对象。

A. 最后　　B. 第一　　C. 第二　　D. 第三

61. 在 CorelDRAW 中，(　　)只保留对象的公共部分。

A. 焊接　　B. 修剪　　C. 造型　　D. 相交

62. 在 CorelDRAW 中，当选择好一个对象后，对象四周会出现(　　)个称为结点的小控制块。

A. 四　　B. 八　　C. 十二　　D. 十六

63. RGB 的值在(　　)。

A. 0～36　　B. 0～100　　C. 0～144　　D. 0～255

64. 在 CorelDRAW 中，按住(　　)键，可以在滴管工具和颜料桶之间转换。

A. Alt　　B. Ctrl　　C. Shift　　D. Ctrl＋Alt

65. 碳素钢又称碳钢，是含碳量低于(　　)的铁碳合金。

A. 0.01%　　B. 0.11%　　C. 1.11%　　D. 2.11%

66. 纯铝为银白色，在大气中铝与氧的亲和力很大，能形成一层致密的(　　)氧化膜，隔绝空气防止进一步氧化，因此在大气中有良好的抗氧化性。

A. 一氧化铝　　B. 二氧化铝　　C. 三氧化铝　　D. 三氧化二铝

67. 波音软片有背胶和不背胶两种，其宽度为(　　)，厚度为 0.08～0.6 mm，长度不限，使用中的损耗较低。

A. 0.9 m　　B. 0.6 m　　C. 2.44 m　　D. 1.22 m

68. 室外铝塑板所用铝材必须是(　　)。

A. 铝合金　　B. 防锈铝　　C. 纯铝　　D. 铝型材

69. 木结构防火涂料是以丙烯酸乳液为黏合剂，与多种防火添加剂配合，以(　　)为介质加上颜料和助剂配制而成的涂料。

A. 涂料　　B. 水　　C. 乳剂　　D. 溶剂

70. 有机玻璃的化学名称是(　　)。

A. 氯仿　　B. 甲基丙烯酸甲酯

C. 聚丙烯　　D. 聚氯乙烯

理论知识模拟试卷答案

一、判断题（第 1 题～第 60 题。将判断结果填入括号中。正确的填"√"，错误的填"×"。每题 0.5 分，满分 30 分）

1. √ 2. √ 3. √ 4. × 5. × 6. × 7. √ 8. × 9. √ 10. √ 11. × 12. × 13. × 14. × 15. × 16. × 17. √ 18. × 19. × 20. × 21. √ 22. × 23. × 24. √ 25. × 26. √ 27. × 28. × 29. √ 30. × 31. × 32. × 33. × 34. √ 35. × 36. √ 37. √ 38. √ 39. √ 40. × 41. √ 42. × 43. × 44. √ 45. × 46. √ 47. × 48. × 49. × 50. √ 51. √ 52. × 53. × 54. × 55. √ 56. √ 57. √ 58. × 59. √ 60. √

二、单项选择题（第 1 题～第 70 题。选择一个正确的答案，将相应的字母填入题内的括号中。每题 1 分，满分 70 分）

1. B 2. C 3. C 4. A 5. D 6. C 7. B 8. C 9. A 10. D 11. D 12. B 13. B 14. B 15. D 16. D 17. A 18. B 19. D 20. B 21. C 22. C 23. D 24. B 25. C 26. C 27. A 28. B 29. D 30. A 31. A 32. A 33. A 34. C 35. D 36. B 37. D 38. B 39. B 40. D 41. A 42. B 43. A 44. C 45. C 46. A 47. D 48. D 49. B 50. D 51. A 52. C 53. D 54. D 55. B 56. B 57. C 58. A 59. A 60. A 61. D 62. B 63. D 64. C 65. D 66. D 67. D 68. B 69. B 70. B

操作技能考核模拟试卷及评分标准

注意事项

1. 考生根据操作技能考核通知单中所列的试题做好考核准备。

2. 请考生仔细阅读试题单中具体考核内容和要求，并按要求完成操作。

3. 操作技能考核时要遵守考场纪律，服从考场管理人员指挥，以保证考核安全顺利进行。

注：操作技能鉴定试题评分表是考评员对考生考核过程及考核结果的评分记录表，也是评分依据。

国家职业资格鉴定

装饰美工（五级）操作技能考核通知单

姓名：

准考证号：

考核日期：

试题 1

试题代码：1. 1. 1。

试题名称：装饰美术基本技能操作题（1）。

考核时间：共 300 min。

配分：100 分。

装饰美工（五级）操作技能鉴定

试题单

试题代码：1.1.1。

试题名称：装饰美术基本技能操作题（1）。

考核时间：300 min。

第一题　商业展示版面设计（手绘草稿）（25 分）

1. 操作内容

完成“完美日用品有限公司”商业展示版面设计草稿。

2. 操作要求

（1）主题明确，构图清晰，色彩鲜艳，生动活泼，富有美感。

（2）草图成熟后即可绘制正稿（4 开）。

3. 考核时间

40 min（参考）。

第二题　计算机辅助版面设计（20 分）

1. 操作内容

用计算机根据设计草稿制作正稿。

2. 操作要求

（1）能熟练地运用 CorelDRAW 10 软件进行图形的编辑和版面的编排。

（2）展板尺寸为 90 cm×60 cm。

3. 考核时间

90 min（参考）。

第三题　计算机刻文字、图形（15 分）

1. 操作内容

根据设计稿中的文字、图形，用计算机刻字机，刻标题美术字（不少于 10 个字），根据内容文字（不少于 30 个字），刻标志图形。

2. 操作要求

（1）熟练掌握刻字软件，会操作刻字机，要求字体规范、图形清晰。

（2）文字、图形可以直接输入计算机，通过刻字机刻在即时贴上。

3. 考核时间

50 min（参考）。

第四题　手工揭字、图形（15 分）

1. 操作内容

揭大美术字（不少于 10 个字）和小美术字（不少于 30 个字），揭标志图形。

2. 操作要求

揭去多余的即时贴，保证字形完整。

3. 考核时间

40 min（参考）。

第五题　展板制作（25 分）

1. 操作内容

用即时贴、KT 板制作展板（90 cm×60 cm）。

2. 操作要求

（1）根据设计正稿，展板要完整表达设计意图。

（2）文字、图形、图像正确粘贴到正稿规定版面位置上。

（3）操作时要小心谨慎，对准位置，贴好的即时贴不可以揭开重贴。

3. 考核时间

80 min（参考）。

装饰美工（五级）操作技能鉴定

试题评分表及答案

考生姓名：　　　　　　准考证号：

<table>
<tr><td>试题代码及名称</td><td colspan="3">1.1.1 装饰美术基本技能操作题（1）——商业展示版面设计（手绘草稿）</td><td colspan="5">考核时间</td><td>40 min</td></tr>
<tr><td rowspan="2">评价要素</td><td rowspan="2">配分</td><td rowspan="2">等级</td><td rowspan="2">评分细则</td><td colspan="5">评定等级</td><td rowspan="2">得分</td></tr>
<tr><td>A</td><td>B</td><td>C</td><td>D</td><td>E</td></tr>
<tr><td rowspan="5">商业展示版面设计手绘草稿的定位与表现形式</td><td rowspan="5">25</td><td>A</td><td>版面设计完全符合编排要求，构图新颖；色彩、文字与插图的编排能准确地传达商品特性；图地关系处理恰当，版面空间安排合理；手绘草图能成为下一步制作的依据</td><td rowspan="5"></td><td rowspan="5"></td><td rowspan="5"></td><td rowspan="5"></td><td rowspan="5"></td><td rowspan="5"></td></tr>
<tr><td>B</td><td>版面设计符合编排要求，构图新颖；色彩、文字与插图的编排能传达商品特性；图地关系处理恰当，版面空间安排合理；手绘草图能成为下一步制作的依据</td></tr>
<tr><td>C</td><td>版面设计符合编排要求，构图比较新颖；色彩、文字与插图的编排比较能传达商品特性；图地关系处理较为恰当，版面空间安排比较合理；手绘草图能成为下一步制作的参考</td></tr>
<tr><td>D</td><td>版面设计不符合编排要求，构图不新颖；色彩、文字与插图的编排不能传达商品特性；图地关系处理不恰当，版面空间安排不合理；手绘草图不能成为下一步制作的依据</td></tr>
<tr><td>E</td><td>没有完成或缺考</td></tr>
<tr><td>合计配分</td><td>25</td><td></td><td colspan="6">合计得分</td><td></td></tr>
</table>

考评员（签名）：

等级	A（优）	B（良）	C（中）	D（较差）	E（未答题）
比值	1.0	0.8	0.6	0.2	0

“评价要素”得分＝配分×等级比值。

装饰美工（五级）操作技能鉴定

试题评分表及答案

考生姓名：　　　　　　　　　准考证号：

<table>
<tr><td>试题代码及名称</td><td colspan="3">1.1.1 装饰美术基本技能操作题（1）——计算机辅助版面设计</td><td colspan="5">考核时间</td><td>90 min</td></tr>
<tr><td rowspan="2">评价要素</td><td rowspan="2">配分</td><td rowspan="2">等级</td><td rowspan="2">评分细则</td><td colspan="5">评定等级</td><td rowspan="2">得分</td></tr>
<tr><td>A</td><td>B</td><td>C</td><td>D</td><td>E</td></tr>
<tr><td rowspan="5">1 图形文件的打开、导入和导出</td><td rowspan="5">2</td><td>A</td><td>熟练掌握 CorelDRAW 10 软件有关打开文件的命令，能进行各种格式文件的导入和导出，能使用快捷键</td><td rowspan="5"></td><td rowspan="5"></td><td rowspan="5"></td><td rowspan="5"></td><td rowspan="5"></td><td rowspan="5"></td></tr>
<tr><td>B</td><td>掌握 CorelDRAW 10 软件有关打开文件的命令，能进行各种格式文件的导入和导出</td></tr>
<tr><td>C</td><td>基本掌握 CorelDRAW 10 软件有关打开文件的命令，不熟悉各种格式文件的导入和导出</td></tr>
<tr><td>D</td><td>不能操作 CorelDRAW 10 软件有关打开文件的命令，不能进行各种格式文件的导入和导出</td></tr>
<tr><td>E</td><td>没有完成或缺考</td></tr>
<tr><td rowspan="5">2 操作步骤的撤销、恢复和重复</td><td rowspan="5">2</td><td>A</td><td>熟练掌握 CorelDRAW 10 软件进行操作步骤的撤销、恢复和重复，能使用快捷键</td><td rowspan="5"></td><td rowspan="5"></td><td rowspan="5"></td><td rowspan="5"></td><td rowspan="5"></td><td rowspan="5"></td></tr>
<tr><td>B</td><td>掌握 CorelDRAW 10 软件进行操作步骤的撤销、恢复和重复</td></tr>
<tr><td>C</td><td>基本掌握 CorelDRAW 10 软件进行操作步骤的撤销、恢复和重复</td></tr>
<tr><td>D</td><td>不能操作 CorelDRAW 10 软件进行操作步骤的撤销、恢复和重复</td></tr>
<tr><td>E</td><td>没有完成或缺考</td></tr>
</table>

续表

试题代码及名称		1.1.1 装饰美术基本技能操作题（1）——计算机辅助版面设计		考核时间					90 min
评价要素		配分	等级	评分细则	评定等级				得分
					A	B	C	D	E	
3	计算和设置比例尺寸	1	A	能在 CorelDRAW 10 软件环境中熟练进行计算和比例的设置						
			B	能在 CorelDRAW 10 软件环境中进行计算和比例的设置						
			C	能在 CorelDRAW 10 中进行基本的计算和比例设置						
			D	不能进行基本的计算和比例设置						
			E	没有完成或缺考						
4	使用辅助线	1	A	熟练掌握 CorelDRAW 10 软件辅助线工具各项操作						
			B	掌握 CorelDRAW 10 软件辅助线工具各项操作						
			C	掌握 CorelDRAW 10 软件辅助线工具的基本操作						
			D	仅掌握极少或不掌握 CorelDRAW 10 软件辅助线工具的基本操作						
			E	没有完成或缺考						
5	设置轮廓线的宽度	1	A	能设置轮廓线的宽度和线型						
			B	基本能设置轮廓线的宽度和线型						
			C	掌握部分设置轮廓线的宽度和线型的命令						
			D	不能进行轮廓线的宽度和线型的设置						
			E	没有完成或缺考						
6	运用纹理填充	2	A	熟练全面地运用 CorelDRAW 10 软件的纹理填充方法，达到合适的设计效果						
			B	能运用 CorelDRAW 10 软件的纹理填充方法						
			C	部分掌握运用 CorelDRAW 10 软件的纹理填充方法						
			D	不能掌握 CorelDRAW 10 软件的纹理填充方法						
			E	没有完成或缺考						

续表

试题代码及名称		1.1.1 装饰美术基本技能操作题（1）——计算机辅助版面设计		考核时间					90 min
评价要素		配分	等级	评分细则	评定等级				得分
					A	B	C	D	E	
7	使用贝赛尔曲线工具	3	A	能很好地使用贝赛尔曲线工具达到设计效果						
			B	能使用贝赛尔曲线工具达到设计效果						
			C	能基本使用贝赛尔曲线工具达到设计效果						
			D	不能使用贝赛尔曲线工具达到设计效果						
			E	没有完成或缺考						
8	使用艺术笔工具	2	A	熟练地掌握使用艺术笔工具的方法						
			B	掌握使用艺术笔工具的方法						
			C	基本掌握使用艺术笔工具的方法						
			D	很少掌握使用艺术笔工具的方法						
			E	没有完成或缺考						
9	文字的间距调整	2	A	熟练全面地运用 CorelDRAW 10 软件的文字的创建、安排、变化等方法，达到设计效果						
			B	能运用 CorelDRAW 10 软件的文字的创建、安排、变化等方法						
			C	部分掌握 CorelDRAW 10 软件的文字的创建、安排、变化等方法						
			D	不能掌握 CorelDRAW 10 软件的文字的创建、安排、变化等方法						
			E	没有完成或缺考						
10	点阵图的导入与调整	2	A	能熟练导入点阵图并对该图进行调整						
			B	能导入点阵图并对该图进行一些调整						
			C	能导入点阵图但不能对该图进行调整						
			D	不能导入点阵图和对该图进行调整						
			E	没有完成或缺考						

续表

<table>
<tr><td colspan="2">试题代码及名称</td><td colspan="3">1.1.1 装饰美术基本技能操作题（1）——计算机辅助版面设计</td><td colspan="5">考核时间</td><td>90 min</td></tr>
<tr><td colspan="2" rowspan="2">评价要素</td><td rowspan="2">配分</td><td rowspan="2">等级</td><td rowspan="2">评分细则</td><td colspan="5">评定等级</td><td rowspan="2">得分</td></tr>
<tr><td>A</td><td>B</td><td>C</td><td>D</td><td>E</td></tr>
<tr><td rowspan="5">11</td><td rowspan="5">文本按照路径的排列</td><td rowspan="5">2</td><td>A</td><td>能熟练运用贝赛尔曲线工具绘制路径，将文本按照该路径进行排列并调整文本的排列间距</td><td rowspan="5"></td><td rowspan="5"></td><td rowspan="5"></td><td rowspan="5"></td><td rowspan="5"></td><td rowspan="5"></td></tr>
<tr><td>B</td><td>能运用贝赛尔曲线工具绘制路径，将文本按照该路径进行排列</td></tr>
<tr><td>C</td><td>部分掌握文本按照路径排列的方法</td></tr>
<tr><td>D</td><td>不能掌握文本按照路径排列的方法</td></tr>
<tr><td>E</td><td>没有完成或缺考</td></tr>
<tr><td colspan="2">合计配分</td><td>20</td><td colspan="7">合计得分</td><td></td></tr>
</table>

考评员（签名）：

等级	A（优）	B（良）	C（中）	D（较差）	E（未答题）
比值	1.0	0.8	0.6	0.2	0

“评价要素”得分＝配分×等级比值。

装饰美工（五级）操作技能鉴定

试题评分表及答案

考生姓名：　　　　　　　　　　准考证号：

试题代码及名称	1.1.1装饰美术基本技能操作题（1）——计算机刻文字、图形			考核时间					50 min
评价要素	配分	等级	评分细则	评定等级					得分
				A	B	C	D	E	
计算机刻文字、图形	15	A	正确安装刻字机，会操作刻字机，熟练掌握刻字软件，要求字体规范、刻边光挺不毛糙、图形清晰；文字图形能正确输入计算机						
		B	会安装、操作刻字机，掌握刻字软件，要求字体规范、刻边光挺不毛糙、图形清晰；文字图形能输入计算机						
		C	会安装、操作刻字机，掌握刻字软件，字体比较规范，刻边比较光挺，图形比较清晰；文字图形能输入计算机						
		D	不会安装、操作刻字机，不能掌握刻字软件，字体不规范，刻边毛糙，图形不清晰；文字图形不能输入计算机						
		E	没有完成或缺考						
合计配分	15	合计得分							

考评员（签名）：

等级	A（优）	B（良）	C（中）	D（较差）	E（未答题）
比值	1.0	0.8	0.6	0.2	0

“评价要素”得分＝配分×等级比值。